2024年重庆市教育委员会人文社科重点研究基地项目
"中国传统美学的精神特质与传承创新研究"（项目编号：24SKJD041）阶段性成果

# 回归生活世界

### 海德格尔和维特根斯坦
### 美学思想的现象学意蕴

肖朗———著

当代中国出版社
Contemporary China Publishing House

## 图书在版编目（CIP）数据

回归生活世界：海德格尔和维特根斯坦美学思想的现象学意蕴／肖朗著. -- 北京：当代中国出版社，2024.6. -- ISBN 978-7-5154-1396-9

Ⅰ.B83

中国国家版本馆 CIP 数据核字第 2024EB3730 号

| | |
|---|---|
| 出 版 人 | 王　茵 |
| 责任编辑 | 乔镜蕫　刘　照 |
| 责任校对 | 贾云华　康　莹 |
| 印刷监制 | 刘艳平 |
| 封面设计 | 鲁　娟 |
| 出版发行 | 当代中国出版社 |
| 地　　址 | 北京市地安门西大街旌勇里8号 |
| 网　　址 | http://www.ddzg.net |
| 邮政编码 | 100009 |
| 编 辑 部 | (010)66572744 |
| 市 场 部 | (010)66572281　66572157 |
| 印　　刷 | 中国电影出版社印刷厂 |
| 开　　本 | 880毫米×1230毫米　1/32 |
| 印　　张 | 9.125 印张　2 插页　203 千字 |
| 版　　次 | 2024年6月第1版 |
| 印　　次 | 2024年6月第1次印刷 |
| 定　　价 | 78.00元 |

版权所有,翻版必究;如有印装质量问题,请拨打(010)66572159联系出版部调换。

# 目　录

导论　西方哲学的转向：回到生命本身　　1
　　一、从理性到生命　　2
　　二、生命的美：当下的发生　　5
　　三、生命与美：信仰的重建　　7
　　四、中国语境下的生命美学　　10

第一章　海德格尔现象学与美学思想　　16
　　一、海德格尔和胡塞尔现象学主要区别　　16
　　二、海德格尔的现象学美学思想　　34
　　三、海德格尔对西方美学的拓展　　44

第二章　海德格尔论艺术的发生　　64
　　一、物的区分　　65
　　二、艺术是真理自行设入作品　　70
　　三、艺术创作与欣赏　　90
　　四、从艺术到诗意　　95

## 第三章　海德格尔论诗意语言　98
一、语言的本性：道说　99
二、语言的划分：诗意语言　112
三、诗歌　118
四、从诗歌到居住　135

## 第四章　海德格尔论诗意居住　139
一、无家可归　140
二、诗意居住　142
三、思想的还乡　154
四、回归源初生活世界的伦理思想　159

## 第五章　维特根斯坦论美和艺术　167
一、维特根斯坦对美学和艺术的重视　167
二、美在生活中显现　171
三、维特根斯坦的美学实践　184

## 第六章　维特根斯坦论语言　186
一、传统哲学脱离了生活世界　186
二、终结传统哲学　193
三、语言是生活世界的游戏　200

## 第七章　维特根斯坦论宗教和伦理　209
一、作为生活方式的宗教　209
二、对传统伦理学理论的反对　218

## 第八章 海德格尔和维特根斯坦对现代科学的反思 226
- 一、海德格尔对现代科学的反思 226
- 二、维特根斯坦对现代文化的反思 238

## 第九章 现象学视域中海德格尔和维特根斯坦比较研究 246
- 一、现象学的宗旨：回到事情本身 247
- 二、源初语言：语言的回归 250
- 三、由技返艺：美的回归 257
- 四、生活世界：伦理的回归 262

## 结语 美学应回归生活世界 268

## 参考文献 277

导　论
# 西方哲学的转向：回到生命本身

　　西方哲学的发展，自希腊三贤以来，高举人的灵魂和理性精神，但是压抑了感性的生命，如苏格拉底就几乎自愿结束了自己的生命，柏拉图贬低否定感性世界，肯定超越的理念世界。其根本之处在于他们希望超越生命的有限而进入无限，从而发展出西方独有的形而上学，这种形而上学和后来传入西方世界的基督教信仰合流，一起构成了西方的基督教文化。在经历了漫长和残酷的中世纪之后，文艺复兴开启了西方的现代转型，文艺复兴借助对古希腊文艺的复兴，慢慢将人从盲目的宗教超越中解脱出来，其文艺创作的总体特征是用人性取代了神性。再到启蒙运动，摆脱了传统宗教的束缚和弘扬了人的主体性的哲学蓬勃兴起，但主体是理性建构的，理性一方面是抽象的，另一方面也容易形成对感性生命本身的漠视和压抑。西方的理性哲学到黑格尔这里达到了顶峰，也意味着它的终结，于是哲学需要寻找新的起点，一向被理性哲学忽略和压抑的东西，如人的感性、欲望、情感、生命活动和生活世界本身构成了蔚为大观的哲学潮流。叔本华、弗洛伊德和尼采强调了人的欲望和生命意志，马克思强调作为劳动和实践的人，海德格尔强调了人的存在，向死而生，维特根斯坦强调了人生活世界，福柯研究人的性行为和疯癫，拉康精神分析学，等等，不一而足。总体而言，回到真实的生命和生活本身成为哲学新的思考中心，刘小枫在《现代性社会理论绪论》将之称为哲学的肉身化。"在哈贝马斯看来，在尼采、伯格森、狄尔泰和西美尔对理性化本质的攻击中，'生命'已上升为其哲学的先验性概念，成为攻击本质理性的支撑点"[1]。这种哲学的肉身化、生命化和生活化也可以看作哲学的美学化，哲学和美学的界限已不再清晰，比如在尼采那里，哲学和美学甚至文学的界限都不再清晰，而变为文本。

## 一、从理性到生命

从传统理性形而上学到现代哲学的转变过程中，尼采无疑是具有转折意义的大哲学家，尼采本人也处于世纪之交，其承前启后，批评继承，返本开新，后来的大哲学家如海德格尔、福柯和德里达等，甚至包括文学艺术领域都深受尼采的影响。尼采的理论基础是人的生命及其冲动，用他的话来说，就是权力意志（创造力意志）。尼采认为苏格拉底寻求的真理一直延续到现代，但结果却是虚无。从苏格拉底的辩证法开始，文化就被破坏，到现代的文化事业更是腐蚀人性，导致生命的病态，同时还造就了"自由"和"平等"的现代政治谎言。尼采认为

---

[1] 刘小枫：《现代性社会理论绪论：现代性与现代中国》，上海三联书店1998年版，第158页。

从苏格拉底——柏拉图以来的历史是虚无主义的历史，柏拉图认为感性世界是虚幻的，有更真实的理念世界，由此形成两重世界的世界图景，并且超感性的理念世界高于感性世界。由此西方开始了否定感性生命的历史，最终导致人成为追求禁欲主义理想的颓废者，成为毫无生气的人，在尼采看来，这无疑是一种颠倒。理性主义后来和基督教合流，导致了虚伪的道德，更压抑了生命。尼采指出性是生命的起源，基督教却把污水泼到了生命的源头。正是在这样的意义上，尼采一方面断言最高的价值已经自行贬值，喊出上帝已死；另一方面他要求重估一切价值，并希望超人的诞生。由此他回到了古希腊的开端处，找到了日神和酒神精神，特别是酒神狄俄尼索斯的狂欢和陶醉，以此反对苏格拉底（哲学）和十字架上的上帝（宗教）。基督教道德如同柏拉图主义一样设定了一个完善的彼岸世界作为此岸世界的统治力量，在这种道德评价下，体现人的本能的酒神精神被消灭，最终是强者被消灭，人成为匍匐在地的羔羊。"那就是，基督教想要摧毁强者，它想要使强者丧失勇气，想要充分利用强者的不幸和困乏，想要把强者自豪的可靠性颠倒为不安和内心矛盾"[1]。

相比而言，大家对尼采和海德格尔等人对西方传统哲学的批评印象深刻，其实维特根斯坦虽然风格迥异，但殊途同归。维特根斯坦独辟蹊径，对西方的传统哲学做了最为彻底的反思、批判和颠覆。其中一个很重要的方面是对传统脱离了实际生命和生活的理性主义形而上学的批判。在维特根斯坦看来，西方

---

[1] 尼采：《权利意志》，孙周兴译，商务印书馆2011年版，第697页。

传统的哲学本身就是生命的病态,维特根斯坦认为哲学问题的产生源于我们脱离了生活世界,在于我们在头脑中想出了一个一般的东西。他说:"我们对于一般观念的另一个看法是,它是一种一般的图像,……这就是哲学问题的标志。"[1]哲学仿佛是处在智慧的最高处,使得人们就像天文学家观看遥远的星辰那样去观察他们的观念,但他们其实是愚蠢的,他们的行为往往只是和小孩子差不多。因为脱离了实际生活和生命本身。理论是灰色的,而生命之树常青。在维特根斯坦看来,现代哲学变成了科学,是文化衰退的结果。哲学向我们隐瞒了生活,为此我们必须重回生活的地基;哲学应该消失,正当的生活世界是不会产生哲学问题的。"智慧是冷静的,在此范围内也是愚蠢的。(与此相反,信仰是一种激情。)人们也可能说,智慧只不过对你隐瞒了生活。(智慧好像是一些冷却了的、灰色的炭灰,它们把炭火遮掩起来。)"[2]维特根斯坦不止一次地指出:"决不要登上荒芜的聪明之巅,而要下降到绿色的愚蠢之谷。"[3]维特根斯坦强调理论与实践的统一,他厌恶那些学院式的研究方法,很多时候他都想放弃哲学去从事什么体力劳动,但哲学却一次次地走向他,迫使他不得不思考哲学,而他一思考哲学往往就进入一种迷狂状态。维特根斯坦并非学院式的哲学家,而是哲学问题走向他:生活的疑惑需要解答,他才从事

---

[1] [奥]维特根斯坦:《维特根斯坦剑桥讲演集(1932—1935)》,载涂纪亮主编:《维特根斯坦全集》(第5卷),河北教育出版社2003年版,第314页。
[2] [奥]维特根斯坦:《杂评》,载涂纪亮主编:《维特根斯坦全集》(第11卷),河北教育出版社2003年版,第77—78页。
[3] [奥]维特根斯坦:《杂评》,载涂纪亮主编:《维特根斯坦全集》(第11卷),河北教育出版社2003年版,第109页。

哲学思考，其本人则数次放弃哲学去体验生命。

## 二、生命的美：当下的发生

尼采曾经指出，动物只活在它最真实的当下，因而每时每刻都是快乐的，而人则不一样，人既有过去的负担，又有未来的焦虑，一起对生命构成压迫，使得人的生命的每一个当下都变得不纯粹，因此，人很难做到活在最真实的当下，从而也导致人的痛苦。"动物并非历史地活着。因为它'进入'到现在，就像一个历史的数字一样，不留下任何引人好奇的剩余。它不会隐藏，不会掩盖任何东西；在每一时刻，它看起来就是它本来的样子，它就不可能不诚实"[1]。我们知道，现象学特别是海德格尔现象学强调了生命的当下发生，以此作为对抽象的理性和虚伪的信仰的反叛，从而回到正在发生的事情本身，回到当下的发生。生命的美在于每时每刻的当下发生，而这正是现象学的核心意义所在，大家熟知的海德格尔《存在与时间》，其主旨就是此在在时间中通达存在，只不过他未完成这部著作，只写了前面的此在与时间。

海德格尔的现象学是追问存在问题，而他早期对存在追问的出发点是此在。此在主要有两个方面意思：一是当下存在，此在生存；二是此在是存在的敞开，此在守护存在。此在就是绽出的生存，海德格尔将此看作人的本性。此在的规定是有死的，日常生活恰恰是生与死之间的存在。因此，海德格尔后来

---

[1] [德]尼采：《历史的用途与滥用》，陈涛、周辉荣译，上海人民出版社2000年版，第2页。

把人规定为要死的人,人作为要死者并列为天地人神四元世界中的一元,生活世界正是四元的圆舞。在海德格尔那里,存在或者真理的解蔽在于生命的展开与发生并由此获得了美学意义,美正是在生命的展开过程中的显现。例如他对农鞋的描述。实际上通过对农鞋这一段现象学的文字描述,显示了农妇的生命和生活本身,此也就是农妇的存在,即让存在者进入无蔽之中,并且美得以显现。对此,海德格尔说:"这双农鞋在其本性上愈是得到简明的、纯粹的表现——一切存在者就愈是直接而迷人地在较大程度上达到那属于它们的存在。自我遮蔽的存在者就是如此被照亮的。这种光将自身的光芒融入了作品。这种融入作品的光芒就是美。美是真理作为无遮蔽状态而发生的一种方式。"[1]

对海德格尔来说,美最根本的体现并不是艺术,而是人的生命的显现,并且,生活中一切都应该是诗意和审美的。因此,当下美学界流行的生活美学或者日常生活的审美化或者审美的日常生活化其实都是非常具有现象学意味的。人的生活离不开美感的滋润浇灌,美使得每一天的时间都是节庆的时间,每一个现在都与过去不同。日常生活不能因其日常性而被忽略,因为正是它构成了现实可感的生命本身,正是建立在本质直观上的美,赋予日常生活以形式,使其存在进入无蔽之状态,成为一种有意义的生活存在。美的活动只有在日常生活的直观中才能达到其本质,换言之,本质就体现在审美直观中。而这种观

---

[1] BC, P.178/《林中路》,第37页。(本书海德格尔德文英文文献,使用简称并标出中译本,详见参考文献。引文以中译本为主,略有修改,恕不一一标明。)

点正是中国古代美学的核心所在,孔子的洒扫应对,禅宗的担水砍柴莫不如此,都具有深刻的现象学和生活美学意义,由此,海德格尔现象学与中国古代美学思想产生共鸣。

### 三、生命与美:信仰的重建

西方传统的形而上学理性的超越压抑了感性的当下,后来西方接受了追求彼岸世界的基督教,二者合流,构成了对感性生命的全面压抑,西方也进入漫长黑暗的中世纪。西方从中世纪到现代社会的转型中,最重要的便是文艺复兴和启蒙运动,其中文艺复兴可以看作启蒙运动的前奏,因此,可以说西方的现代转型是从感性的美和艺术开始的,但美和艺术是含蓄的,意大利文艺复兴"三杰"的作品其主题仍然多是宗教题材。而启蒙运动则是思想政治全面激烈的批判和改变。法语中,"启蒙"(lumière)的本意是光明,当时先进的思想家认为,应该用理性之光驱散黑暗,把人们引向光明。他们著书立说,积极地批判专制主义、宗教愚昧和特权主义,宣传人的自由和主体性。这一过程被马克斯·韦伯称为世界的祛魅,主要是指对世界的一体化宗教性解释的解体,西方国家从宗教神权社会向世俗社会的现代转型。

虽然关于现代、现代化、现代性、后现代等学术界争论较多,但是学术界较为普遍的看法是现代性并不是单一的,而是多维的,呈现出多副面孔,有的分为启蒙的现代性、审美的现代性,有的分为现代性和后现代性,等等。总的来说,人们用理性批评宗教后,很快就有了对理性的反思和批评,上帝死了之后很快人也死了,这一点也是现代性很重要的一个维度,一种以审美感性对抗理性和道德的思潮蔚为大观。"现代性表明了这样一个事实：感性肉体取代了理性逻各斯，肉体的解放成为'现代性运动'中的重大母题"[1] 由此，生命被还原为充满肉体欲望感觉的生命，人的本质不再是一些抽象的形式原则，个体生命的当下沉醉被提高到至高无上的地位。传统的神义论对生命意义以及幸福等终极问题的解答被宣告无效，一种当下的感性快感成为人生的终极辩护，传统的神义论被彻底改造甚至颠倒。刘小枫将这一转变概括为审美的现代性并指出："作为审美现代性的实质包含三项诉求：一、为感性正名，重新设立感性的生存论和价值论地位，夺取超感性过去所占据的本体论位置；二、艺术代替传统的宗教形式，以至于成为一种新的宗教和伦理，赋予艺术以解救的宗教功能；三、游戏式的人生心态，即对世界的所谓的审美态度（用贝尔的说法'及时行乐'意识)。"[2]

相对于康德等人的启蒙意义，尼采等人的启蒙意义往往被忽略，其实和康德树立抽象原则不同，尼采的启蒙意义更贴近现代人的具体生活，而且对中国启蒙影响巨大（早年鲁迅曾受尼采的影响）。基于对传统理性宗教道德科学的批判，尼采推崇的是美和艺术，因为相较于前者对生命的压抑，美和艺术则是复活人的感性、丰盈的生命本身，是复活人原本的生命活力。在美学中，尼采主要是回到古希腊的日神精神和酒神精神，特

---

[1] 王岳川：《中国镜像：90年代文化研究》，中央编译出版社2001年版，第333页。

[2] 刘小枫：《现代性社会理论绪论：现代性与现代中国》，上海三联书店1998年版，第307页。

别是酒神的陶醉和狂欢，认为人生原本是意志在其永远洋溢的快乐中借以自娱的一种审美游戏，美和艺术是生命的陶醉和丰盈，是生命的高涨和勃发，世界就是一个自我生育的艺术品。尼采反对理性，包括科学上的数学、因果律等，从生命本身出发将一切还原为人的感性需求。虽然科学和道德也可以作为人生存的依据，但是对于人本性的释放和生命的肯定来说，审美和艺术是更为根本的，因为科学追名逐利，道德压抑人性。尼采强调要以肉体为准绳，肉体是更可靠的存在，尼采美学的现代性精神在于用生命本身的意志力来反对传统的理性，包括传统的理性哲学和基督教的宗教道德规范，认为它们都是对人的压抑，是精神对人的肉体和原初生命的压抑，最终导致了人的分裂和异化，使人成为弱者。因此尼采呼唤超人，要求自己成为自己，摆脱庸俗和懦弱，以此克服现代社会人类社会的诸多问题。

从尼采思想可以看到，宗教祛魅后的信仰重建最终找到了一种基于生命的美学，因为对终极意义的普遍怀疑与批判，现代人已经不是传统的宗教信仰者，而是更加渴望现实性，这种信仰强调的正是现象学意味的现在，即将终极意义与未来变成可感知和直观的当下，心性与情感意义的交融发酵为一种审美境界，这种审美境界既具有现实性又能传递宗教的超越性与终极意义感。"审美经验的特异性在于，在审美（特别是高峰体验）境界中所获得的终极目的感意味着抵达未来，从而结束了伴随主体意志追求的时间运动。这也就是席勒所说的作为审美冲动中心目标的'在时间中扬弃时间'。审美的'刹那即永恒'之'刹那'具有双重时态含义：它作为'现在'时态而获得了表象对象使之直观可感的'赋形'能力；它作为业已抵达的'未来'而不在时间中，从而保持着康德所强调的'物自体'超时空的本体存在'状态'——而这两重含义所同一的'刹那'（或'当下'），成为本体'呈现'可感的'境界'"[1]。西方思想的这种转向其实和中国古代美学中常常论述的"不即不离""即色游玄"和"目击道存"等思想有很大的相似性，这一思想在中国古代美学中非常普遍，正是基于这一点，在中国思想的近代转型中，王国维等思想家提出了著名的以美育代宗教。尤西林说："这种在现代性时间之流中使'未来'感性化并转为'永恒'境界的精神活动其实就是信仰。但它作为现代社会代表性的普适形象，却不是宗教，而是审美。审美、艺术与现代性几乎同体的内在关系可直观到的现代经验。在理性祛除了现代社会公共领域的全部其他魅性之后，因而注目的是，审美成为天然的共通魅性活动形态——从所曾依附的巫术、宗教、伦理等权威意识形态中解脱出来的审美，恰恰是在上述现代性祛魅大变局中成为'天然的'魅性所在。"[2]

## 四、中国语境下的生命美学

西方哲学在对传统理性主义的反思中往往到东方哲学寻找理论资源，例如叔本华和古代印度的佛教，尼采和古代波斯的宗教，海德格尔与中国的道家和禅宗思想，等等。本书所述西

---

[1] 尤西林：《审美与时间——现代性语境下美学的信仰维度》，载《文学评论》2008年第1期。
[2] 尤西林：《心体与时间——二十世纪中国美学与现代性》，人民出版社2009年版，第32页。

方哲学的转向,无论是美的当下还是美的信仰,都和中国传统哲学美学思想,特别是占主流的心性论美学发生了共鸣,因为中国文化并非一种宗教和理性超越的文化,也不是一种主客对立概念化的思维方式。西方哲学转型的重要一维现象学正是对西方传统主客二分概念化、对象化思维反思的结果,因此和中国传统思想有亲缘性。由此带来了中国思想和现象学研究的诸多学术成果,国内学者张祥龙将现象学对中国思想的意义看作类似于当年佛教对中国思想的意义。潘知常认为现象学为中西思想文化对话提供了新机遇:"历史也许最后一次地为我们提供了再一次接通中国美学根本精神的'一线血脉'。海德格尔及其现象学美学正是这可以接通中西方美学的根本精神的'一线血脉'。"[1] 从现象学的宗旨而不是现象学学科出发,我们也可以说在中国传统思想和美学体现了深刻的现象学精神。邓晓芒在《胡塞尔现象学对中国学术的意义》中也指出:"中国传统学术的一个重要特点在我看来就是一种不自觉的'现象主义'精神。人们历来固守于实实在在的直接经验和天然的情感,因而现象学的'还原'或回到'事情本身'对中国传统来说根本不是什么问题。"[2] 中西方思想的碰撞是相互的,一方面,西方摆脱传统思想需要到东方包括中国寻找资源;另一方面,随着国门打开,中国传统思想也被拉入西方的现代化进程。由此带来两个问题:一个是中国传统哲学和西方的对话交流问

---

[1] 潘知常:《在对话中重建中国美学》,载《文艺理论研究》1997年第3期。

[2] 邓晓芒:《胡塞尔现象学对中国学术的意义》,载《江苏社会科学》1995年第1期。

题,另一个是中国传统哲学美学如何现代转向问题。其实两个问题有所交集,我们这里主要集中从生命美学的角度看中国哲学美学的现代转型问题。

相比西方由理性和信仰构建的双希文明所带来的超越性,中国传统哲学思想则淡出宗教,更关注现实的生命和生活。中国哲学的这一特征已经为大多数思想家认同并论述,在美学上更是如此。"毫无疑问,相比西方的宗教文化,中国传统美学可以看成生命美学。华夏民族宇宙意识的大旨是强调时空一体,时空变化与生生不息的生命创造融为一体"[1]。《易·系辞》云:"天地之大德曰生。"将事物看成生命的流程,生命通过阴阳交换的方式展开,而人是特殊的生命,要以体现道的善性对待人类和万物,从而找到安身立命之所,要透过万物之生而创和谐环境以利于自身的生存繁衍。这便是中国古代生命哲学的精髓,它的深层意蕴是从生命出发,视一切为统一于道的生命流程。中国美学的这一特征在宗白华那里得到彰显,宗白华认为生命是艺术的本体,亦是美的本体:"美是丰富的生命在和谐形式中。"[2]

但这只是问题的一个方面,和西方比较,表面上看,中国传统哲学以生命为本,弘扬人的生命和宇宙的生机,但实际上也有很大的问题。中国传统美学有深深的悖论,即弘扬生命又压抑生命,只能叫作心性论的生命美学,有一定的虚幻性。概而论之,儒家伦理道德束缚了人的生命,道家消解生命的价值

---

[1] 肖朗:《中国传统美学的生命底蕴》,载《孝感学院学报》2004年第2期。
[2] 宗白华:《艺境》,北京大学出版社1997年版,第76页。

来回归自然,禅宗更是综合了儒道两家对生命的压抑进一步将生命虚化。潘知常指出,在中国思想的历程中,儒释道都走在遗忘生命存在的审美之路上。在《诗经》《山海经》那里,我们还可以看到源初的活泼健康的生命,到了后来的儒释道,中国人所经历的却是一次次的生命萎缩。"因此,从德行——天性——自性——佛性,中国人的精神历程堪称是一路的'逆淘汰',自儒迄道而禅,中国人为自身所勾勒的是一次次的生命萎缩图和一步步的精神退化史。区别于儒家从生命困惑退回伦理道德,道家从伦理道德退回天地自然。禅宗强调连天地自然都是束缚,必须把它'空'掉"[1]。潘知常认为,中西文化差异很大,西方文化追求超越自然到自由,而中国强调回归自然的自由,中国文化强调诗意的生命境界,自然全体弥漫生命,随着后来思想的发展特别是到了禅宗,自然生命同归于心性,真实的生命本身被遗忘。由此,中国传统美学有两面性和虚伪性,虽美但虚无缥缈,缺乏现实基础,如镜花水月、空中楼阁。对这一问题,最初面对中西思想交融的王国维曾深刻指出:"余疲于哲学有日矣。哲学上之说,大都可爱者不可信,可信者不可爱。"[2] 王国维所爱者乃中国伦理和美学,可惜所真者乃西方知识论和实证论,成为他从事哲学的困惑和苦恼所在。王国维是一个典型的中国传统知识分子,其在中国传统中是不能解决这个困惑的,这应该也是他自绝的原因之一。

在《中国美学精神》一书中,潘知常指出:在中国美学史

---

[1] 潘知常:《中国美学精神》(修订本),江苏人民出版社2017年版,第486页。

[2] 王国维:《静庵文集》,辽宁教育出版社1997年版,第160页。

上，明中叶启蒙美学是生命自我觉醒地回到生命的一次伟大尝试，意义深刻。"弘扬'性灵'，弘扬自我的启蒙美学，意味着对于蜕变为'以理杀人'的僵化了的古典美学确实是一种反动，也意味着古典美学传统格局的被打破，充分凸出了的、作为本体的人的感性情欲开始要为自己创造更为适宜于容纳自身的理论格局。"[1] 但是明代启蒙美学很快失败了，一是后来政治现实的不允许，二是其侧重于感性情欲本身有理论缺陷，第三个重要原因是一味回到过去解决问题是行不通的，中国思想急需和外来思想的碰撞并注入新鲜的血液，而且事实上这种思想碰撞很快就发生了，但是思想的启蒙在一定程度上让位于救亡图存的现实了。到如今，中国的生命美学何去何从呢，我们不能仅仅停留在概念和理论探讨上，而需要用马克思主义辩证和历史发展的眼光来看中国生命美学的发展，生命美学需要以中国传统为本，需要返本开新，但绝不可能简单地回到过去的心性论美学，尤西林认为，在20世纪的中国美学史上，宗白华就是向传统生命美学和心性论美学复归的典型代表，但其在20世纪的中国美学并不占据主流地位，20世纪的中国美学是与国家的变革重建以及各种大众文化运动紧密联系在一起的，居于主流形态的美学思潮正是马克思主义美学，这一点突出表现在80年代兴起的美学热。中国传统文化美妙精深，其境界甚至高于西方以宗教和科学为特征的文化，但是如果不注重现实和物质基础，这种境界会成为空中楼阁。如果说中国传统思想和马

---

[1] 潘知常：《中国美学精神》（修订本），江苏人民出版社2017年版，第502页。

克思主义都追求自由解放，但中国传统美学侧重于追求心性的精神自由，马克思主义美学要实现的却是奠定在物质生产实践基础上的自由。由此，我们需要从马克思主义美学的实践论出发充实传统美学的意义，新的生命和生活美学不能是心性论的，而应该是建立在物质发展的基础上的。从现实中我们也可以看到，在改革开放几十年的经济建设之后，文化强国成为重要的战略目标和转向，在社会主义新时代，我国社会的主要矛盾已经从人民日益增长的物质文化需要同落后的社会生产之间的矛盾，转化为人民日益增长的美好生活需要和不平衡不充分的发展之间的矛盾。现代社会生产包含着现代劳动时间与人体生命时间的矛盾，在马克思那里则是劳动时间和自由时间的对立。审美可以解决此矛盾，但绝非像古人那样在艰苦的劳动生产中去幻想美，而是通过社会生产力的极大发展延长自由时间，并且随着人的自由全面的发展，劳动亦成为人的需要和享受，最终共产主义社会亦是美的社会。

# 第一章
# 海德格尔现象学与美学思想

思想方面,同胡塞尔相比,海德格尔的思想属于西方现代思想的范畴,他的思想的出发点是存在而不是理性和意识,人也不再是理性的动物。海德格尔的现象学美学大大推动了西方美学的发展,并且是在对传统的反动和超越中完成的。

## 一、海德格尔和胡塞尔现象学主要区别

为了更好地理解海德格尔的现象学,有必要对海德格尔的现象学和胡塞尔的现象学作区分和比较。虽然海德格尔在胡塞尔那里学习了现象学,两人是师生关系,胡塞尔早年也很器重海德格尔,但是两人的现象学有着根本的差别,以至于相互批评,甚至最后师生关系也走向决裂。胡塞尔和海德格尔两人都奉行现象学"事情本身"的宗旨,但是他们对何为事情本身的理解以及方法有很大的差别。胡塞尔本人声称自己是一个理性主义者并且全力维护西方理性的传统,因此胡塞尔的思想仍然处于西方传统理性思想的范畴内,胡塞尔思想的出发点是意识,在他那里人还是理性的作为主体的人。

## 第一章 海德格尔现象学与美学思想

胡塞尔的现象学是意识现象学，贯穿于胡塞尔哲学始终的一个主要特征就在于：意识应当作为哲学的必然出发点，它是所有现实的意义构造之基础，世界被看作意识成就的相关项之总体，所有客观的意义构造和存在有效性都以作为先验主体性的意识为原本的源泉。虽然胡塞尔的现象学试图摆脱传统认识方式，纯粹从事情本身出发进行哲学思考，其现象学的初衷也是为了克服流行的科学客观性而寻求更为本源的客观性，但是传统和同时代哲学的影响依然强大，使他还难以摆脱旧形而上学的影响。海德格尔认为作为近现代哲学开端的笛卡儿提出了新东西，但依然是形而上学旧问题，以后到康德、黑格尔、尼采都不能避免，其中一个很重要的方面就是主体性问题。[1] 主体与客体的问题渗透在全部近代哲学的问题之中，并且一直延伸到当今现象学的发展过程中。例如海德格尔在阐述现象学的历史时，认为黑格尔《精神现象

---

[1] 在海德格尔看来，这个问题从柏拉图开始就纠缠不清。在柏拉图那里，理念是最客观的，但是在彼岸，是超越性存在。通过柏拉图的心灵回忆，理念又被把握为主体。"这两种努力证实，世界即被端到了此在面前（彼岸），同时又在此在中构成自身。理念问题的历史显示出，超越如何始终已经显明，但同时又如何在可能的解释本身不充分地被建基和被规定的两级之间来回摆动。理念被看作比客观更客观的，同时又被看作比主观更主观的。"（GA9, p. 161/《路标》，第188页）对于摆脱主体客体思维的困难，海德格尔也有自己的阐释，他说："在上面这种对超越的起源问题的依然被遮蔽着的历史的匆匆回忆中，我们必定会生发出这样一种洞见：超越是不能通过一种向客观之物的逃遁而获得揭示和把捉的，而唯一地只能通过一种必须不断更新的对主体之主体性的存在学阐释而得以揭示和把捉，这种阐释积极反对'主观主义'，同时也必定不能与'客观主义'亦步亦趋。"（GA9, pp. 161 - 162/《路标》第188页）海德格尔这里虽然不是针对胡塞尔，但胡塞尔的现象学便是如此，胡塞尔认为笛卡儿对自我的反思还没有进行到底，反而导致主体性的自身遗忘，胡塞尔的先验现象学便是一种用极端的主体主义来克服不彻底的主体主义的努力。另外，海德格尔将当时的民族主义也归于主体主义，将国际主义，集体主义看作总体中的人的主体性。

学》首次提出了面向事情本身的呼声。但是黑格尔在这个呼声中重点强调的是主体,是从笛卡儿开始的近代哲学的主体,他说:"在'面向事情本身'的呼声中重点强调的是'本身'……黑格尔说,有了笛卡儿的我思(ego cogito),哲学才首次找到了坚固的基地,在那里哲学才能有家园之感。……主体乃是被转移到意识中的根据,即真实在场者,就是在传统语言中十分含糊地被称为实体的那个东西。"[1]海德格尔肯定了胡塞尔试图突破主客体思维模式的努力,并且认为传统主客体认识方式到了胡塞尔的《逻辑研究》才真正改变,但是胡塞尔的思想没有贯彻到底。1913年胡塞尔发表《纯粹现象学和现象学哲学的观念》,纯粹的现象学便是先验的现象学,认识着、行动着、价值设定的主体的主观性就被设定为先验的。对于胡塞尔的这次思想转变,学术界普遍认为他是回到了康德的怀抱,海德格尔同样认为胡塞尔回到了先验论和主观性,这是海德格尔不愿意看到的。他批评道:"客体依赖于主体或者主体依赖于客体,或者两者相互依赖。这样一种建构性的、通过一种僵化的传统几乎根深蒂固的先行具有,原则上永远堵塞了通向作为实际生命(此在)而显示出来的东西的通道。"[2]海德格尔力图在自己的理论中去掉自我,而达到对存在本身的经验。[3]

---

[1] ZSD,p.68/《面向思的事情》,第75页。

[2] GA63,p.81/《形式显现的现象学:海德格尔早期弗莱堡文选》,第137页。

[3] 海德格尔认为存在的显现要避免主体化和对象化思维的干扰,否则就只是对存在的遮蔽。这一点在海德格尔早期思想中就已经明显表现出来。他认为现象学的直观要面向事情本身而排斥自我。他说:"决定性的东西在于:质朴的观省(Hinsehen)找不到诸如一个自我(Ich)这样的东西。……"(参见[德]海德格尔:《形式显示的现象学:海德格尔早期弗莱堡文选》,孙周兴编译,同济大学出版社2004年版,第4页。

从意向性这个概念也可以看出胡塞尔没有摆脱主客二分的思维方式。意向性是现象学的核心概念，这个概念自从被布伦塔诺引入哲学，胡塞尔和海德格尔都深受其影响。胡塞尔认为意识的最根本本质是意向性，正是这个概念为摆脱传统主客二分方式提供了新的视角。海德格尔也将这个概念当作现象学最伟大的发现，但他认为在胡塞尔那里意向性这个现象还远没有在哲学上得到充分地把握。海德格尔认为胡塞尔的意向性理论仍没有摆脱主客体二分，而把意向性描述为两个现成者（心理主体和物理客体）之间的现成关系，把意向性主观化了，确立了一个自我和主体，且把所谓意向体验的领域归属于它。海德格尔本人不谈论主体、客体领域，而是将意向行为所归属的存在领会为此在，海德格尔的意向性是基于此在的生存性，这也是此在与其他存在者之间的差异，其他存在者如一扇窗户、一把椅子，因为不生存，所以不具有意向性。[1]

同样是受黑格尔的影响，胡塞尔那里，方法取代了事情本身，胡塞尔现象学的悬置是为了最终能在一个可靠的基础上将被悬置的东西推导出来，由此，胡塞尔关注的重心偏向了方法论。海德格尔认为在黑格尔那里："存在向它本身的生产是在思辨辩

---

[1] 海德格尔曾在《时间概念史导论》（《海德格尔全集》第20卷）第二章"现象学的基本发现，它的原则和对其名称的阐明"中第五节"意向性"，对"意向性"进行了详细的专门分析。另外，倪梁康认为海德格尔与胡塞尔一个关键性的区别在于意向性被改造成敞开性，从而克服近代的主体反思哲学。并且认为无蔽性与意向性相比，存在理解与哲学反思相比，前者更为原本，海德格尔从此出发，揭示出了一个与主——客体模式思维或对象性思维相比更为原本的基本情绪领域，从而为人类的哲学思考指明了一个新的探索方向和途径。（参见倪梁康：《现象学的始基——对胡塞尔"逻辑研究"的理解与思考》，广东人民出版社2004年版，附论一"胡塞尔与海德格尔的存在问题"）。

证法中进行的。只有观念的运动,即方法,才是事情本身。面向事情本身的呼声要求的是合乎事情的哲学方法。"[1] 黑格尔的强大的思辨辩证法影响了胡塞尔,从根本上阻碍了现象学的直观的原则。而海德格尔认为现象学的直观要避免理论化和认识论的侵害。强调在直观中某个东西给出自身,并且直接如其给出自身那样被接受,因此,对于思想来说,原本给予的直观方式要优先于辩证法的中介方式。虽然同胡塞尔一样,海德格尔强调现象学并不是一门学问,而是一种方法,但是他们的现象学方法却完全不同,海德格尔说:"如其原初而真切的含义而言,此含义是我们在'现象学'这一表述中所把握到的,现象学所意味的就是某物的照面方式,事实上是这样一种突出的照面方式是:自在自足地显现自身。"[2] 因此,从方法的角度看,胡塞尔和海德格尔的关系可以比作唯识宗和禅宗的关系。胡塞尔是意识的现象学,有很多技术性的操作,而海德格尔是存在的现象学,并没有技术性的策略,而是让事情作为事情自身显现出来。具体而言,早期就是把存在作为存在揭示出来,中期就是把真理作为真理显示出来,晚期就是把语言作为语言带向语言。虽然到了中晚期,海德格尔逐渐放弃了存在和现象学这些词语,但是内核还是存在的显现。海德格尔伟大的地方在于思想同事情本身一同显示出来,是事情本身来规定思想。海德格尔的思想与我们现在理解的一种计算性的主观意图是不一样的。

海德格尔并不是否认意识,只是认为现象学还原到意识是

---

[1] ZSD, p.68/《面向思的事情》,第75页。
[2] GA20, p.117/《时间概念史导论》,第114页。

不彻底的,因为存在比意识更为本源。这是两人现象学的根本差异所在,海德格尔自己也明确指出了这个分歧。他说胡塞尔将现象学目光从沉溺于事物以及人格世界的人之自然态度引回超越论的意识生活及其体验,在这种体验中客体被构成为意识相关项。"对我们来说,现象学还原的意思是:把现象学的目光从对存在者的(被一如既往地规定了的)把握引回到对该存在者之存在的领会(就存在去蔽的方式进行筹划)。"[1] 海德格尔认为在一切存在的事物中,人体验到的奇迹中的奇迹是存在者的存在,而对于胡塞尔来说奇迹中的奇迹则是纯粹自我和纯粹意识。在海德格尔看来,胡塞尔现象学耽误了对存在的意义本身和对人的存在的追问,是对存在的遮蔽,海德格尔想通过以人的存在而不是以意识为中心来改变现象学研究的重心。

对主体意识的盲目排除很容易变成一种虚无主义或庸俗的唯物论,[2] 但海德格尔开辟了自己的思想道路,其核心是存在,因为包括人在内的存在者都是在存在之光中显现出来的,意识也依赖于存在的敞开。胡塞尔的现象学只是对意识的存在规定,而现象学必须关注存在本身:"首先需要指出,关于现象学课

---

[1] GA24, p. 29/《现象学之基本问题》,第 25 页。
[2] 海德格尔的虚无并非存在者意义上的无,而是一种敞开,它给出有。"对海德格尔来说,这些关于虚无的阐释,都与迄今为止(自尼采以来)所理解的虚无主义无关;它们的目的反而在于克服虚无主义"。(Rienhard May: *Heidegger's Hidden Sources: east Asian Influences on his Work*, Translated by Graham Parkes, Routledge, 1996, p. 24.) 而且海德格尔认为还要防止那种毫无原则的情况:"……后者仅仅构成虚构和理论化的无批判状态的对立面,这就是一种无立场的考察的要求。……把无原则状态提升为一个原则,并且使一种根本的盲目性蔓延开来。它把一种令人奇怪的朴素性煽动起来,并且借助于它所要求的东西的不言自明性,普遍地消除了批判性的问题。"(GA63, p. 82/《存在论:实际性的解释学》,第 84 页。)

题域即纯粹意识的阐发,其本身的目标正是在于获得存在者之间的区分,在于确定存在者之间的基本区分,其中根本上包含着对存在问题的回答。……在赢获这一基本的存在意识的区分之际,人们未曾追问被区分的存在者本身的存在样式,没有追问意识的存在样式,而更为根本的是没有追问那引导着整个存在区分的东西,简而言之,没有追问存在的意义。由此可以看清,存在问题不是一个可有可无的问题,不是只具有一种可能性的问题,相反,在现象学本身的最为本己的意义上,它恰好是一个最为紧迫的问题——是一种比我们迄今为止谈论的意图更为根本意义的紧迫性。"[1] 海德格尔一生所思的便是存在,如果说前期以《存在与时间》为代表,希望通过此在通达存在,这个任务并没有完成,到了后期便转为存在自身的显现问题。

海德格尔现象学的现象是和存在密切相关的,并且海德格尔将之作为现象学现象与流俗的现象的区别:"现象学要让看的东西是什么?被称作现象的东西与众不同的意义是什么?当我们明确表明事物的时候,什么东西依其本性是必然的主题?显然是这样一种东西:它首先与通常恰恰不显现,同首先与通常显现着的东西相对,它隐藏不露;但同时它又从本性上包含在首先与通常显现着的东西中,其真实情况是:它构成这些东西的意义与根据。这个在不同寻常的意义上隐藏不露的东西,或者又反过来沦入遮蔽状态的东西,或仅仅以'伪装方式'显现的东西,却不是这种那种存在者,而是像前面的考察所指出

---

[1] GA20, pp. 157–158/《时间概念史导论》,第153—154页。

的，是存在者的存在。……存在论只有作为现象学才是可能的。现象学的现象概念意指这样的显现者：存在者的存在和这种存在的意义、变式和衍化物。"[1] 海德格尔在这里强调，现象后面的存在并非另有一物，而是自身遮蔽和显现的游戏，这不同于传统形而上学将事物的根据追索到另外一个物。和意识之后还有更为本源的存在一样，在思辨辩证法的背后还有更为根源的存在的敞开。海德格尔在其著作的很多地方对辩证法进行批判，认为它试图创建一个体系将矛盾双方都包容进去，但是海德格尔更看重矛盾双方缝隙中显现的真理和矛盾双方背后更为本源的东西[2]。他说："但在哲学之事情及其方法中未曾思的是什么呢？思辨辩证法是一种哲学之事情如何从自身而来自为地达乎显现并且因此在场的方式。这种显现必然在某种光亮中进行。唯有透过光亮，显现者才显示自身，也即才显示出来。但从光亮方面来说，光亮又植根于某个敞开之境，某个自由之境（Freien），后者能在这里那里，此时彼时使光亮启明出来。

---

[1] SuZ, p.35/《存在与时间》，第42页。相比较而言，胡塞尔的现象是意识的现象。陈春文说："思的事情，在胡塞尔那里是知与识的问题，口号是革命性的，但内容是传统的理念哲学，加上一个描述的手段，但描述的是现象，现象是意识的现象，意识现象是近代问题，近代哲学的套路，是知与识的问题。"（参见《思的经验（1910—1976）》，译后记）

[2] 海德格尔反对非此即彼的二元思维模式，如在《关于人道主义的书信》中，他说与人道主义的对立绝非是对非人道的捍卫，同样，非理性主义并非和理性主义简单对立，它们二者都还有待思考，都需要深入更深的本源。"……理性及其表象活动只不过是思想的一种方式，而且它绝不是由自身来规定的，而是由那个已经令思想按理性方式进行思考的东西来规定的。理性的统治地位作为对一切秩序的理性化，作为规范化、作为平均化，是在欧洲虚无主义的展开过程中建立起来的，这一事实就如同与此相关的遁入非理性的企图，都是同样有待思考的"。（GA9, p.338/《路标》，第457—458页。）

光亮在敞开（Offenen）中游戏运作，并在那里与黑暗相冲突。无论是在一个在场者遭遇另一个在场者的地方，或者一个在场者仅仅只是在另一个在场者近旁逗留的地方，即便在像黑格尔所认为的一个在场者思辨地在另一个在场者中反映自身的地方，都已有敞开性（Offenheit）在其支配作用，都已有自由区域在游戏运作。只有这一敞开性也才允诺思辨思维的道路通达它所思的东西。"[1] 这种自由敞开之境才是真正的原现象，而这个现象是最本源的，这个现象之后再没有任何东西，它也并非指某个具体的东西，但是它可以显现，可以向我们道说。正是在这种自由敞开之境中，纯粹的空间和绽出的时间以及一切在时空中的在场者和不在场者才具有了聚集一切和庇护一切的位置。

海德格尔早期的现象学是以此在为基础来展开的。他说："因为现象学所领会的现象只是构成存在的东西，而存在又向来是存在者的存在，所以，若意在显露存在，则先须以正确的方式提出存在者本身。存在者同样须以天然通达它的方式显现出来。"[2] 海德格尔以此引出此在，用此在这个特殊的存在者来通达存在，海德格尔认为此在比一切其他存在者都具有优先性，因为它是生存在可能性中的存在者，由此出发，他曾把基于此在的现象学称为解释学的现象学。他说："此在现象学的 λόγος 具有诠释的性质。通过诠释，存在的本真意义与此在本己存在的基本结构就向居于此在本身的存在之领会宣告出来。此在的现象学就是诠释学［Hermeneutik］，这是就诠释学这个

---

[1] ZSD, p. 71/《面向思的事情》，第 78—79 页。
[2] SuZ, p. 37/《存在与时间》，第 43—44 页。

词的原初含义来说的，该词表明了解释的工作。"[1]

在《时间概念史导论》中，海德格尔将自己基于存在和此在的现象学概括为四个条件："第一，是现象学的原则本身；第二，存在问题已经以某种突出的方式出现在理解中；第三，存在者被经验到；第四，如果说切入存在问题的趋向属于此在的存在和它的历史性本身的话，那么对存在问题的歪曲和排斥也就根植于此在的历史之中、根植于此在本身之中。只是因为此在被决定了就是烦（Sorge），才会存在着一种忽略。"[2] 另外，海德格尔反对现象学的随意使用，让逻辑学、认识论、各种体系都纷纷进入现象学，他认为这样只是对现象学的背叛，目前学术界现象学一词几乎泛滥，这是违背海德格尔现象学思想的。

但是存在长期处于遗忘的状态，海德格尔自称他是整个哲学史第一个明确提出存在意义问题的思想家，《存在与时间》开篇便提出了存在被遗忘的问题。他在提到柏拉图和亚里士多德之后说："……曾经以思的至高努力从现象那里争得的东西，虽说是零碎和初级的，但早已被弄得琐屑不足道了。"[3] 海德格尔认为人类的衰落和危机在于对存在的忘记，自古希腊以来，存在就处于被遗忘状态，在存在问题的领域内，我们还未真正地做出有所作为的探索。但这并不是哲学家的偶然的疏忽，而是显明了我们的此在本身的历史——其本身所不能摆脱的沉沦的存在方式，也正当其抗拒着这一沉沦的存在方式之时，此在才能达到它的存在。

---

[1] SuZ, p.37/《存在与时间》，第44页。
[2] GA20, p.185/《时间概念史导论》，第184页。
[3] SuZ, p.2/《存在与时间》，第3页。

海德格尔认为胡塞尔的现象学之所以出现问题,一个很重要的原因是胡塞尔的现象学理论仍然奠基于"人是理性的动物"这个西方传统定义的基础之上,并因此仍然属于西方的传统形而上学。海德格尔对另外一位现象学家舍勒的批评同样基于此,他认为胡塞尔和舍勒都不曾进入此在的存在问题这样的维度,仅仅把人的存在看作肉体灵魂精神的简单相加,而没有看到即便在简单相加背后也有整体存在的某种现象作为前提。海德格尔认为胡塞尔更多受古希腊人的观念的影响,舍勒更多受中世纪基督教人的观念的影响,这种古希腊——基督教的人类学导致掩盖和误导了此在存在的原则性问题。[1]

古希腊就提出了人是理性的动物。海德格尔认为这个规定不仅仅是希腊文"人是具有逻各斯(λόγος)的动物"的拉丁文翻译,而且是对它的一种形而上学的解释。在《关于人道主义的书信》中,海德格尔指出人被规定为各种各样的存在者,但是对人之本性的任何一种规定都已经以那种对存在之真理不加追问的存在者解释为前提。任何这种规定无论对此情形有知还是无知,都是形而上学的。"只要人还是理性的动物,则人就是形而上学的动物。只要人还把自身理解为理性的动物,那么,按康德的说法,形而上学就属于人之本性。但是,如果我们的思想成功地通过努力回到形而上学的基础,则这种思想就很有可能有助于引发人之本性的一种转变,而随此改变,也就会出现一种形而上学的转变"[2]。海德格尔认为传统"人是理

---

[1] 海德格尔还认为康德以他的方式把人规定为理性人格时,也接受了关于人格的古老的基督教定义,只不过以某种方式把基督教的定义非神学化了。

[2] GA9, pp. 567 – 568/《路标》,第433页。

性的动物"这种对人的规定遗忘了存在，只是用理性来规定人，而对理性的规定就缺失了，正如前面我们谈的，理性本身是已经处于存在的澄明中并被后者规定。而在这个定义中如果从动物性维度来看则更加远离人的本性，虽然说人是与其他动物不同一员，而是加上了精神和思想等，而精神和思想后来又被设定为主体、人格等，这样一种设定乃是形而上学的方式。海德格尔还认为虽然舍勒谈到了人的行为和人格，突破胡塞尔孤立静止看待人的观念，但是舍勒的出发点仍然是在人是理性的动物，所以他对胡塞尔的超越也走不远。

理性的最基本的规定就是思想的能力，人有能力去思想。这种思想的能力在形而上学那里就是追问根据，提供原则。"人作为理性的动物"证明人是能思想的，但是，对海德格尔而言，到了现代社会，人作为能思想的动物最后变得不能思想了，变成了一种计算，就是主体设定客体，人设定世界，人的意志支配了思想和人的行为，人根本就不可能去倾听、去把握存在自身的意义。海德格尔不再讲"人是理性的动物"，并不是完全否定人的理性，只不过揭示理性的限度，并且为理性寻找一个更本源的东西。对于海德格尔而言就是存在自身，或者是对存在的经验。

海德格尔认为人归属于存在的光亮，并且在其早期思想中将人理解为此在。这也就是说人的本性要以此在来理解。此在意味着不是从理性去规定人，而是从存在去规定人。海德格尔说："为了用一个词语既表示存在与人之本性的关联，又表示人与存在［Sein］本身的敞开状态（'Da'）的本质关系，我们选择了'此在（Dasein）'这个名称，以之意指人之为人站立在其中的那个本质领域。"[1] 此在特指的是人的存在，此在之本性在于他的生存。在此在的敞开状态中，存在本身自行呈示又自行遮蔽，自行允诺又自行隐匿。海德格尔早期思想主要探讨此在[2]，也可以看作对此在所作的现象学描述，这其中比较重要的描述有：在世存在（In-Der-Welt-Sein）、生存（Existenz）、绽出（Exstase）、抛（werfen）、理解（verstehen）、筹划（Entwurf）、沉沦（Verfallen）、畏（Angst）、烦（Sorge）、时间性（Zeitlichkeit）、死（Tod）、良心（Gewissen）、好奇（Neugier）、言语（Rede）、无性（Nichtigkeit）、在场（Anwesenheit）、共在（Mitsein）等。

海德格尔的现象学是追问存在问题，而他早期对存在追问的出发点是此在。此在主要有两个方面意思：一是当下存在，此在生存；二是此在是存在的敞开，此在守护存在。此在就是绽出的生存，海德格尔将此看作人的本性："人是什么？用传统的形而上学语言来讲，即人的本性，就基于他的绽出之生存中。……人就是这个"此"（das "Da"），也就是说，人是存在之澄明——人就是这样成为其本性的。这个此在之存在，而且唯有这个此之"存在"，人才具有绽出之生存的基本特征，也就是说，才具有绽出地内居于存在之真理中的基本特征。人之绽出本性基于绽出之生存，这种绽出之生存始终区别于形而上学所思考的 existentia ［实存］。"[3] 绽出具有时间性和空间性，

---

[1] GA9, p.372/《路标》，第439页。
[2] 如其早期代表著作《存在与时间》，虽然题目标明的是"存在"与"时间"，但是因为该著作只完成了计划的第一部分的前两篇即《准备性的此在基础分析》和《此在与时间性》，因此可以看作一本关于此在的现象学分析的著作。
[3] GA9, p.325/《路标》，第381—382页。

既是从存在中站出，又是在世界存在，而此世界根本就并不意味着一个存在者，并不意味着任何一个存在者领域，而是意味着存在之敞开状态。人绽出到存在之敞开状态之中，而存在本身就作为这种敞开状态而存在，世界乃是存在之澄明，人从其被抛的本性而来置身于这种澄明中，但是传统形而上学忽略了这一点。海德格尔认为如此这般被理解的绽出之生存不仅是理性之可能性的根据，而且就是人之本性于其中得以保持其规定之来源的那个东西。在海德格尔看，人的高贵并不在于作为主体能将其他存在者把握为客体，而在于人被存在本身抛入存在之真理中，人在如此这般绽出地生存之际守护着存在之真理，以便存在者作为它所是的存在者在存在之光中显现出来。海德格尔这里表明了其反人类中心主义的思想。"人不是存在者的主人。人是存在的看护者。在这种'更少些'中，人并没有失去什么，而倒是有所收获，因为人进入存在之真理中了。他获得了看护者的根本赤贫，而这种看护者的尊严就在于：他已经被存在本身召唤到对存在之真理的保护中了。……人在其存在历史性的本性展开中就是这样一个存在者，这个存在者的存在作为绽出之生存，居住在存在之切近处。人是存在之邻居"[1]。

在海德格尔看来，此在无疑先于主客体，是比主体客体更为本源的。人首先在其本性中绽出地生存到存在之敞开状态之中，然后主体对客体的关系才有可能存在，主客体关系漏过了认识主体的存在方式问题，当人们讨论主体的认识之时，主体

---

[1] GA9，pp. 342-343/《路标》，第403—404页。

的存在方式虽未言明却也向来已经在论题之中了。"……正是由于数学的影响,胡塞尔的思想总是局限于认识的范畴之内,因此他在早期现象学中根本没看到,认识活动仅仅是人的存在的一个组成部分……认识在人的整个存在中的地位问题,是当今西方哲学的一个重要问题。胡塞尔和海德格尔的分歧正源于此"[1]。海德格尔用此在来克服传统形而上学包括胡塞尔的先验主体观。他认为,预先设置一个主客体前提只会使存在者滞留在晦暗之中,基于主体的认识活动遮蔽了已经在场的人的存在方式。认识并不首先创造出主体同一个世界的交往,认识是此在的植根于在世的一种样式,因此首要的是要阐释人生在世的问题。抛开主客体的认识方式,海德格尔改用照面、筹划、手上之物和熟悉来描述此在的认识方式。这些描述方式具有一定的美学意味,但是海德格尔前期思想并未明确谈论艺术、美和美学问题,其中期对艺术作品的分析则可以看作是在这些思想上的进一步深化。

此在即为当下存在,当下可以理解为当前,具有时间性,海德格尔的《存在与时间》正是希望通过此在到时间到存在,虽然这个工作没有完成。但时间对此在具有规定性,同样,人绽出地生存着置身于存在之天命中,人的绽出之生存乃是历史性的。而胡塞尔则否定了人的历史维度,海德格尔认为胡塞尔是受新康德主义的影响。他说:"……今天已经很难设想那些阻碍了存在问题的追问及其发端和贯彻的诸种困难的大小。在

---

[1] 靳希平:《胡塞尔和海德格尔现象学差异简析》,载湖北大学哲学研究所《德国哲学》编委会编:《德国哲学》(第2辑),北京大学出版社1986年版,第105—124页。

当时的新康德主义的范围内,一种哲学倘要作为哲学而获得支持,就必得满足那种作康德式的、批判的、先验的思考的要求。存在论乃是一个被唾弃的名称。"[1] 海德格尔认为胡塞尔向新康德主义的问题方式的转向首先表现在《哲学作为严格的科学》中,胡塞尔这一转向忽视了与历史的生动联系,导致了他与狄尔泰之间的决裂。正是在历史性维度上,马克思受到海德格尔的肯定,一直以来马克思被海德格尔看作一种技术化主体化的思维而受到批判,但是其历史观受到肯定。对此,海德格尔说:"……无家可归变成一种世界命运,因此就有必须要从存在历史上来思这种天命。马克思在某种根本的而且重要的意义上认识的东西是人的异化的根源在于现代人的无家可归状态,这种认识来源于黑格尔。这种无家可归状态确切地说就是从存在之天命而来在形而上学之形态中引起的,通过形而上学得到巩固,同时又被形而上学作为无家可归状态掩盖起来。因为马克思在经验异化之际深入到历史的一个本质维度中,所以,马克思主义的历史观优于其他历史观。但由于无论胡塞尔还是萨特——至少就我目前看来——都没有认识到存在中的历史性因素的绝对重要性,故无论是在现象学还是生存主义,都没有达到与马克思进行创造性对话的可能性的维度。"[2] 也是在此意义上,海德格尔反而肯定了狄尔泰的现象学,认为狄尔泰是第一位理解了现象学意图的人。当然海德格尔这里对胡塞尔的批判胡塞尔本人是不同意的,而且他还为此批评了海德格尔,海

---

[1] ZSD, p. 47/《面向思的事情》,第 53 页。
[2] GA9, pp. 539 - 540/《路标》,第 400—401 页。

德格尔把历史的东西带进了现象学是胡塞尔坚决反对的,因为历史会导致相对性。胡塞尔认为海德格尔的此在,是人学,是客观主义,自然主义,实在论,心理主义,是现象学的倒退,还没有达到真正的哲学水平。"胡塞尔与海德格尔《存在与时间》的最主要批判在于,胡塞尔认为这部著作由于无视先验现象学的还原而陷入心理学和人类学而不能自拔"[1]。胡塞尔把海德格尔和舍勒都放到了自己对立面。

死亡是最广泛的生命现象,对此在的死的现象分析是海德格尔《存在与时间》中很重要的部分,因为海德格尔是用死定义生,正如他用虚无来定义存在。在《存在与时间》中,海德格尔认为对此岸的存在论的死亡阐释先于任何一种存在者层次上的彼岸的思辨。日常生活恰恰是生与死之间的存在,在世的终结就是死亡,死亡只存在于一种生存上的向死存在。"死确乎意味着一种独特的存在之可能性,在其中,死亡纯粹是向来自己的此在的存在的事情。死显现出:死亡在存在论上是由向来属我与生存组建起来的。死不是一个事件,而是一种须从生存论上加以领会的现象,这一现象的与众不同的意义还有待进一步予以界说"[2]。海德格尔认为此在是一种向终结的存在,死是人出生开始就要承担的去存在的方式,并非人未来的某个时间点,而常人往往是回避死亡。

随着思想的发展,海德格尔在中后期已经不再使用此在,

---

[1] 倪梁康:《胡塞尔与海德格尔的哲学概念》,载《浙江学刊》1993年第2期。

[2] SuZ, p.240/《存在与时间》,第276页。

而是要死者。[1] 他说："与之相反，形而上学把人表象为动物，表象为生物。即使理性完全支配了动物性，人的存在还是由生命和体验来规定的。理性的动物必须首先变成终有一死者。"[2] 这个规定表明人是要死者，要死者是能够把死亡作为死亡去死亡，人只要生活在大地上，人就能够去死。而动物只是完结，动物活着和死亡是分开的，活着就不会死亡，死亡就不会活着，因此它们不能拥有死亡。作为要死者，人自身告别了理性的动物，理性的动物在形而上学的历史中承担了人的规定。"海德格尔在其思想中是如何刻画死亡的？死亡首先是世界性的，它解释为此在的规定，这个此在作为"走向死亡的存在"生存于世界之中；死亡在第二阶段中其次是历史性的，它在形而上学的历史中被经验为不仅是上帝之死，而且也是人之死，此人被标明为理性的动物；最后，死亡在此海德格尔的第三阶段是语

---

[1] 海德格尔早期著作显示出尝试去主体性和去人类中心主义的努力，但是很多地方并不清晰，甚至还带有胡塞尔思想的残余以及自己思想探索的痕迹，比如其早期思想核心"此在"可以说是用人的存在来代替纯粹意识的努力，但是很容易使人误解为一种人类中心主义和唯我论，海德格尔《存在与时间》的中断可能也与此有关，他在关于尼采所作的讲演提到中断的原因是他的思想和努力有巩固主体性的危险。海德格尔在《论根据的本性》的一个注脚中也对这种误解做过一些辩护，认为对存在的存在学阐释并不意味着从作为此在的存在者中把非此在式的存在者之全体推导出来，因为他强调了此在的无性（Nichtigkeit）。（参见 GA7, p. 162/《演讲与论文集》，第 189 页。）海德格尔早期很多论述仍然在使用传统形而上学旧词汇，使其很难将自己的新思想解释清楚。海德格尔自己也意识到哲学思想的道路就是寻求语言的道路，他后来便放弃了这些形而上学词汇，海德格尔后来也放弃了此在一词，他中期谈艺术，关键词是世界和大地，晚期转向诗意，天地人神的四元世界，这里主体、客体和对象化的痕迹一步步地被消解。

[2] GA7, p. 180/《演讲与论文集》，第 187 页。

言性的,在此,它在根本上是要死者的死亡"[1]。

海德格尔将人作为要死者并列为天地人神四元世界中的一元,并且同时考虑到他在四元整体中的关联性,在这个关联中,海德格尔强调人作为要死者是强调他能够去死亡,这种可能性不是人的能力,而是人的存在的本性,人生最大的可能性就是死亡这样一种虚无性,但正是在这种虚无性当中,正好聚集了存在性。"死亡乃是无之圣殿(der Schrein des Nichts);无在所有角度看都不是某种单纯的存在者,但它依然现身出场,甚至作为存在的聚集(das Gebirg des Seins)。现在,我们把终有一死者称为终有一死者——并不是因为他们在尘世的生命会结束,而是因为他们有能力承担作为死亡的死亡。终有一死在是其所是,作为终有一死者而现身于存在之聚集中。终有一死者乃是与存在之为存在现身者的关系"[2]。所以死亡不是生存的对立面,相反它表明,它是生存最大的可能性,成为一生的聚集。而且海德格尔强调,人只要在大地上,人就能够去死亡,这是对死亡的揭示。要死者居住在大地上、天空下,与他人为伴并且等待神灵,天地人神四元中的任何一元和其他三元都是在一起的,从而避免了人类中心主义。

## 二、海德格尔的现象学美学思想

海德格尔认为,现象学这个名称由现象(Phänomen)与学说(-Logie)两个部分组成,他首先阐释现象的源本意义:

---

[1] 彭富春:《无之无化——论海德格尔思想道路的核心问题》,上海三联书店2000年版,第124—125页。

[2] GA7, p.180/《演讲与论文集》,第187页。

"两个部分都可以回溯到希腊的表述,'现象'要回溯到 φαινόμενον,而'－学说'则要回溯到 λόγος。Φαινόμενον 是 φαίνεσθαι 的动词分词;该词的中世纪含义是显现自身;φαινόμενον 因此就是那个显现自身者。中世纪的φαίνεσθαι是源自φαίνω而构成的词:将某物带入光亮中,让其在自身之内昭然可见,将其置于敞亮之中。Φαίνω有词根φα-φῶς,即光亮,明亮,在其中,某物能够显明,能够成为在自身之中昭然可见的东西。我们需要把牢的就是这一现象的含义:φαινόμενον,即自身显现自身的东西。而 φαινόμενα 就构成了自身显现之物的全体,希腊人也简单地将其等同于 τὰ ὄντα,,即存在者。"[1]

海德格尔对"学"也做了词源学解释:"λόγος(逻各斯)一词要追溯到λέγειν(言说)。在上面提到的组合词(神学 Theoloie、生物学 Bilologie,等等)中,-logie 意为'……之科学'。而在这里,人们就把科学理解为有关一个课题域的命题和陈述的系统。但 Λογος(逻各斯)真正所指的并非科学,和 λέγειν 相关,它的意思为言说,关于某物的言说。……那么,希腊人如何定义λέγειν,'去言说''正在言说'?Λέγειν所指的并不是简单地就是形成并说出词语,毋宁说λέγειν的含义就是 δηλοῦν:使显现,如此显现的地方包括说了什么和如何被说。亚里士多德更明确地把 λόγος(逻各斯)的意义规定为 ἀποφαίνεσθαι:让某物自在自足地为人所见。确切地说,就是只要言说是真切的,在言说中被道说的东西就会——ἀπό(从出于)——从言说所关涉的东西那里汲取出来,以致散漫的内容

---

[1] GA20, p.111/《时间概念史导论》,第107页。

能够显明并且能够被其他人接近。这是亚里士多德对 λόγος（逻各斯）严格功能的精心定义。"[1]

　　海德格尔在《存在与时间》以后虽然很少提到现象学这个术语，但是前期主要著作对现象学名称都是在这个意义上进行解释，除了上面引用的被认为是《存在与时间》第二稿的《时间概念史导论》（主要文本是海德格尔1925年夏季学期的马堡大学讲课稿，《海德格尔全集》第20卷），还包括被认为是海德格尔思想开端的1923年夏季学期讲稿（《海德格尔全集》第63卷：《存在论：关于事实的解释学》），早期代表作《存在与时间》，以及海德格尔后来与日本学者的对话（这篇对话后来与海德格尔的其他系列语言论文一起在1959年以《通往语言之路》的书名发表，《海德格尔全集》第12卷）。海德格尔除了将现象学依照希腊原义解释为将事情作为事情自身显示出来之外，我们还可以看出海德格尔的现象学与语言紧密相连的，海德格尔晚期转向语言问题，这一点我们以后再作讨论。海德格尔认为他对现象学的解释和现象学面向事情本身的宗旨是一致的，他说："于是现象学意为：ἀποφαίνεσθαι τὰ φαινόμενα：让人从显现的事情本身那里，如它从其本身所显现的那样来看它。这就是取名为现象学的那门研究的形式上的意义。然而，这里表述出来的东西无非就是前面曾表述过的座右铭：面向事情本身！"[2] 但是细心比较二者还是有所区别的，因为"面向"二字还是有一个主客对立的预设，而海德格尔将事情作为事情自

---

[1] GA20, p.115/《时间概念史导论》，第111—112页。
[2] SuZ, p.34/《存在与时间》，第41页。

身显现出来无疑是彻底抛开了主体和对象化思维，而这无疑更符合现象学追求的事物本身之义，实际上，现象学的关键在于何为事情本身，并由此也涉及人的认识方式，海德格尔的思想道路是思想的事情的规定，是事情规定了思想，而以往的哲学特别是近代主客二分的意识哲学，却是思想规定事情，海德格尔在以后很多地方指出，主客二分的认识方式只会使我们远离事情本身。海德格尔认为自己对现象学名称的阐释来源于古希腊，他认为古希腊对事情的经验和看不同于近代主客体二分的思维模式，对于古希腊来说，显现始终是在场者之在场，后来的思想将在场者作为表象的对象，对希腊人来说是完全陌生的。对此，海德格尔说："也许确实可以这么看，但我所关心的实际上既不是现象学的一个新维度，也不是什么新东西。恰恰相反，我倒是试图更原始地来思考现象学的本性，从而将现象学恰当地放回到它在西方哲学中应有的位置上。"[1]

在《我进入现象学之路》一文中，海德格尔详细记述了自己的现象学道路。首先是布伦塔诺《论亚里士多德那里存在者的多重含义》让海德格尔思考什么是存在的问题。然后布赖格神学讲座的运思艺术，使存在论与思辨神学之间的对峙作为形而上学的建构而进入海德格尔的研究视野之中。在这期间，海德格尔一直在阅读胡塞尔的《逻辑研究》，并认为胡塞尔的著作显示出模棱两可，即批评心理主义，又最终回到了心理主义。胡塞尔本人从《纯粹现象学和现象学哲学的观念》发表后对

---

[1] OWL, p.9/《海德格尔选集》，第1013页。

《逻辑研究》不感兴趣了，但是海德格尔更看重《逻辑研究》[1]。对于海德格尔当时主持高年级学生的《逻辑研究》讨论班，胡塞尔并不赞成，但海德格尔认为有收获。也就是在这里，出现了海德格尔的存在和胡塞尔的意识这两个根本问题之间的差异，海德格尔说："……当这一看法在我心中越来越清晰时，下面这个问题也就变得越来越紧迫了：依据现象学原理，那种必须作为'事情本身'被体验的东西，是从何处并且如何被确定的？它是意识和意识的对象性呢还是在无蔽和遮蔽中的存在者之存在？这样，通过现象学态度的昭示，我被带上了存在问题的道路。……这条路比料想的要漫长，它需要经过许多停顿，迂回和歧途。我在弗莱堡的第一次讲学以及后来在马堡的讲学，不过是试图间接地指明这条道路。"[2]

1927年为了接替教学职位，海德格尔出版《存在与时间》，并在扉页中写到将此书献给胡塞尔。随着思想的转变，海德格尔本人在《存在与时间》以后发表的著作和学术演讲中几乎不

---

[1] 海德格尔明确把《逻辑研究》当作一部奠基性的现象学著作，在谈到这部著作的出版时，他说："这家出版社当时既不可能知道它的名字将与现象学的名字联系在一起，也不可能知道现象学不久将在各种不同的领域中——主要是以潜移默化的方式——决定着这个时代的精神。"（ZSD, pp. 89－91/《面向思的事情》，第98页，海德格尔认为胡塞尔本人在《逻辑研究》中尤其是在第六研究中已经切近于本真的存在问题，但在当时的哲学氛围中不能将其贯彻到底而实行了向先验现象学的转向，这种先验现象学在《纯粹现象学和现象学哲学的观念》一书中达到了它的最初的顶峰。倪梁康对《逻辑研究》对海德格尔的影响作了分析，认为"胡塞尔在方法领域中所引起的革命便在于，他将这里的存在看作一种无法通过感性直观，但却可以通过范畴直观而自身给予、自身显现的东西"。（倪梁康：载《现象学的始基——对胡塞尔〈逻辑研究〉的理解与思考》，广东人民出版社2004年版，附论一"胡塞尔与海德格尔的存在问题"）。

[2] ZSD, p.87/《面向思的事情》，第96页。

谈现象学这个术语，而只是到了20世纪40年代后期才在他的回顾性的谈论中重新提到现象学。这一点在海德格尔的教学活动中也有所体现，1919年海德格尔曾首次宣称要讲授《现象学与超验价值哲学》的课程，从这时起到1923年被任命为马堡大学教授，海德格尔每个学期所开设的课程和研究班所研究的题目都包括"现象学"这个词，这一现象甚至连他在马堡大学进行独立哲学工作的至关重要的5年中还在继续，而他回到弗莱堡以后的第一个学期，作为继任胡塞尔教授职位的人他又一次宣告成立他的现象学研究班。在这以后特别引人注目的是海德格尔的学术讲演中再也看不到"现象学"一词了，一门讲解黑格尔的《精神现象学》课程（1930—1931年）算是例外。[1]但我们不可以认为海德格尔已经完全脱离了一切现象学，海德格尔从来没有否认过现象学运动，他也从未放弃现象学，而且他还认为他的思想才保持了真正的现象学。现象学的事情自身显现之意贯穿了海德格尔一生的思想，如果简单地进行概括，海德格尔前期是用此在来开显存在，后期则是存在自身的显现。彭富春认为海德格尔早期的《存在与时间》首先把握了事情本身，即此在的世界；中期的《艺术作品的本源》借助于现象学还原的方法，通过艺术作品本性的揭示来显现历史性的真理；晚期的《哲学的终结和思想的任务》更是回溯到了现象学的本源，它追问这样一个问题：事物的显现如何可能？[2]如果说海

---

[1] 参见［美］赫伯特·施皮格伯格：《现象学运动》，王炳文、张金言译，商务印书馆1995年版，第480—481页。
[2] 参见彭富春：《评西方海德格尔研究》，载《哲学与美学问题——一种无原则的批判》，武汉大学出版社2005年版，第172—173页。

德格尔前期的此在还残留有人类中心主义的痕迹，后期单纯讲存在自身的显现，而将人作为要死者成为天地人神四元中的一元，他虽然没有提"现象学"一词，无疑更加符合他的现象学将事情作为事情自身显现之意。"比梅尔认为，后期海德格尔并不比前期海德格尔更少现象学的意味，只是他在这一时期的研究范围已超过了我们通常所理解的现象学"[1]。施皮格伯格在《现象学运动》中也认为海德格尔拒绝超验的现象学，但是并不放弃现象学运动。他的现象学的分解与现象学的解释学方法一直未变，《存在与时间》从人的存在到存在与后来从存在（Being）到人的存在（Human Being）方法并不矛盾。[2]

海德格尔思想道路的转变可以说是处于通向现象学的途中，至于海德格尔后期放弃了现象学一词，一方面是海德格尔要放弃胡塞尔的意识哲学，特别是胡塞尔现象学中那些烦琐复杂的技术性的东西。而其根本的原因是为了避免使用传统概念使人造成误解[3]，而不是放弃了现象学的宗旨，海德格尔自己也意识到哲学思想的道路就是寻求语言的道路，海德格尔只是力图以一种更基本的方式来思考现象学，而不是仅仅拘泥于表面的文字。海德格尔认为现象学并没有成为历史，因为现象学并不是一个流派，

---

[1] 彭富春：《评西方海德格尔研究》，载《哲学与美学问题——一种无原则的批判》，武汉大学出版社2005年版，第171页。

[2] 参见［美］赫伯特·施皮格伯格：《现象学运动》，王炳文、张金言译，商务印书馆1995年版，第565页。

[3] 海德格尔反对使用概念，他曾说要是自己的思想处于无名状态，正如老子说"道隐无名"。为了避免"存在"一词被概念化和对象化，海德格尔中后期也很少使用"存在"一词或者在"存在"一词上打叉，但他一生都是在追问存在问题。熊伟指出："现象学发展到海德格阶段，所讲现象全为活境，远非限于搬弄范畴概念之术。"（熊伟编：《现象学与海德格》，远流出版事业股份有限公司1994年版，代序。）

他说:"仅从现象学最本己的方面来说,现象学并不是一个流派,它是不时地自我改变并因此而永存的思的可能性,即能够符合有待于思的东西的召唤。如果现象学是这样地为人们所理解和坚持的话,那么它作为一个哲学标题就可以不复存在了,但是它会有益于思的事情,而这种思的事情的敞开状态依然是一种秘密。"[1] 现象学是关于哲学的基本思考,它不仅仅是简单的思想流派,它表现为不同的追问事物的道路和方式,正如海德格尔临终前对自己的《全集》所说的话:"道路,而非著作"(Wege——nicht Werke)。海德格尔在批判了胡塞尔思想之后,试图建立发展自己的现象学思想,但是也是一个探索的过程,展现为思想的道路。海德格尔自己的思想道路也在不断地改变,后来他几乎放弃了现象学一词,但却是在现象学宗旨下在新的思想道路中继续进行探索。

在现象学宗旨的指导下,海德格尔一生致力的便是追问事情本身,区别于胡塞尔的原则"面向事情本身",海德格尔追求的是思想的事情的规定,即让事情作为事情自身显示出来,在海德格尔这里,思想由事情规定,而不是胡塞尔那里纯粹意识规定事情,我们不能把事情理解为对象,因为一旦这样理解,我们就会把自己作为主体,而对海德格尔而言思想从来不是主体,思想要顺从事情。所以我们不能仅仅用主客体的思维模式来思考,人应当泰然让之,让存在,让显现,在这里,物物化,世界世界化,存在存在化,最终是无蔽的存在即本源的真理,海德格尔称之为林中空地(Lichtung)。在海德格尔这里,事情

---

[1] ZSD, p.90/《面向思的事情》,第98页。

通常是遮蔽的，要不断地去蔽，是不断地遮蔽和显现的游戏，因此事情是生成的。去蔽首先是去自然的思维，然后是去理论的思维，这些都不符合事情本身。显现就是让事情作为事情自身显现出来。比如海德格尔在《艺术作品的本源》中对梵高《农鞋》的分析，海德格尔是一步步从外到内进行揭示的。首先，这幅画是物；其次，是人工制作之物，是一个器具；最后指出它不是一般的器具，而是作品。这条思路便是由外到内将事物自身呈现出来。这里是绝对没有主客观之分，而是人与事物在一起，最终艺术作品是真理的发生，也就是人与物的本性的显现。[1]到了晚期海德格尔又转向诗意："无论是对物的日常探讨，还是形而上学或技术的态度，都是对于物自身的遗忘和遮蔽。在海德格尔看来，'走向事情本身'要求获得一种新的态度，即对于物的诗意的态度，但什么是诗意？他不是日常语言所理解的诗意，即不是想象、激情，或者各浪漫主义的想法，它也不是形而上学所思考的诗意，此种诗意是'给予尺度'，是思想对于存在的设立，也同样是主体对客体的设立。海德格尔所说的诗意是'接受尺度'，它意味着思想从存在那里获得自身的规定，思想从事情那里接受自身定调。……所谓的对于物的诗意态度就是人进入到物的生成之中，去经验

---

[1] 海德格尔讲物物化，物是生成意义上，因此物变成了事，所以本文现象学的事情自身的显现也就包含了物自身的显现，文中少数地方也使用事物一词。实际上对物的追问贯穿了海德格尔一生的思想。陈春文教授在《物向世界的沉沦》（载《江苏社会科学》2008年第5期）一文中对西方哲学的"物"进行了考证和论述，指出海德格尔回到存在就是回到物自身或者原初的物。)

物,倾听物。"[1]

以上也是海德格尔的美学思想的两个主要部分,一个是中期论艺术,一个是晚期论诗意,包括诗意的语言和诗意地居住。本文论述的美学既非西方传统由柏拉图开创的美的本质的问题,亦非狭义的鲍姆加登创立的美学学科。在海德格尔的著作中,很少提到美学一词,他提到美学或者艺术鉴赏都是持否定的态度,把它们归为近代意识哲学的范畴。海德格尔认为近代以来美学被放入人的趣味意识范围内,美学的起源并非直接来自艺术本身和对艺术的沉思,而是关涉到近代思想的开端,即存在者如何被经验和设立。"其实就意味着:现在,人类本身的自由态度,人类感受和感觉事物的方式,简言之,人类的趣味,成为存在者的法庭了。从形而上学上讲,这就显示在,一切存在和一切真理的确信都被建立在个体自我的自我意识基础之上,我思故我在"[2]。因此,本文论述的海德格尔的美学并非狭义的鲍姆加登命名的美学学科。

虽然海德格尔正慢慢成为显学,但是与海德格尔在哲学史上的显赫地位和重要性形成强烈反差的是美学研究上的严重不足。而且对海德格尔美学思想的研究容易陷入两种误区:一种是研究者仿佛抓住海德格尔的核心概念诸如存在、生存等词来论述海德格尔的存在论美学或者生存论美学,但其实海德格尔反对别人将他的思想作概念化理解,海德格尔本人也从未有这样的说法;一种是将海德格尔论生存、艺术、美以及诗歌、语

---

[1] 彭富春:《庄子、海德格尔与我们的对话》,载《哲学与美学问题——一种无原则的批判》,武汉大学出版社2005年版,第211—212页。
[2] GA6.1, p.81/《尼采》(上卷),第89—90页。

言等做一个大综合，缺乏中心，或是将海德格尔思想强行纳入自己的美学体系。本文将海德格尔美学归之为现象学美学，正是为了避免主观、客观二元对立等传统美学思维方式和一种外在于海德格尔思想本身的美学研究，而尽量让海德格尔的美学思想自身言说和显现。

海德格尔的思想可以分为早、中、晚三个时期，他的美学思想在这三个时期是有转变的。海德格尔思想的第一个时期主要谈的是人生在世的问题，人生在世就是人理解自己的生活，人是理解自己的存在的，理解当中自然还关涉到解释，因此在海德格尔早期思想中并没有直接牵涉到美学，而是为解释学美学提供了基础。也就是说，海德格尔早期的思想为美学提供了基础，但本身并不是美学。海德格尔的美学思想主要表现在其思想的后面两个时期：在海德格尔思想的中期，以《艺术作品的本源》为代表，他提出了一个很著名的判断：艺术是真理自行设入作品。很多人将这部作品当作海德格尔美学代表作，但其实海德格尔晚期讲的美学已经不再使用《艺术作品的本源》中的词语。海德格尔的晚期美学，最重要的是引用德国诗人荷尔德林的一句诗：人诗意地居住在这个大地上。讲人的存在本身应该是审美的，美和艺术是人的存在自身的显现。

### 三、海德格尔对西方美学的拓展

柏拉图在《大希庇阿斯》中，首次提出了"什么是美"的问题，从此拉开了西方二千多年对美的本质追问的历史；但是到了海德格尔这里，美的本质这个问题被消解了，也就是说美是自身的显现和生成，美自身以自身作为根据，而不是被另外的东西规定的。海德格尔美学的两个主要部分，中期谈艺术，是真理的生成；晚期谈诗意居住，是天地人神四元世界的生成，这里的显现的美都不需要设定外在的根据。从历史来看，传统的意义上西方古代的历史是古希腊、中世纪，一直到近代黑格尔为止，这个阶段的哲学和美学所体现出来的最为根本的特点便是理性。在现代，随着理性的地位消失，美学或艺术就不再被理性所规定，但也不是被非理性去规定，而是由人的存在来规定，因此现代美学就是由存在来规定的。

海德格尔在《尼采》中也认为柏拉图带出了美学问题，不同的是海德格尔认为柏拉图对艺术问题的探讨带出了美学问题。传统的看法是以本质和现象的视角去看柏拉图，海德格尔则是从分析柏拉图艺术是理念的显现问题入手，海德格尔主要以外观和光亮为中心分析了柏拉图的洞穴比喻。因此海德格尔对柏拉图的理解套路是现象学的显现，而非传统形而上学现象和本质二分的套路，并且海德格尔用此方式分析了康德、黑格尔、叔本华和尼采等西方历史上重要的美学家。海德格尔认为："柏拉图关于艺术的问题却成了'美学'的肇始。这一事实的原因并不在于，柏拉图的追问根本上是理论的，亦即起源于一种存在解释，而倒是在于，'理论'作为对存在者之存在的把握是建立在某种确定的存在解释基础上的。ιδέα［相］，即所见的外观，是对存在的标识，而且是对那种外观而言的，后者在所看之物本身中认识到了纯粹的在场状态。"[1] 海德格尔认为，在柏拉图那里，爱多斯、外观并不是指概念，而是指某物的外

---

[1] GA6.1，P.169/《尼采·上卷》，第184页。

观。在外观中，事物在其所是中呈现和在场，而在场意味着存在，因此存在是在外观的观看中被觉知的。我们习惯于从普遍性来观看众多个别事物，但在柏拉图这里多样个别事物是一个东西以其不同的外观显现出自身。不同于一般理解的用影子、模仿、虚假与真实等等理论来分析柏拉图的三个世界，海德格尔的理解更多的是强调它们的同一性，是同一者的自身显现，即自行显现的三个方式以及在场状态的三个方式，因而也就是存在本身的三个变化方式。因此在柏拉图这里重要的是贯穿自行显示的基本特征的统一性（尽管有着种种差异），即显出这样那样的外观并且在外观中在场。

　　黑格尔认为希腊"意识"的阶段是"抽象的阶段"但也是"美的阶段"，海德格尔就此评论道："这两者是如何凑在一起的呢？美的东西和抽象的东西诚然不是同一的。但如果我们在黑格尔意义上理解一方与另一方，那么这两者就是同一的。抽象的东西乃是纯粹地停留在自身那里的第一次显示，乃是一切存在者中最普遍的东西，乃是作为无中介的、简单的显像的存在。而这种显像（Scheinen）就构成美的基本特征。"[1] 黑格尔著名的关于美的定义：美是理念的感性显现，也可以表述为美是真理的感性显现。这里与海德格尔"美是存在的显现"有一致之处，在《艺术作品的本源》中，海德格尔认为美乃是作为无蔽的真理的一种现身方式，当真理自行设入艺术作品，美便显现出来。表面上看这简直是海德格尔定义的同语反复——即美仍然是真理的显现。但这仅仅是一种表面现象，黑格尔本

---

[1] GA9, p. 434/《路标》，第509—510页。

人的《精神现象学》使用了现象学一词，这点胡塞尔和海德格尔都不否定，但是由于所处的时代不同，黑格尔和海德格尔有着根本的不同，他们对现象和真理的理解都有本质的区别。黑格尔的精神现象学就是将精神显现的各个环节呈现出来，是精神的自我实现过程，海德格尔的真理不是西方传统形而上学的符合意义上的真理，而是事物的无蔽。黑格尔的感性，是传统感性理性意义上的感性，感性理性的形而上学划分海德格尔已经不用，他强调的是在外观中事物的纯粹显现。所以黑格尔的美是真理的感性显现容易被理解为真理和被显现的东西是分开的，海德格尔这里强调是事物自身的显现，它们本身是合一的。

海德格尔也用其现象学的方式分析了康德、叔本华到尼采的美学发展脉络。海德格尔认为康德美学被误解了，特别是叔本华彻底误解了康德并且对这种误解的形成和扩散起了主要作用，尼采对康德美学也发生误解。"人们可以说，迄今为止，康德表达其美学思想的著作《判断力批判》一直都只是在误解基础上起作用的。这乃是哲学史上的一个事件。唯有席勒唯一地把握住了康德关于美和艺术的学说中的某种本性的东西，不过，连席勒的认识也被十九世纪的美学学说掩埋掉了"[1]。海德格尔这个论点主要来自对康德美学最核心的一句话"美是无利害的快感"所作的阐释，他认为所谓无利害就是事情自身显现在我们面前，就是说为了感受某物是美的，我们必须让与我们照面的事物本身纯粹地作为它自身，对于美之为美的行为和态度，按康德的说法乃是自由的喜爱。也就是说，我们必须使

---

[1] GA6.1, p.107/《尼采·上卷》，第117页。

我们与我们照面的事物本身在它所是的东西中开放出来,这也是海德格尔的泰然让之,让存在,让显现之意。因此无功利并非把对象的本性关联都抛弃掉,与人无关了,而是指对象首次作为纯粹对象显露出来,而这样一种显露就是美。但是后来对功利的曲解导致了一种错误意见的产业,有人认为随着对功利的排除,也就把一切对象的本性关联都去掉了。其实情形恰恰相反,与对象本身的本性关联恰恰是通过无功利而发挥作用的。因为当我们对某物感兴趣时,我们就把它置入一种针对我们所企图和意愿的东西的目的之中而被表象了。海德格尔在此意义上批评了叔本华,按照叔本华的观点,审美状态就是意志的脱落,纯粹的冷漠无欲的状态,"但是,我们现在要问:这种自由的赐予,这种使美成其所是的让存在,竟是一种意志的脱落,是一种冷漠无趣的状态吗?或者不如说,这种自由的喜爱是我们的本性的至高追求,是把我们本身释放出来,以开放出那种于自身中具有本己地位的东西,使之纯粹地仅仅具有这种地位么?康德的这种无功利是对审美行为的混淆,甚至玷污吗?难道这不是对审美行为的伟大发现和尊重吗?"[1]

海德格尔认为人们没有正确地思考康德的无功利这个规定,是因为人们没有看到当对象的功利兴趣被取消后在审美行为中保留下来的东西。海德格尔认为尼采的思想和康德倒是有几分相似的,倘若尼采没有依赖叔本华的引导,而是直接追问康德本身,那么他们的思想是很相合的。叔本华认为功利的丧失乃是自我的丧失,但是尼采认为无功利并非自我的丧失,而是失

---

[1] GA6.1, p.109/《尼采·上卷》,第119—120页。

去了对异己之物的畏惧，反倒是我们的世界中存在的迷人之事，因此在尼采这里，这种无功利便是最高的功利。海德格尔说："然后，由于康德更鲜明地把握了功利的本性，并且因此把功利排除在审美行为之外，所以，康德并没有使审美行为成为某种冷漠无趣的东西，而倒是创造出一种可能性，使这种对于美的对象的行为变得更加纯粹和更加亲密。康德对作为'反思的欲望'（Lust der Reflexion）的审美行为的解释深入到人类存在的一个基本状态之中，在这个基本状态中，人类才首次达到其本性的根据确凿的丰富性。正是这种基本状态，被尼采把握为历史性的、对历史具有奠基作用的人类此在的可能性条件。"[1] 尼采和康德的思想正是在这里发生了共鸣，尼采把审美看到比科学道德更真实也更高，认为审美作为人生的根基，而在康德那里，科学并不足以区分人和动物，道德和自由才是人的终极目的，而美是自由的象征，是在现实中能感受到的自由。另外尼采强调美的快感，而这种快感又来自对自由的喜爱，这也和康德很类似。但是海德格尔也指出二者不可等同，主要因为尼采所处的时代和康德的德国唯心主义时代是不同的。尼采给予美和艺术很高的地位，甚至将其作为人生的根据，海德格尔也指出他的基本形而上学立场，他说："仅仅从表面上看，尼采对艺术的思考是美学的，而从其最内在的意志来看，这种思考是形而上学的，亦即是一种对存在者之存在的规定。任何一种真正的美学'例如康德的美学'都冲破了自己，这个历史事实是一个可靠的标志，一方面表明对艺术的美学追问不是偶然的，

---

[1] GA6.1, p. 112 – 113/《尼采·上卷》，第 123—124 页。

而另一方面也表明这种追问并不是本性的。"[1] 通过康德和尼采,海德格尔在这里也深刻阐明,美的问题是关涉到根本的存在问题的,而非一种肤浅的东西。

在海德格尔看来,美是存在之光的显现。存在本身是纯粹和简明的,美是艺术作品中存在的无遮蔽状态的纯粹的显现,是艺术作品显现出的光芒。"但是,有什么能作为美的东西而在场,又有什么比华丽雕饰中照亮地使一个世界在其在场(动词性地)中更能让美得以显现呢?只有'于它自己',于它自己透出光芒的照亮,即于它的'显现',美才让美显现着美"[2] 美作为美是一种在场的显现,而存在也在其中显现出来了。海德格尔举例阐释说:好比我们就梵高的一幅油画说这就是艺术,在这种语言用法中,我们是把这种东西,某个存在者所是的东西,即某个存在者根据艺术所是的东西,本身直接看成为艺术。但是这幅油画其实并不是艺术,而是一件艺术作品。这种谈论方式却透露出某种根本性的东西——具有支配地位的东西进入一件艺术作品之外观中而显露出来了,也就是说,它本身已经向我们显露出来。在艺术作品中,"美是什么?在作品中,真理发生了,亦即存在者进入无蔽状态而存在,由此'无蔽',存在被'澄亮'了,这澄亮形成了光亮,光亮之闪耀嵌入作品,这种被嵌入作品的闪耀就是美。所以一方面可以说美就是作品中真理的显现,另一方面又可以说,美是存在的光亮,存在之光"[3]。

但存在的光芒不是自然的光芒,自然的光芒是给予性的,

---

[1] GA6.1, p.132/《尼采·上卷》,第144页。
[2] GA13, p.106/《思的经验(1910—1976)》,第87页。
[3] 比梅尔:《海德格尔》,刘鑫、刘英译,商务印书馆1996年版,第99页。

存在的光芒是生成性的，只是作为事情而非对象。正如林中空地，显现为光明与黑暗，遮蔽与去蔽的游戏，一切存在者的无遮蔽状态并非实存状态，而是一种发生着的事件。"它的升起仿佛黑夜里燧石所击打的火花照亮了周边的黑暗。通常人也生活在黑暗之中，但一旦人意识到了自己的本能并与之区分的时候，人便作为人存在了，人的精神在此绽出了火花，如同这燧石之火一样，这是艺术之光真正的诞生地"〔1〕。欣赏者也摆脱了自身的幽暗，接受光明的洗礼，从而得到精神的精华并且获得升华，最终人和存在相互生成。存在的真理是林中空地，林中空地不仅是光亮，还是保有事物本身的自由，它是让显现，是敞开，一切事物都在其中得以闪现和自由徜徉。"林中空地乃是一切在场者和不在场者的敞开之境"〔2〕。因此，美表现为存在者敞开自身存在的自由状态。这种在林中空地中的自由是人和物相互的自由，人不是占有物，而是保有物，人与物的本性被安全地保存着。

而当西方用形而上学理论把握美和艺术的本性的时候，存在之光反倒被遮蔽而陷入晦暗了。前面我们说美是存在自身的显现，这种显现是生成性的，美的显现只是作为事情而非对象。因此，海德格尔反对用主客二分的方式来思考存在，把存在对象化、实体化。同样的道理，海德格尔也反对用主观客观的二分法来分析审美，而在传统美学思想中，审美对象与审美主体被置于主客分立的关系中，长期处于二元对立的格局。海德格

---

〔1〕 彭富春：《美是艺术显现的光芒》，载《上海国资》2006年第8期。
〔2〕 ZSD, p.72/《面向思的事情》，第79页。

尔认为审美状态既不是某种主观的东西,也不是某种客观的东西,在论述尼采的时候,他提道:"当然,人们可以努力通过一条简单的途径来消除上面所说的不确定性。我们只需把陶醉说成是主观的,把美说成客观的,同样地把创作理解为主观行为,而把形式理解为客观规律。这种有所失落的关系就是主观与客观的关系,即主体——客体关系。还有什么比这种关系更为人所熟悉的呢?而实际上,还有什么比主体——客体关系,比一个主体意义上的人的开端,以及把非主体的东西规定为客体的做法,更为可疑呢?这个区分的广为流行,还不是它的清晰性的证据,还不能证明它是正确的。"[1] 在海德格尔看来,无论是内容与形式,还是主观与客观的二分法来分析审美都是形而上学的方法,表面上是将审美放到一个清晰的体系中,但实际上却使美失去了根基,遮蔽了美与存在的关联。海德格尔用两个例子来说明这个问题,一个例子是自然界的玫瑰花,他说:"从更宽广意义来说,对物的日常经验既不是客观化的,也不是一种对象化。譬如,当我们坐在花园中,欢欣于盛开的玫瑰花,这时候,我们并没有使玫瑰花成为一个客体,甚至也没有使之成为一个对象,亦即成为某个专门被表象出来的东西。甚至当我们在默默无声的道说中沉醉于玫瑰花的灼灼生辉的红色,沉思玫瑰花的红艳,这时,这种红艳就像绽开的玫瑰花一样,既不是一个客体,也不是一个物,也不是一个对象。玫瑰花在花园中,也许在风中左右摇曳。相反,玫瑰花的红艳既不在花园中,也不在风中左右摇曳。但我们却通过对它的命名而

---

[1] GA6.1, p. 122 – 123/《尼采·上卷》,第 134 页。

思考它、道说它。由此，就有一种既不是客观化的也不是对象化的思想与道说。"[1] 另外一个是古希腊的雕塑艺术，海德格尔说："诚然，对于奥林匹亚博物馆里的阿波罗雕像，我完全可以把它当作自然科学表象的一个客体来考察，我可以在物理学上计算这堆大理石的重量；我可以探究这堆大理石的化学结构。但是，这种客观化的思与言并没有洞察阿波罗，并没有洞察到阿波罗如何显出它的美并且以这种美作为神的面貌显现出来。"[2]

通过对西方传统的美学以及艺术历史的考察，海德格尔还指出伴随着美学的产生，却是艺术本身的衰落，其中一个很重要的原因在于传统的美学思想用一大套概念体系割裂了艺术的浑然天成性，从而遮蔽了艺术的本性。因此传统的美学只是对艺术的本性的遮蔽，他说："与美学的支配地位的形成以及对艺术的美学关系的形成相同步的，是上述意义上的伟大艺术在现代的沉沦。这种沉沦并非由于质量的降低和风格的卑微化，而是由于艺术丧失了它的本性，丧失了与其基本任务的直接关联。艺术的基本任务是要表现绝对者，也就是要决定性的方式把绝对者置入历史性人类的领域之中。"[3] 艺术是要使存在者整体的存在敞开出来，但是在美学获得其形成过程的最大可能的高度、广度和严格性之际，伟大的艺术却趋于终结了。艺术受到了过多的主观性的侵害，艺术对人的决定作用倒过来了，因此艺术中的真理不存在了，转而变成了人们趣味争辩和茶余饭后的闲谈，人们以为对艺术的各种鉴赏和体验可以提供艺

---

[1] GA9, p. 72–73/《路标》，第81页。
[2] GA9, p. 72–73/《路标》，第81页。
[3] GA6.1, p. 82–83/《尼采·上卷》，第91页。

之本性的消息,但却不知道这也许正是艺术"窒息"而死的因素。各种的美学争论日益激烈,而与此同时,伟大艺术与它的本性已经漂离了人们这些肤浅的陈词滥调。海德格尔还用黑格尔来论证自己的观点,在海德格尔看来,黑格尔宣布艺术的终结,并非艺术不存在了,也并非以后不会出现艺术作品,而是指艺术已经失去了它把握绝对者的力量,失去了它的绝对力量。因此海德格尔说在黑格尔这里美学到达顶峰,但伟大的艺术终结了。"美学的完成有其伟大性,其伟大性就在于,它认识并且表达了伟大艺术本身的这种终结。西方传统中最后的最伟大的美学是黑格尔的美学"。[1] 黑格尔的艺术终结论即艺术已经丧失了它的绝对力量,在艺术史上能举出很多例证,比如古希腊的戏剧是来讲述人的命运的,如果仅仅作为一种艺术门类去欣赏,就失去了其反映的人的存在的根本性的东西。[2]

---

[1] GA6.1, p.83/《尼采·上卷》,第91页。

[2] 这种情况在中国也普遍存在,如中国传统诗歌、戏剧、书法等伟大的艺术现在也失去了其在中国传统社会中和人生存的紧密联系,大多变成了一些刻意肤浅的模仿或单纯欣赏娱乐或实用工具的东西,其根本性的精神内核已经失去。海德格尔一直将这个问题的根源追溯到古希腊,认为古希腊无美学,但是有伟大的艺术,伟大的艺术终结的时候才有美学的开端。各种概念化理论化的基本概念掩盖了作品中真理的显现。"在希腊人那里,惟当他们伟大的艺术以及与之同步的伟大的哲学走向终结之际,才有美学的开端。在这个时代里,在柏拉图和亚里士多德的时代,与哲学的体系化扩展相联系,也形成了那些基本概念,它们划定了后世一切艺术追问活动的视界"。(GA6.1,78/《尼采·上卷》,第86页)海德格尔进一步指出,伟大的希腊艺术并没有一种相应的思想性—概念性的艺术沉思,但是并不意味着希腊艺术处于一种未经概念和知识触动的体验的模糊冲动中。相反,他认为:"幸亏希腊人没有体验!相反地,希腊人具有一种如此原始地成长起来的清晰的知识以及这样一种对知识的激情,以至于他们在这种知识的清晰状态中根本就不需要什么'美学'"。(GA6.1,78/《尼采·上卷》,第86页)与此类似,中国古代并无理论上的美学体系概念,但是各门艺术高度发达,审美对中国古人来说具有根本性的地位,近代引进西方美学术语建立各种美学体系反倒割裂了伟大艺术的浑然天成。

在海德格尔看来,此在和存在都是时间性的,因此,审美也只有放在时间性加以考察才能回归其本源状态,审美是生成性的,在审美现象发生前并没有一个静止在那里的什么主体客体之类的东西,只有在本真的时间性中,审美才得以发生,美才能显现。在海德格尔看来,本真的时间本身是生成性的,并非现代物理的客观的时间以及心理学体验意义上主观的时间,而是本源的时间,是时间的时间化,在每一个瞬间都是曾在当下未来的合一。正是在这种本真的时间中,此在成其为此在,世界成其为世界,在这个世界里揭示审美的发生及其本源,这样,世界中的人处于本真的存在的绽出之中,存在者亦处于如其所是的呈现状态,这样,我们就可以将这种本真状态称为审美状态。这种状态是显现的、当前化的、在场的,能成为瞬间的永恒。因此,人的审美状态植根于人的本真的生存方式,审美状态必须返回源始的时间性中,返回到此在的本真存在方式中。这里虽然没有主客二分,但审美的本源状态更真实显现出来,在这里,人能体验到人之存在的自由和解放。在审美中,此在沉浸于他的自由,沉浸于物的自行显现,人与物在此自由敞开,美得以生成。

西方传统哲学和美学所体现出来的最为根本的特点便是我们所谓的理性,理性是原则的能力,即提供原则,说明根据和基础,这一点是西方哲学美学从古希腊、中世纪到近代的一个最为根本的特征。古希腊是西方精神的开端、源泉和摇篮。从严格意义上讲,古希腊并没有近代意义的美学,但一些哲学思考中却有大量的关于美、美感和艺术的论述。同时,他们还建立了具有独立意义的诗学,即关于创造的理论。诗歌包括了抒情诗、叙事诗和戏剧诗三种类型。但主要是后两者成为古希腊诗学所探讨的主题，因此所谓的诗学就是关于叙事诗和戏剧诗的理论，尤其是关于史诗和悲剧的理论。古希腊人将科学分为理论、实践和诗意三类，其中理论科学是最高的。所谓理论就是看、观点和洞见，不同于盲目和意见。悲喜剧作为戏剧的本性就是看和被看的，由此它在诗学中占有独特的地位。总体上，古希腊美学经历了前苏格拉底时期、柏拉图和亚里士多德等发展阶段。

首先是前苏格拉底时期。这一时期的美学可概括为宇宙论美学，其代表人物有阿拉克西曼德、毕达哥拉斯与赫拉克利特等。他们分别从整体、和谐和对立统一等来探讨美。之后便出现了对西方美学影响最为深远的美学思想，即柏拉图在《大希庇阿斯》中提出"美是什么"的问题来追问美的本质，从此对美的本质追求成为西方美学最早和最重要的基础。柏拉图的核心理论认为美区分为美的理式和美的万物。美的理式不仅高于美的万物，也是美的万物的根源。

亚里士多德是古希腊思想的哲学和美学大集成者，并且开启了用科学的方法对古希腊的文艺成就作分析和总结。亚里士多德提出了四因说，并且他把形式提到很高的地位，例如，他在四因论中，把形式看成本质，把质料只看成可能。从形式出发，他认为美在于有机的整体，一个整体包括了开端、中间和终结。关于美感，尤其是关于欣赏悲剧的感觉，亚里士多德认为它净化和陶冶人的心灵。与柏拉图的模仿说不同，亚里士多德不但肯定现实世界是真实的，而且认为艺术的模仿是真实的，他认为诗歌比历史更为真实。

古罗马美学继承了古希腊美学的传统，创新不多。由于中世纪的神学统治，美学也成为神学的附庸。中世纪的美学不是严格意义的美学，而是包括在其他的思想之中。中世纪思想的主题主要是上帝、世界和灵魂。由此形成了理性神学（目的论）、理性宇宙论和理性心理学。当人们讨论上帝、世界和灵魂时，也涉及美的问题，其主要人物有普洛丁、奥古斯丁和托马斯－阿奎那等。这个时期形式在美的创造和审美中，也具有极其重要的作用和地位，比如普罗丁强调形式在美的产生过程中的作用。奥古斯丁在皈依基督教以前，基于亚里士多德的整一性和西塞罗关于美的定义，认为美是和谐，坚持美在于形式的观点。托马斯－阿奎那继承了普洛丁和奥古斯丁的思想。他认为美具有三个因素，首先是一种完整和完美；其次是适当的比例与和谐；最后是色彩鲜明。但是，在中世纪世界与上帝的关系是被创造者与创造者的关系，因此是上帝创造世界并赋予其形式美。

在近代，严格意义的美学亦即感性学才开始诞生，由此美学开始了它的新的历程。虽然法国和英国等许多民族国家都产生了丰富的美学思想，如法国的理性主义美学和英国的经验主义美学，但唯有德意志唯心主义美学（一般称为德国古典美学）达到了美学的光辉顶峰，从而可以和古希腊思想相媲美。其主要代表人物有康德、席勒、谢林和黑格尔等。美在此被理解为主体的自由，它虽然作为感性显现，但是被理性所规定的，严格意义的美学学科亦即感性学是在理性主义的传统中诞生的。作为美学的创始人，鲍姆加登把莱布尼兹混乱的认识和伍尔夫的美在于完善两个概念结合在一起，认为美学所研究的对象是凭感官认识到的完善。鲍姆加登对于美学的定义为感性认识的科学：它作为自由艺术、低级认识的科学、美的思考的意识和类推思想的艺术。他将美规定为感性认识的完善。他的基础是古希腊人对心理学所作的几何学式的知情意的划分。知，研究真，与之相应的是逻辑学；意志与善相关，与之相对的是伦理学，情感也应该有一门学科，这就是美学。鲍姆加登1750年用Aesthetik（美学）这个名称作为自己著作的名字，为美学这一学科命名，由此美学开始了自己新的历程。

前面我们指出西方古代历史的主题是理性，而美学是相关于感性的东西，它自从命名以来就是感性学，因此，美是感性，不是理性，但是它却是被理性所规定的，作为理性主义的鲍姆加登，其根源在于笛卡儿，完善便是一个理性主义的概念[1]。为了更好说明传统美学是由理性规定的，除了鲍姆加登，我们还可以简单看看康德和黑格尔的美学思想，康德对美的分析是根据当时的形式逻辑从质、量、关系、模态上来论述，这里我们主要是看康德将美是作为一种审美判断力以及它在人的理性结构中占有一个什么样的位置。康德的审美判断力是他的第三批判，他的第一批判《纯粹理性批判》，实际上论述的是知性，第二批判《实践理性批判》，论述的是理性，是理性自身。审

---

[1] 鲍姆加登是普鲁士哈列大学的哲学教授，哈列大学在启蒙运动中是德国莱布尼兹派的理性主义哲学的中心，在那里任教的莱布尼兹派的学者伍尔夫是启蒙运动中哲学思想第一个领袖，鲍姆加登是直接继承他的衣钵的，鲍姆加登的美学是建立在莱布尼兹和伍尔夫的哲学系统上的。而追本溯源，莱布尼兹的理性主义承继至笛卡儿，而且是发展了笛卡儿唯心主义的方面。而沃尔夫又是莱布尼兹的忠实信徒，其主要成就在于对莱布尼兹的理性主义哲学加以系统化和通俗化。

美判断力就位于两者之间,康德称之为拱心石,它是知性到理性的过渡。在康德的整个美学的构架中,审美判断力的分析分为两个部分,一个是美的分析,一个是崇高的分析;美接近于知性,而崇高接近于理性,我们可以看到审美判断力是知性和理性之间的桥梁,但它最终被理性所规定。康德认为美是自由的象征,但是象征并非真正的自由。所以,在康德那里,审美判断力并不是最高的,理性才是最高的。

我们再看黑格尔的美学,黑格尔有一句很有名的话:美是绝对理念的感性显现。黑格尔这句话比康德审美判断力位于知性和理性之间更加明晰。但在黑格尔那里,绝对理念在精神的阶段有三种显现方式,感性显现是它的第一个形态,是通过直观;第二个是宗教,通过表象;第三个是哲学,通过概念,只有在概念这里绝对理念才能达到自身。因此绝对理念的感性显现阶段还是处于一个很低级的阶段,它要被宗教扬弃,最后还被概念扬弃。因此,虽然黑格尔说美是感性的,而不是理性的,但它最终被理性所规定。这便是古典美学,尤其是发展到近代之后的对于美的基本观念。

但是到了现代,美或是艺术便不再是被理性所规定的,而是存在自身最直接的显现。在现代,随着理性的地位的消失,美学或艺术就不再是被理性所规定,但也不是被非理性规定,海德格尔本人反对这样的二元对立的思维方式,而且简单的颠倒并无实质的改变,海德格尔是追问理性和非理性背后的根源,即人的存在,因此现代美学就是由存在来规定的。[1]"现代美学主要包括了黑格尔之后到海德格尔为止的美学思想,如果说黑格尔构成了形而上学理性哲学的终结的话,那么海德格尔则走向了现代存在思想的边界"[2]。海德格尔美学思想对于西方思想的重要性突出表现在海德格尔美学思想揭示了现代美学思想的存在维度,并力图把现代美学思想建基其上。在海德格尔的晚期思想中存在就是人的居住,或是人的生活。他引用了荷尔德林的诗:"人诗意地居住在这个大地上",也就是人诗意地、审美地生活在这个大地上。因此在这里生活本身是诗意的,生存本身是诗意的。"同时,现代美学不再基于传统美学的我

---

[1] 关于"现代""后现代"等词学术界目前争论较多,往往莫衷一是,因为其不仅仅与时间相关,而且与思想相关,此处使用的是彭富春教授的观点。彭富春教授认为广义的现代,它指自笛卡儿以来的思想,亦即自近代以来的思想,它包括了一般意义的近代、狭义的现代和后现代,其主题分别是理性、存在和语言。但是这种现代主要将近代的思想作为其标志。此时的理性或自我意识表现为主体,并与在客体意义上的世界构成了主客体关系。一般的现代。它指后黑格尔以来的思想,它排除了近代,包括了现代和后现代,其主题是存在和语言,但存在是其根本问题。这又具体化为个体的存在及其经验。狭义的现代。它指从后黑格尔到海德格尔为止。这里不仅排除了理性问题,而且也排除了语言问题,唯有存在问题。而所谓的后现代就是现代之后。但是后现代仍然有多种划分的可能。其一指第二次世界大战以来的思想,亦即贝尔所说的"后工业社会"的思想。其二指那些不是探讨理性和存在而是探讨语言的哲学,如分析哲学、结构主义和解构主义。其三主要指以解构主义为代表的思潮,它以消解、反叛为其根本特色。现代和后现代思想的区分主要不是时间性的,而是思想形态性的,所以后现代不仅可以在现代之后,也可以在现代之前,它们也可以同时并存。于是西方现在所处的时代是现代和后现代的时代,或者是后现代的现代。现代美学主要包括了黑格尔之后到海德格尔为止的美学思想。如果说黑格尔构成了形而上学理性哲学的终结的话,那么海德格尔则走向了现代存在思想的边界。因此黑格尔之后和海德格尔之间的思想正好形成了存在的主题。(参见彭富春:《哲学美学导论》,人民出版社2005年版。)

[2] 彭富春:《现代与后现代思想》,载《西南民族大学学报》2000年第3期。

感觉对象，而是基于人生于世，在此不再是主客体的二元分离和综合，而是人与世界本原的合一，不再是我设立对象，而是我体验和敬礼存在"[1]。

现代美学不再基于传统美学理性概念，而是基于人生在世，与那些关于美的理性规定不同，现代美学将美的本性置于存在的基础。这种从理性到存在的转变是现代美学从传统美学分离的根本性的标志。"马克思和其他现代思想家如尼采、海德格尔对于近代思想的叛离是颠覆性的。这在于他不仅将所谓的理性问题转换成存在问题，而且也给真善美、知意情等一个存在论基础，由此认识论、伦理学和美学作为哲学体系的主要部分已失去了其根本意义。正如哲学成为非哲学，美学也成为非美学。不仅如此，传统的诗学和艺术哲学也只是保留了一个空洞的名称，所剩下的只有美的问题和艺术的问题，而它们又不过是一个有关存在的问题而已"[2]。我们说海德格尔的美学是现象学的美学，是凭借现象学的还原与显现的方法，克服传统理性概念对美的遮蔽，以达到美本身，以此方式，海德格尔解构

---

[1] 张贤根：《存在·真理·语言——海德格尔美学思想研究》，武汉大学出版社2002年版，第9页。

[2] 彭富春：《马克思美学的现代意义》，载《哲学研究》2001年第4期。现代思想的转向，即基于人的生命的思考而非纯粹理性的思辨的转向，在马克思、尼采、维特根斯坦那里都表现的很明显，比如海德格尔在《什么叫思想》一文中引用了荷尔德林《苏格拉底与阿西比亚德斯》这样一段诗文"思想最深刻者，热爱生机盎然，深谙世故者，懂得青春至高，智者最终往往喜爱美丽事物"。再如维特根斯坦认为自己的任务就是（通过语言批判）从根基上消解传统的生活和思想所造成的虚假问题，改变我们的思维方式、我们的精神和我们的生活方式。在维特根斯坦看来，科学技术主导的现时代与古典的文化时代的区别实际上也是智慧和激情之间的区别，他认为智慧是冷静的，也是愚蠢的，因为智慧往往脱离了生活本身。

了传统美学的基础。现象学和美本有一种天然的亲缘性,现象学强调的是事情本身的显现,而美的本性是反对主客二分概念思维的,因此从现象学角度研究美学,有助于美学的发展,海德格尔本人的现象学美学无疑大大推动了现代美学的发展,并且是在对传统的反动和超越中完成的。[1]

除了海德格尔,现代思想另外两位有影响的思想家便是马克思和尼采。"此处所谓的存在是与思想相对的存在。作为如此,存在对于思想具有优越性,因此不是思想决定存在,而是存在决定思想。在这种意义上,马克思,尼采,海德格尔统属一个维度,同时现象学、解释学和实用主义也在此范围内予以考虑,如果'事情'(现象学)、'此在'(解释学)和'生活'(实用主义)都属于存在的语言家族的话"[2]。马克思的存在是社会存在,即人类有意识地使用工具的物质生产活动,它也被称为劳动和实践,马克思说人是按照美的规律来创造他的生活。尼采的存在是人的生命及其冲动,用他的话来说,就是权力意志。尼采回到了古希腊的开端处,找到了日神和酒神精神,以此反对苏格拉底(哲学)和十字架上的上帝(宗教)。尼采反对宗教和科学,但是认为美和艺术对人生具有根本性的意义,尼采美学的核心是将美、美感和艺术的本性理解为陶醉,即生

---

[1] 这一点正是中国美学和艺术思想的特征:"东方的意境美学视自然为艺术表现的极致状态,认为"自然"就是最真实的表现,这个看法突出了东方美学对艺术的真理性的强调,突出了对艺术的真理性的特殊看法,亦即,东方美学并不预设现象世界和本体世界的二元对立。因此,自然妙化之本身就是艺术的最高的真理性,和柏拉图的模仿说以来的西方美学传统有所不同。"赖贤宗:《意境美学与诠释学》,北京大学出版社2009年版,第88页。

[2] 彭富春:《哲学美学导论》,人民出版社2005年版,第14页。

命力的丰盈。

马克思从生产、尼采从意志来讨论存在问题，雅斯贝斯的存在哲学和萨特的存在主义都把存在，尤其是人的存在看作是哲学的首要任务，但是只有海德格尔的关于存在的追问将存在作为存在形成主题。海德格尔早期探讨此在即人生存于世，中期谈人的历史性的存在，晚期谈人的语言性的存在。相应于哲学思想的变化，海德格尔的美学也可以分为三个方面。早期基于在世界之中的此在的理解为解释学美学提供了哲学基础；中期鉴于存在历史的真理的发生考察了艺术作品的本源，认为艺术是真理自行设入作品，因此美就是存在的显现；晚期在对于纯粹语言倾听这一背景中形成了思想和诗歌的对话，诗意语言从纯粹语言那里接受尺度给要死者指明了一条道路，于是人能诗意地居住在此大地上。"概而言之，海德格尔的思想将现代的存在问题推向了极端，这因为在此的存在不是存在者，也不是存在者的存在，而是作为存在的存在，亦即虚无；这同时也因为随着存在问题从世界性经历史性到语言性的游移，存在问题不断消失，语言问题逐渐凸显，只是这种转变并没有彻底完成。这种存在美学使美的问题脱离了真（认识论）和善（伦理学），进入到存在自身，也就是人的居住的可能性"[1]。

---

[1] 参见彭富春《哲学美学导论》，人民出版社2005年版，第16—17页。

## 第二章
# 海德格尔论艺术的发生

对于海德格尔的思想道路的转变,彭富春认为海德格尔早期的思想主题是世界,代表作是《存在与时间》,描述了人生在世的情形,即手前之物(自然之物)、手上之物(器具)、此在(人之存在),并且海德格尔凸显了此在的重要性,最终此在被表述为走向死亡的存在。中期的思想主题是历史,不再是人生在世,而是存在本身的命运,即存在自身的遮蔽和遗忘,形而上学的历史。海德格尔要找出克服形而上学的思想,《艺术作品的本源》即处在此阶段,讨论真理的显现和遮蔽。晚期的主题是语言,这基于对陈述和道说、工具语言和指示性语言的区分,指示性的语言是纯粹语言,也叫诗意语言。总体来说,海德格尔早期并未谈美和艺术,但是后来海德格尔的思想转向了艺术诗歌语言等领域,特别是其中期专门探讨了艺术,代表作是《艺术作品的本源》[1]。海德格尔对艺术作品的分析往往

---

[1]《艺术作品的本源》原为海德格尔在1935—1936年在弗莱堡、苏黎世、法兰克福所做的多次讲演的讲稿,后收入《林中路》出版,现在出版的《林中路》附录一篇是其1956年的作品。

被认为是海德格尔纯粹的美学著作,其实在海德格尔那里,艺术和美学虽然联系紧密,但还是有很大区别的,而且他认为传统美学的产生恰恰是艺术衰落的时候。当然,本文所指的美学并非传统意义上的美学,所以海德格尔中期对艺术的分析可以看成他美学思想的一个重要组成部分,也是海德格尔中期思想向他晚期思想的一个过渡,其晚期思想虽然不是专门讲艺术,但是他论述的人的生存的诗意状态便是一种审美的生存状态,具有更浓的美学意味。海德格尔对艺术作品的分析是对艺术作品分析的现象学典范,也可以看作其艺术现象学。

## 一、物的区分

《艺术作品的本源》的结构始终贯穿了现象学的道路。海德格尔的现象学是存在的显现,海德格尔追问艺术作品本源的思想道路是追问存在自身,即借助现象学的方法,让事情自身显示出来。海德格尔在《艺术作品的本源》中要探讨的是艺术,要知道什么是艺术,就应从作品那里获得答案,要知道什么是作品,也只能从艺术的本性那里获知,这是一个无法避免的循环,传统和日常的观念逃避这种循环,但海德格尔既不是归纳,也不是演绎,而是进入此循环。因为现象学的原则是从已有的东西出发,对艺术来说已经给予的东西无疑是艺术品,因此海德格尔将问题还原到艺术作品本身,寻找其本源即真理。其现象学方法可简单分为三步:(1)艺术作品作为物;(2)通过还原,艺术作品不是一般的物,而是器物,并找到其与一般器物的区分;(3)回到艺术作品本身,作为艺术的艺术品是真理的发生之地,是世界与大地的抗争。

在《艺术作品的本源》中海德格尔对物做了专章论述。[1]首先他批评了西方传统对物的三种看法：第一种是从客观方面来看：物是其特征的载体；第二种是从主观方面看：物即通过感觉可以感知的东西。海德格尔是坚决反对主客二分的，因此他认为上面两种定义都比较片面，一种见物不见人，使我们远离物，一种则见人不见物，将物逼向我们，但真正的物仍然消失了。因此，必须摆脱这两种解释，让物从自身的规定出发来揭示自身。此外，西方传统思想对物还有一种主客合一的解释，即物是具有形式的质料，把主体—客体和形式—质料这对概论结合在一起，表面上看是统一了主客体，但是实际上和前面两个定义并无实质区别，同样是建立在主客二分的基础上。而且对某一个具体的物究竟何为形式何为质料也很难确定，只能是对浑然一体的物的主观划分，因此并不是纯然物的物性的原始规定性。因此，海德格尔认为上述三种对物的定义是日常的、一般的理解模式，只能作为一种先见阻碍对物之物性的认识，粗暴地歪曲了物，使我们和物保持距离，无助于找到物的物性，而他本人所追寻的则是物之物性即存在。因此，要给物一个自由的领域，让其无遮蔽地直接展示它的物性。但是仅仅从思想方面走向物性是很困难的，所以，走向物的通道，不能从纯然之物开始，而要从器具开始。

毫无疑问，艺术品是物，艺术作品就是自然现成的东西，

---

[1] 海德格尔在思想的不同时期，语言也是变化的，海德格尔早期理解的物是广义的即世界（人生在世），包含此在、手上之物（人造的）、手前之物（自然的）。中期的物区别于广义的世界，第一是一般的物，第二是器具，第三是艺术品。晚期的物则是天地人神四元的聚集。

与物的自然现存并无区别。但物包括自然之物和手工之物，艺术品是出自人的手工，但是出自手工的不仅有艺术品还有器具，器具不以自身为目的，而是为了其他目的被制造出来的，艺术品则只以自身为目的，以此标准，海德格尔又区分出器具与艺术品。海德格尔认为器具既是物，因为它被有用性所规定，又不只是物，器具同时是艺术作品但又逊色于艺术作品，因为它没有艺术作品的自足性，因此在他看来器具在物与艺术之间有一种独特的中间地位。[1] 海德格尔对器具的分析首先从有用性而非器具的形式和质料入手，最典型的是对鞋和壶的分析，因为海德格尔有意指出鞋是梵高的一幅画，使之脱离现实性，所以我们在后面的艺术作品分析中再探讨鞋，这里以壶为例来看海德格尔对器具的分析。海德格尔这里对器具的器具性的追问避免了哲学的理性思辨，而只是描述，即运用现象学的看，去蔽和揭示。

物之物因素既不在于它是被表象的对象，根本上也不能从对象之对象性的角度来加以规定。壶不能作为对象去把握，否则达不到物自身。壶的物性因素在于它作为容器而存在，它表现为壶的虚空和无，但是这种虚空并非指壶里面只是充满空气

---

[1] 但是在物——器具——艺术品这样一个序列，并非简单的线性关系，而是首尾相连的，因为海德格尔最后从论述艺术品也是为了回答物是什么，只不过他觉得传统的对物的看法没有到达物本身，所以他从艺术品这个最纯的物入手，但最终也是为了回答物的物性是什么。孙周兴说："进一步，海德格尔接近事物本身的努力与艺术联系在一起。在《艺术作品的本源》中，海德格尔对传统美学和艺术哲学进行了颠覆性的批判，而如何接近自在自持的物，仍是他的一个指导性思想课题。"（孙周兴：《一种非对象的思与言是如何可能的——海德格尔现象学的一条路线》，载《中国现象学与哲学评论》（第3辑），上海译文出版社2001年版，第39页。）

的空穴，这显然是一种现代科学的思维方式，这种方式只能让物远离而去。"我们并没有让壶的虚空成为它自己的虚空。我们并没有注意这个器皿中起容纳作用的东西。我们未曾考虑过，这种容纳作用本身是如何成其本性的"[1]。海德格尔认为壶的虚空是通过承受被注入的东西而起容纳作用，虚空以双重方式来容纳，即承受和保持，二者的统一性由倾倒来决定，壶之为壶就取决于这种倾倒。而从壶中倾倒出来，就是馈赠。在倾注的馈赠中，这个器皿的容纳作用才得以成其本性，壶之壶性也在倾注之赠品中成其本性。

由倾注的馈赠出发，海德格尔引出天地人神的聚集。他说："在赠品之水中有泉。在泉中有岩石，在岩石中有大地的浑然蛰伏。这大地又承受着天空的雨露。在泉水中，天空与大地联姻。在酒中也有这种联姻。酒由葡萄的果实酿成。果实由大地的滋养与天空的阳光所孕育成。在水之赠品中，在酒之赠品中，总是逗留着天空和大地。但是，倾注之赠品乃是壶之壶性。故在壶之本性中，总是逗留着天空和大地。"[2] 而倾注之赠品乃是终有一死的人的饮料，也用于敬神献祭。因此，倾注不是单纯的倒进倒出，而是对其本性的充分思考，在此，终有一死的人和诸神都以其方式逗留着。于是，在倾注之赠品中，同时逗

---

[1] GA7, p.173/《演讲与论文集》，第178—179页。这里也透露出海德格尔对无的看法，海德格尔在《什么是形而上学》中首次将无提升到存在的高度，无不是没有，而是存在的本性，正是物敞开才能让存在者存在。因此此处的壶的空并非没有，而是能积极容纳。海德格尔存在即虚无的看法是西方哲学史上一个很重要的转变，对于东方的思想来说，佛教讲空，道家讲无，空和无很早就成为一个根本性的东西，但是西方哲学一直到了海德格尔这里才从实有转向虚无。

[2] GA7, p.174/《海德格尔选集》，第1172—1173页。

留着大地与天空、诸神与终有一死者，并且这四元共属一体。

海德格尔这里对壶的描述也是他对物的现象学描述的一般方法：首先是去蔽，即去掉物的一般限定，主要是日常观念；然后揭示物本身，让物在物的存在中显示。由上文对壶的存在之思出发，海德格尔又回到对什么是物的问题的回答，他的主要观点是物是聚集，物物化。海德格尔认为物的古义中的一个语义因素即聚集之意，正好说出了壶的本性。"这种多样化的质朴的聚集乃是壶的本性因素。我们德语里用一个古老的词语来命名这种聚集。这个古老的词语叫作：thing［物］。壶的本性乃是那种使纯一的四重整体入于一种逗留的有所馈赠的纯然聚集。壶成其本性为一物。壶乃是作为一物的壶。但物如何成其本性呢？物物化，物化聚集。在四重整体发生之际，物化聚集四重整体入于一个当下逗留的东西，即入于此一物，入于彼一物"[1]。在此，海德格尔否认自己在玩词源学游戏，而是思索词语作为话语未曾展开的指称的东西的本质实情，他认为在古高地德语中 thing 也意味着聚集："确实，古高地德语中 thing 一词意味着聚集，而且尤其是为了商讨一件所谈论的事情、一种争执的聚集。因此，古德语词语 thing 和 dinc 就成了表示事情（Angelegenheit）的名称；它们表示人们以某种方式予以关心、处于言谈中的东西，因而也是处于言谈中的一切东西。"[2]

---

[1] GA7, p. 175/《海德格尔选集》，第 1174 页。
[2] GA7, p. 176/《海德格尔选集》，第 1175 页。

## 二、艺术是真理自行设入作品

借助于上文对物、器具和艺术品的区分，海德格尔开始面对作品本身。海德格尔主要讨论的作品是梵高的一幅画《农鞋》以及古希腊的神殿。对鞋和神庙的描述类似于前面对壶的描述，实际上海德格尔本人在这里也并未作严格区分，无论是器具还是艺术品，他追问的都是物的物性即存在。农鞋是器具，在日常观念中，物的构成依赖于其有用性，但仅仅是有用性还不能达到物性，这表明器具性仍不能使我们通达物性，因此就有第三条道路：从作品出发。只有从作品性出发才能找到作品的作品性、从而到达物的物性即存在。

鞋本是器具，海德格尔特意指出他分析的是梵高的一幅画，是为了使之脱离日常的存在，从而更好地将其本性呈现出来。因为海德格尔要求对已被给予的作现象学的直观，即在其现实中去经验和看，所以，海德格尔这里对艺术品的描述方式，不是描述意识，而是描述经验的东西，去显示它。[1] 海德格尔这里（包括中晚期）很多地方都有这样文笔优美的形象描述，这很容易使人将其文字视为诗意的呓语，但这是一种误解。海德格尔对鞋的描述如下："从梵高画中，我们甚至不能确定这双鞋是放在那里的。这双农妇的鞋的四周空无一物，也没有标明这双鞋属于谁，仅仅是一个不确定的空间而已，上面甚至连田地里或者田野小路上的泥浆也没有粘带一点，后者至少可以暗

---

[1] 这里的经验不是个人经验，而是对存在的经验。汉语和德语分别是两个词，汉语是体验和经验，对应的德语是 Erlebnis 和 Erfahrung，海德格尔使用的是后者，英语都是一个词 experience。

示出这双农鞋的用途。只是一双农鞋,此外无他,然而——从鞋具那磨损的内部那黑洞洞的敞口中,凝聚着劳动步履的艰辛。这硬邦邦、沉甸甸的破旧农鞋里,聚集着那寒风料峭中迈动在一望无际的永远单调的沟垄上的步履的坚韧和滞缓。鞋皮上粘着湿润而肥沃的泥土。暮色降临,这双鞋底在田野小径上踽踽而行。在这鞋具里,回响着大地无声的召唤,显示着大地对成熟谷物的宁静馈赠,表征着大地在冬闲的荒芜田野里朦胧的冬眠。这器具浸透着对面包的稳靠性无怨无艾的焦虑,以及那战胜了贫困的无言喜悦,隐含着分娩阵痛时的哆嗦,死亡逼近时的战栗。这器具属于大地,它在农妇的世界里得到保存。正是由于这种保存的归属关系,器具自身才能保存在它自身的宁静中。"[1]

海德格尔这里对艺术品的看与自然态度不同。第一,是第一印象,敞开的黑黑的敞口;第二是其沉重,这幅画表现了一种苦难的东西;第三是其皮面;第四是鞋底。然后,鞋是器具,之后是大地和世界,最后是鞋自身。这个现象学的描述显示了鞋本身,苦难和欢乐、生与死都聚集于鞋之中,并显现了大地和世界的关系。但这里的描述始终相关于一个唯一的东西,就是农妇的存在,这幅梵高的作品敞开了农鞋包含的农妇的存在,即大地与世界的关系。作品的本性在于揭示,即让存在者进入无蔽之中,因此艺术作品的作品性在于其与真理的关联,这里的真理是存在的真理。

为了更加清楚地澄清作品中真理的发生,海德格尔有意选

---

[1] BW, p.163/《林中路》,第16页。

了一部不属于表现性艺术的建筑艺术作品即一座希腊神庙来显现作品也就是物的本性，即天地人神四元的聚集。神庙作为建筑作品屹立于岩石上，"希腊人很早就把这种显现、涌现本身和整体叫作自然。自然同时也照亮了人赖以居住的东西。我们称之为大地。在这里，大地一词所说的，既与关于大量堆积在某处的物质材料的观念相去甚远，也与关于一个行星的宇宙观念格格不入，大地是一切涌现者的返身隐匿之所，并且是作为这样一种涌现把一切涌现者返身隐匿起来。在涌现者中，大地在本性上现身而为庇护者。神庙作品阒然无声地开启着世界，同时把这世界重又置回到大地中。如此这般，大地本身才作为家园般的基地而露面。"[1] 同时神庙让神在场，并因此而成为神自身，神圣者被敞开为神圣者，神被召唤到他出场的敞开之中。与此同时，一个民族的命运也在这里展开，人类的存在在这里也展开为一个历史性民族的世界。

海德格尔认为器具的有用性植根于可靠性，也正是从可靠性出发，海德格尔引出了世界和大地这两个重要的词语。"凭借可靠性，这器具把农妇置入大地的无声的召唤之中，凭借可靠性，农妇才把握了她的世界。世界和大地为她而存在，为伴随着她的存在方式的一切而存在"[2]。作品存在就是建立一个世界，但这个世界是什么呢？我们通常把世界解释为我们熟悉或可以认识的对象的整体，海德格尔不这么认为，他说："世界并非现成的可数或不可数的、熟悉或不熟悉的物的纯然聚集。

---

[1] BW, p. 169/《林中路》，第24页。
[2] BW, pp. 163–164/《林中路》，第17页。

但世界也不是加上了我们对这些物之总和的表现的想象框架。世界世界化,它比我们自认为十分亲近的那些有形的和可觉察的东西的存在更加完整。世界绝不是立身于我们面前能让我们细细打量的对象。"[1] 那么如何才能达到对世界的领悟,就是把握特定时代人们通达存在者的方式,换句话说,当我们经验到特定时代的人们生活于其中并能够与相应的存在者遭遇的那个敞开状态时,我们就领悟了世界,敞开状态是不可触知的,它不能对象化,因为它不是对象性的东西。当我们试图把世界思考为一种特定的敞开方式,这种敞开方式是特定时代中所有与存在者的关系的基础时,我们便进一步接近了海德格尔在这里所思考的东西,敞开状态不仅关系到人遭遇的非人的存在状态,还关系到此在的自我领悟,对他人以及对神的领悟,因为世界存在于敞开状态的发生中。艺术作品就是确立一个世界,所以海德格尔说,作品把世界的敞开状态敞开了,在艺术作品中,这种敞开状态清楚地显现出来。"只要生与死,祝福与诅咒不断地将我们引入存在,世界就永远是我们所从属的、非对

---

[1] BW, p.170/《林中路》,第26页。对此,维特根斯坦说:"我们不可能看见我们自己到处走来走去,因为正是我们自己在走(因此我们不可能站着不动而且看自己走)。"(涂纪亮主编:《维特根斯坦全集》(第4卷,哲学语法),程志民译,河北教育出版社2003年版,第148页。)苏轼诗句:"不识庐山真面目,只缘身在此山中。"王国维词句:"偶开天眼觑红尘,可怜身是眼中人。"因为人本身身处世界之中,所以不能将世界对象化。受达尔文进化论影响,现代人往往将以往的文明斥之为落后愚昧迷信,往往是从自己主观意图出发,将它们对象化的结果,而忽略了事情本身的复杂性,这种情况也发生在人和人之间的理解,据张祥龙在《海德格尔传》中考证,海德格尔在一次讲座中涉及"一个人是否能将自己放到另一个人的地位上去"时,曾读庄子秋水篇中"庄子与惠施濠上观鱼"的故事。(参见张祥龙:《海德格尔传》,商务印书馆2007年版,第239—240页。)

象性的东西。凡是在与我们本性的存在相关的,我们的历史性决断被我们做出、采纳、放弃、不被认识、因新的追问而重新被发现的地方,世界世界化,一块石头是无世界的。植物和动物也同样没有世界,但是它们属于一个和它们相关联的周围环境的隐蔽群集。而农妇则有一个世界,因为她居住在存在者的敞开中。她的器具在其可靠性中,将其自身的必然性与亲近性带给这世界。通过敞开一个世界,万物就获得自己的快慢、远近和大小。在一个世界的世界化中,广袤聚集起来了,诸神之保护性的恩赐在此广袤之中得到了赠予或者拒绝。甚至神的缺席这种厄运也是世界世界化的一种方式"[1]。

世界的确立是作品的一个根本特征,另一个特征是制造大地,但是海德格尔所理解的制造并不等于制作。通常理解的制作是指为完成某件产品面对材料的加工,在制作过程中,用于加工的材料并不显现自己,而是起它应起的作用,例如钢刀的钢不是作为钢出现的,而是作为特别适合于切割的锋刃出现的,这样我们才能专心致志于切割而无须留心它的材料。但在艺术作品中的材料的显露与器具制作中材料为了实用而消失形成了对比,不仅雕塑如此,而且其他形式诸如绘画,建筑也是如此,神庙的建筑不仅与它得以建立的大理石有关,而且同时与大地的显露有关,大地必须作为大地显现出来,这种大地的显露就是所谓建立,它不是指某种新奇、异常的东西的产生,而是指使我们、面向我们且我们在其中进行生活活动的大地,就是我们所居住的大地敞开自身,通过作品(比如神庙)的自我回复

---

[1] BW, pp. 170–171/《林中路》,第 26—27 页。

而显露出来。作品将大地本身置入一个世界的敞开中,并将它保持在那儿。作品使大地成为大地,正是在此大地上,历史性的人才获得了居住于世界之中的基础。海德格尔批判现代科学计算性思维对大地的认识,他认为对大地的纯粹计算性的强求表面上是一种进步,但是这种进步仅仅是把自然看作科学技术的对象化,大地被当作原料产地和能源基地,这些都是现代人主观意志的产物。只有当大地作为天然的不可揭示的东西而被看护时,大地才敞开自身。海德格尔认为艺术作品能展现大地,而且在艺术作品中,大地能以不可穷尽的多样性来展现自身。

海德格尔抛弃了从物和从器具追问事物的道路,也抛弃了诸如质料形式二分等对艺术品传统的分析套路。而是直接进入艺术作品本身,即进入一个现实的艺术作品,如古希腊的神殿以及它与世界和大地的关系,此世界即神殿聚集万物,并归属于大地。大地既非地球,也非土地。大地和世界的关系是抗争,但不仅是单纯的抗争,而是一种张力,在抗争中两者都保持自身的自主性,又给予对方自主性,艺术作品就促使、导引这种抗争。这里还要注意世界和大地在海德格尔思想的不同时期的不同意义,海德格尔早期的世界是此在生存的世界,这里有此在、手前之物、手上之物。这里讲世界与大地,世界与大地的抗争,这里的大地可以代表一种广义的自然,或者说自然的本性,在此抗争过程中,世界是起主导作用的,大地在世界之中才能显示自身,这样也可以看到人和自然的抗争,自然只有在农妇的世界里显现出来。海德格尔在这里不使用人和自然两个词,是为了回避已有的对于人和自然的理解,但我们可以看到海德格尔还有潜在的主体和客体的阴影。海德格尔早期思想中,大地是被此在影响的,这里是被世界影响的,只有到了晚期,大地才作为自身显现自身。因此,我们说海德格尔虽然反对主体性和人类中心主义,但是其前期思想仍有传统思想的残留,而作为其思想转向和过渡的中期思想即在论述艺术作品的时候,也还残留有传统思想的痕迹,只有到了晚期,海德格尔才完全抛弃了主体性,而只有事情本身,只有世界和大地本身了。

建立世界和制造大地,乃是作品之作品存在的两个基本特征。大地具有遮蔽性,世界则是敞开的,这两个特征在作品中指明了一种发生:正是在这种遮蔽与敞开之中,真理发生了,真理就是在世界与大地的争执过程中出现的:"真理唯作为在世界与大地的对抗中的照亮与遮蔽之间的争执而现身。真理作为这种世界与大地的争执被设入作品中。"[1] 那么,真理究竟是怎样发生的呢?什么是真理呢?追问艺术作品的本源,实际是追问作为存在者的存在,在一个作品当中表现的是世界和大地。在梵高的《农鞋》中,海德格尔揭示的一个是农妇的生活世界,一个是农妇的生活世界所依据的大地和自然。我们在这里可以看到人和自然有着一种张力,有一种抗争。正是在人和自然的抗争过程中,真理出现了。因此,海德格尔说艺术是真理自行设入作品,对于这个说法,这里也要澄清一些误会:一种误解是真理设入作品,把真理当主语,真理设入作品便意味着真理自己投入作品;另一种误解是艺术被界定为真理设入作品,此处的真理现在是宾语,而艺术是人的创造性活动。在这

---

[1] BW, p.181/《林中路》,第43页。海德格尔后来思想转向生成(Erignis),这里真理在世界与大地的争执过程中发生已有此意。

些命题中,实际上遮蔽着人与存在的关系。

海德格尔的真理是事情自身显现自身,真理不是外在于作品,它是在世界和大地中争执显现出来的。世界与大地既是本质不同的对立又是相互包含的。[1]"世界是自行揭示着的敞开,是在一个历史性民族天命中的那些单朴与本性决断的宽广之路的敞开。大地则是那种不断自行锁闭和在一定程度上不断自我隐蔽的东西的自我涌现。世界与大地在本质上不同,而又不可分割。世界以大地为自身的基础,而大地则通过世界而显现。世界与大地之间的关系并不消减为互不相干的、独立面的空洞联合。世界栖息于大地上,而又竭力超越大地。作为自我开放的世界是不能容忍任何锁闭的。然而,作为隐蔽着的大地,则总是倾向于将世界摄入它之中并使之保留在那里"[2]。也就是说,世界是敞开的,开放的,而大地是锁闭的,因此世界和大地之间产生了争执,这种争执形成了裂缝,真理就在这种裂缝中产生,争端在此不是不和与争执,而是在生成意义上的本原的游戏:"世界与大地的对立是一种争执(Streit)。但由于我们老是把这种争执的本性与分歧、争辩混为一谈,并因此只把它看作紊乱和破坏,所以我们轻而易举地歪曲了这种争执的本性。然而,在本性的争执中,争执者双方进入其本性的自我确立中,但他们的本性之自我确立从来不是固执于某种偶然事件,而是投入本已存在之本源的遮蔽了的源始性中。在争执中,一方超出自身包含着另一方。争执于是总是愈演愈烈,愈来愈成为争

---

[1] 这里可以看作海德格尔向晚期思想的过渡,晚期是天地人神四元共舞,四元本质不同又是相互包含的也是在这个意义上思想的深化和发展。

[2] BW, p.172/《林中路》,第30页。

执本身。争执愈强烈地独自夸张自身,争执者而就愈加不屈不挠地纵身于质朴的恰如其分的亲密性之中。大地离不开世界之敞开领域,因为大地本身是其自行锁闭的被解放的涌动中显现的。而世界不能飘然飞过大地,因为世界是一切根本性命运的具有决定作用的境地和道路,它把自身建基于一个坚固的基础之上。"[1] 只有当真理作为原始冲突发生在遮蔽与显现之际,大地才通过世界而实现,世界才自己建立在大地上。真理发生的方式之一是艺术作品的存在,在建立世界与展示大地的过程中,整体的存在者的无遮蔽状态得以显示,而这就是海德格尔所说的真理。

世界与大地相互斗争又相互依存,这种冲突包含自身,并最终趋于宁静。这里的宁静不是不动,而是更高的动,宁静包含了运动,作为作品的独立性就基于此。海德格尔认为当我们成功地在整体上把握了作品存在的发生的运动状态,我们就切近于这种宁静了。作品建立一个世界并制造大地,我们将之看作世界与大地之间的争执,作品之作品存在就在于世界与大地的争执的实现过程中,同时就完成了这种争执,争执是一种不断的聚集,它把作品集合起来。栖息于自身之中的作品之宁静,就这样在此争执的亲密中出场。"因为争执在亲密性之单朴性中达到其极致,所以在争执的实现过程中就出现了作品的统一体。争执的实现过程是作品运动状态的不断地自我扩大的聚集。因而在争执的亲密性中,自持的作品的宁静就有了它的本性"[2]。

---

[1] BW, pp. 172-173/《林中路》,第30页。
[2] BW, p.173/《林中路》,第31页。

## 第二章 海德格尔论艺术的发生

显现和遮蔽的抗争是真理自身不可克服的张力，在此之中，事情才能生成自身，因此真理是发生的，艺术便是真理的生成与发生的事情，真理的发生是自身作为存在而自行发生，它并不是来自某个客体和对象，而是从无中产生。艺术作品以自己的方式敞开了存在者之存在，这种敞开就是去蔽，也就是存在者的真理。因此，我们说艺术作品的真理就是存在，这里所说的艺术作品的真理也就是达到了作品的存在，《艺术作品的本源》整篇都是精心而心照不宣地沿着存在的问题的道路前行的，对艺术可能是什么的反思，只是联系到存在的追问才能得到完全的、决定性的解决。艺术既不能思为文化成就的领域，又不能思为精神的表现，而最终只是存在自身的显现，并且这种显现是生成的。"真理发生在神庙所屹立的地方。这并不是说，某物在那里被正确地描绘出来或表达出来，而是说，作为整体的存在者在那里被带入无遮蔽状态并被保存在那里。保存［halten］的原初意义是守护［hüten］。真理发生在梵高的画中。这并不意味着某物被正确地描摹，而是说在鞋的器具性存在的显露中，那作为整体的存在者——在其对抗表演中的世界与大地——进入了无遮蔽状态"[1]。正是在世界与大地的本性的争执中，争执者双方进入其本性的自我确立中，农妇的生活世界以及她所依赖的大自然在争执中敞开，从而达到它们自身，也就是达到了现象学所说的事情本身。因此，艺术作品并不是为了表达某个真实的事物，而是为了显现真理，展现农鞋的画和讲述罗马喷泉的诗不仅是显露了农鞋与喷泉这类独立存

---

[1] BW, pp. 177–178/《林中路》，第37页。

在着的东西，更为根本的是它们的无遮蔽状态关涉到作为整体之存在者而发生的。

海德格尔的真理不同于西方形而上学理解的真理，而是来自古希腊，真理在古希腊是 Aletheia，A 是去，letheia 即遮蔽，海德格尔的真理是古希腊意义上的无蔽，而不是符合的真理（truth），即主观与客观、思想与存在、语言与事情的符合，这是认识论意义上的真理。传统哲学的真理是理性的真理，而海德格尔的真理是存在的真理，海德格尔探讨的问题是存在而非认识对象，他的真理不是存在和思维、认识、理性的关系，不是存在与思维的同一或者符合，海德格尔将这种符合论的真理追溯到他认为的西方形而上学的开端柏拉图，终结于他所说的西方形而上学的终结尼采。[1] 在他看来，传统的真理观意味着

---

[1] 海德格尔认为，柏拉图洞穴比喻中所叙述的故事一直影响着西方人的思想，即人在作为表象之正确性的真理之本性意义上根据理念来思考一切存在者，并且根据价值来评估一切现实，而无蔽状态本身之本性还没有得到充分追问。由此，真理不再作为无蔽状态，不再是存在的基本特征，相反，由于乞灵于理念，真理变成了正确性，作为无蔽状态，真理还是存在者本身的一个基本特征。而作为观看的正确性，真理就变成了人对存在者的认识的称号了。从此，就有了一种对观看和观看态度之正确性意义上的真理的刻意追求，在海德格尔看来，到了笛卡儿这里，虽然思想发生了革命性的转向，但也只是变相地把真理定义为符合性。康德的认识论也是对象符合我们的知识。到了黑格尔真理规定为哲学的目标，真理首先在完成阶段被获得，黑格尔的真理乃是自知的绝对精神的绝对确定性，仍然是传统的存在者的真理。与一切形而上学一样，黑格尔也没有追问存在之为存在，亦即没有追问如何可能有在场状态本身这样一个问题。尼采则以一种颠倒的方式完成了西方传统的真理观，按照尼采的看法，真理是一种谬误，也就是说，真理的本性就在于一种思想方式，这种思想方式总是而且必然地歪曲了现实，把一种与生命本性不相符的东西，设立为所谓的现实。因此，在尼采把真理规定为思想之不正确性的做法中，也包含着对传统的陈述之正确性的真理之本性的赞同。海德格尔认为尼采的真理概念显示出那种从存在者之无蔽状态到观看之正确性的真理转变的最极端后果，也是其最后的回光返照。（具体可参见海德格尔《路标》中收录的《柏拉图的真理学说》）

符合。"在这里,真实和真理即意味着符合(Stimmen),而且是双重意义上的符合:一方面是事情与关于事情的先行意味的符合;另一方面则是陈述的意思与事情的符合"[1]。这种符合论遮蔽了古希腊真理无蔽的意义。海德格尔说:"在这一问题的视界内,我们必须承认,Ἀλήθεια,即在场状态之照亮意义上的无蔽,很快就只被人们当作ὀρθότης,即表象和陈述的正确性来经验了。"[2]

当然海德格尔并不否认符合论,正如他并不是否定传统的形而上学,只是他认为有比符合论更为本源的真理,而且,符合论也还有符合如何可能的问题。海德格尔认为真理就是存在的去蔽,没有存在的敞开,就无法思考、表达,符合论也必须建基于这一敞开。"所以事情本身就是在者在其从隐蔽到无蔽的存在。在者从来不是通过判断而被给予无蔽的,倒是每一关乎在者的说都是只有当其先已进入无蔽始可"[3]。去蔽和敞开被海德格尔借用 Aletheia 来表达,主要是针对符合论,追问符合如何可能,从而回到存在本身,在此基础上,才有认识论的真理。在海德格尔看来,认识论的真理是思想和现实的统一,它依赖于这样几方面。首先,人自身处于真理当中,才可能认识事物,才能认识真理。其次,认识的事情自身去蔽,才可以

---

[1] GA9, pp. 179–180/《路标》,第 208 页。
[2] ZSD, p.78/《面向思的事情》,第 85—86 页。
[3] 熊伟编:《现象学与海德格》,远流出版事业股份有限公司 1994 年版,第 97 页。

被认识。只有当认识及其对象（认识的事情）都处于无蔽，认识论的真理才可能。他说："就人们在传统的'自然的'意义上把真理理解为在存在者那里显示出来的知识与存在者的符合一致关系而言，而同样也就真理被解释为关于存在的知识的确定性而言，我们不能把 Ἀλήθεια 即林中空地意义上的无蔽与真理等同起来。相反，Ἀλήθεια 即被思为林中空地的显现，才允诺了真理之可能性。因为真理本身就如同存在和思维，唯有处在林中空地中才能成其所是。真理的明证性和任何程度上的确定性，真理的任何一种证实方式，都已经随着这种真理而在起支配作用的林中空地的领域中运作了。"[1]

海德格尔将真理命名为林中空地（Lichtung），海德格尔的思想力图抛弃传统的概念性思维，而是使用一些比喻的说法，但这和中国古代哲学美学中的意象是不同的，海德格尔这里的意象本身是明晰的，海德格尔借助意象只是为了把事情本身清晰表达出来。"林中空地"一词来源于海德格尔出生的德国南部的黑森林以及他晚年隐居的黑森林中的小木屋。所以一方面不能把海德格尔的思想理解为中国古代意象化表达；另一方面也不能对他的这些比喻的说法进行概念化理解。对于海德格尔来说，林中空地是他对真理的说法，他也使用无蔽这个词，但无蔽是古希腊前苏格拉底使用的说法。林中空地（Lichtung）

---

[1] ZSD, p. 76/《面向思的事情》，第 84 页。

虽然源于动词照亮（lichten），但并不等于光明。[1] 如此理解的林中空地不能等同于光芒，相反，海德格尔将光芒回溯到林中空地。作为前提，林中空地是更为基础性的，"没有林中空地，也就没有光芒和光明。甚至黑暗也需要林中空地。"[2] 在此意义上，开端并非光芒，亦非黑暗，而是林中空地，在此光芒和黑暗首先成为可能。因此，林中空地包含了光明与黑暗，林中空地给予光亮的同时又遮蔽，它是光与影的游戏，是不断地去蔽与遮蔽、光明与黑暗的斗争，因此林中空地是开端性的真理，无蔽也是一种发生，而不是固定静止的状态。艺术是真理发生的方式之一，在《艺术作品的本源》中则是世界和大地的冲突，世界显现，大地保藏和隐蔽。艺术作品不描写或摹仿什么，它就是真理的无蔽，因此美就是无蔽发生的一种方式。就美学意义来说，《艺术作品的本源》探讨的是美与存在的真

---

[1] 彭富春：《无之无化——论海德格尔思想道路的核心问题》，上海三联书店2000年版，第46—47页。对于"Lichtung"一词的翻译，一般翻译为澄明或者澄明之境，只有光明而忽略了其中包含着黑暗和遮蔽，因此并不切合海德格尔的原意。据张祥龙在《海德格尔传》中考证，海德格尔本人在"论真理的本性"的原稿中，引用了老子的"知其白，守其黑"。（参见张祥龙：《海德格尔传》，商务印书馆2007年版，第242—244页）张祥龙考证亦可佐证海德格尔所指的真理的本性既包括光明，也包括黑暗，正如老子的有无、阴阳、黑白这样一种对立的相互生成作为事情的始源，老子说："故常'无'，欲以观其妙；常'有'，欲以观其徼。此两者，同出而异名，同谓之玄。玄之又玄，众妙之门。"（《老子》第一章）玄的本义是黑色，本是遮蔽自身却又能显现自身，成为一切的开端。老子说："有无相生。"（《老子》第二章）"万物负阴而抱阳，冲气以为和。"（《老子》第四十二章）《周易》也讲"一阴一阳之为道"。而且老子更强调隐蔽着的无，这种无是一种敞开，它给出有，这一点与海德格尔讲的虚无很相似。老子说："道冲，而用之或不盈。渊兮，似万物之宗。"（《老子》第四章）"天地之间，其犹橐龠乎！虚而不屈，动而愈出。"（《老子》第五章）庄子也说："虚室生白。"（《庄子·人世间》），又说："唯道集虚。"（《庄子·人世间》）

[2] ZSD, p.74/《面向思的事情》，第81页。

理,将美从理性领域转入存在领域,其本源是存在者的存在。存在者的存在意味着其处于林中空地即真理当中,这是一个本源规定。在此,关于存在者与林中空地的关系,绝不能将林中空地作为一个实体,而是万物在林中空地中显现自身,但林中空地给予光亮的同时又遮蔽,因此,存在的真理不是固定静止的状态,而是发生的事情。

我们说《艺术作品的本源》追问艺术作品的本源,实际上是追问作为存在者的存在,其实就是追问历史性的人们如何决定自己的命运,历史性的存在相关于真理在历史中的意义,归结到人的历史性的存在是什么。[1] 当然,这并非历史学,而是人的此在的发生。[2] 在海德格尔这里,此在本身是处于时间和

---

[1] 海德格尔这里也涉及了艺术与历史的关系,亚里士多德曾经谈到这个问题,认为艺术比历史更真实,虽然海德格尔这里没有明确这么讲,但是无疑是肯定艺术保有历史的真实。如果用海德格尔的说法,就是专门记录历史的主观意图太强反而变成思想的暴力最终遮蔽了事情(历史)本身。叶秀山认为,哲学是使人回到历史的思想,而艺术是使人回到历史的生活,一个是概念真实,一个是生活真实,而生活才是有血有肉的、活生生的存在。艺术作品内容可以是虚构的,但它作为故事——即历史的事件,却展示着过去了的生活的图景,提供给人们看到的那种生活。艺术的虚构,显示了艺术承认历史的可能性,即历史的活人的历史。从某种意义上,历史科学是历史事实的见证,而艺术作品则是历史生活的见证。二者都是历史,而非history。(参见叶秀山:《美的哲学》(重订本),世界图书出版公司 2010 年版,第 137—138 页。)

[2] 海德格尔在《存在与时间》中对于现实历史 Historie 和原本的历史 Geschichte 作了区分,它对应着流俗化的物理时间和海德格尔的时间(即时间的时间化),现实历史是由物理时空里的事件序列组成、由史学观念串讲起来、服从因果律的历史。海德格尔的历史则是由人类此在的生存时间化行为所生成,先于任何对象化的关系与观察。传统的历史学将历史作为了客观对象,往往是对其做外在的而不是在场的考察,海德格尔这里将艺术看作历史性真理的发生,而不是对象。伽达默尔在《真理与方法》中也认为历史研究的最高兴趣不是恢复历史原貌,而是理解历史的意义,因为一味地恢复历史原貌的观点是将历史流传的东西客观化和对象化的做法,而历史研究的最高目标是追寻人的存在的意义。

历史之中的，因此历史不可能作为人的对象，正如此在本身是处于世界之中，世界因此不能被对象化认识一样。海德格尔的真理是物的物性即存在，是事物自身的显现，是让存在，因此也是自由。"海德格尔在历史的经验中追问真理的本性，因为此本性构成了形而上学的历史。但是，此处真理不再作为陈述的真理，而是作为存在的真理。真理的本性在此怎样显现出来？这将是从正确性到作为'让存在'的生存的自由的步骤"[1]。在此海德格尔将自由揭示为让存在者存在，但是这种让存在者存在并不是疏忽和冷漠，而是让参与到存在者那里，让存在者在场。"这种为结合着的定向的自行开放，只有作为向敞开域的可敞开者的自由存在（Freisein）才是可能的。此种自由存在指示着迄今未曾得到把捉的自由之本性。作为正确性之内在可能性，行为的开放状态植根于自由。真理的本性恰当的表述乃是自由"[2]。

真理如何在人这里联系到自由呢，真理之本性如何还能在人的自由中找到其持存和根据呢？因为自由是人的一个特性。自由的本性无须进一步置疑，也不容进一步的质疑。这种自由并非传统认识的人的体验或者人的情感的自由，仿佛自由是一个外在于人的东西，在海德格尔这里，自由是人的本性，人不自由并不等于自由就不是人的本性，正如死亡是人的本性，死亡还没有到来并不能否认人的死亡的本性。在《真理的本性》中，海德格尔指出："真理的本性揭示自身为自由。自由乃是

---

[1] 彭富春：《无之无化——论海德格尔思想道路的核心问题》，上海三联书店2000年版，第43页。

[2] GA9, pp. 185–186/《路标》，第214页。

绽出的、解蔽着的让存在者存在。任何一种开放行为皆游弋于让'存在者存在'之中，并且每每对此一或彼一存在者有所作为。作为参与到存在者整体本身的解蔽中去这样一回事情，自由乃已经使一切行为协调于存在者整体。然而，我们却不能把这种协调状态把捉为体验和感觉，因为这样做，我们只不过剥夺了它的本性，并且从那种东西（生命和灵魂）出发对之做出解释而已……"[1] 因为作为体验着的人已经嵌入一种揭示着存在者整体的协调状态中了，而存在者整体的敞开状态并不就是我们恰好熟悉的存在者之和。到了现代技术时代，科学技术表面上无所不能，其实是将存在者整体平均化，使其丧失了独特性，意义失去，存在不再敞开，甚至生命本身被交给技术处理，从而丧失自由的本性。

这种在自由中绽出的人是历史性的，并不是人去占有自由，而是自由地占有着人，海德格尔批评谢林说："谢林的专著和自由意志的问题无关，它最终都是错误的表达甚至根本不是一个问题。而我们这里的自由，不是人的财富，而是以另外一种方式作为根据：人是自由最好的财富。"（ST，9）绽出的此在作为让存在者存在，解放了人而让人获得自由，这种自由是人和物的自由，即让物成为物，人成为人，人和物都能到达自己的本性并且相互生成。自由也可以看作一个过程：自由乃是参与到存在者的解蔽过程中去。"以至于唯有自由才允诺给人类那种与作为存在者的存在者整体的关联，而这种关联才首先创建并标志着一切历史。唯有绽出的人才是历史性的。'自然'是无历

---

[1] GA9, p. 192/《路标》，第 221 页。

史的。"[1] 如此这般来理解的作为让存在者存在的自由，乃是存在者之解蔽意义上的真理，真理乃是存在者之解蔽，通过这种解蔽，一种敞开状态才发生，从而展开人类的历史。"……我们把陈述之正确性的内在可能性追溯到作为其根据的'让存在'的绽出的自由，同时我们先行指出这个根据的本质开端就在于遮蔽和迷误之中。这一番工作意在说明，真理之本性并非某种抽象普遍性的空洞的'一般之物'，而是那种独一无二的历史乃是我们所谓的存在的'意义'的解蔽的历史——而长期以来，我们已习惯于仅仅把所谓存在当作存在者整体来思考。"[2]

在艺术作品中，正是世界和大地的争执显现了真理。世界自身既非一手前之物，亦非一对象，世界世界化，世界是历史性的世界，这种世界化的世界正是历史自身的敞开。大地在此既非物性的，亦非质料性的，而是本原意义上的自然，与此相应，大地不能全然理解到自然界那里去，而是要从历史性来把握。在大地上走向大地，历史性的人们在世界中建立了其居住。世界和大地在根本上相互不同但又不可分离，因为世界是大地性的，而大地是世界性的。世界建基于大地，而大地通过世界的敞开。世界和大地统一于林中空地之中，世界与大地的争斗最终统一起来了，当世界敞开自身，它便显现为一个历史性人类的命运。

在艺术作品中，真理是历史性存在的人已被抛入其中的那

---

[1] GA9, p.190/《路标》，第219页。
[2] GA9, p.200/《路标》，第231页。

种情况的揭示或敞开。艺术是历史的，而作为历史的艺术是对作品中的真理的创造性保存。这不仅意味着艺术有一种外在意义的历史，还意味着，艺术在本性意义上就是历史，即艺术构成历史的基础。艺术作为历史的发生，这里的历史所指的并不是任何以时间顺序出现的事件系列，而是一个民族的命运。"艺术作品的本源——即创作者与保存者的本源，也即一个民族之历史性生存的本源——是艺术。之所以如此，是因为艺术在其本性上是一种本源：一种真理由之发生，亦即成为历史的"[1]。海德格尔认为艺术作为确立的历史本性，在西方最初是在古希腊出现的，但在中世纪被转化为一个在上帝之创造的意义上的存在者，到了近代成为可由计算来加以支配和认识的对象和客体，而在科技发达，艺术衰落的时代，艺术品已经远离它自身所属的世界，即其历史的世界。艺术品自身的世界已经消失了，艺术产业也不能恢复这种历史性的世界，于是存在的真理处于历史性的遮蔽之中。

真理的本性作为自由乃让存在，但是真理是生成的，是不断地遮蔽和显现，真理的敞开和遮蔽都发生在历史性的境遇之中，而遮蔽意味着不让存在，显示为非真理。"但是因为真理在根本上是自由，所以历史性的人在存在者的让存在中也能够不让存在者存在，即为其所是和如其所是。存在者然后被遮盖和阻挡了。"[2] 遮蔽性并非某种附加的东西，也并不是源于人的纯然无能和疏忽，而是同样源于真理的本性。"在这种与遮

---

[1] BW, p.187/《林中路》，第57页。
[2] GA9, p.194/《路标》，第220页。

蔽相关中的让存在保存了什么？它正是整体中的已遮蔽的遮蔽，亦即存在者的遮蔽，这也就是神秘性。"[1] 这种对存在者本身的遮蔽就是神秘，它归根结底统摄着人的此之在的神秘。现代人主体性的狂妄自大往往不能容忍神秘，因此神秘往往是作为愚昧落后的原始的东西受到鄙视，现代人觉得神秘应该被遗弃或者应该被科学证明从而被人所把握。但海德格尔认为，神秘不应该被遗忘和背离，人应该向神秘敞开，人自以为聪明，往往却是误入迷途。"人离开神秘而奔向方便可达的东西，匆匆地离开一个通行之物，赶向最切近的通行之物而与神秘之物失之交臂——这一番折腾就是误入歧途（das Irren）。……一个历史性的人类必然误入歧途之中，从而其行程是有迷误的；这种迷误本质上是与此在的敞开状态相适合的。迷误通过使人迷失道路而彻底支配着人。但使人迷失道路的迷误同时也一道提供出一种可能性，这是一种人能够从绽出之生存中获得的可能性，那就是：人通过经验迷误本身，并且在此之在的神秘那里不出差错，人就可能不让自己误入歧途。"[2]

现代人从科学出发，总是将古代人的巫术、神话等斥之为愚昧迷信和落后，岂不知科学技术本身也是一种遮蔽。"我们错误地认为知识的增长会导向无蔽，但对始源意义的真理来说，'神秘'是一个必须的要素。即便神秘被遗忘也不会因此失去

---

[1] GA9，p.194/《路标》，第223页。
[2] GA9，pp.196 – 197/《路标》，第226页。

对人的存在的影响和意义[1]"海德格尔的思想就是抛弃人的这种主观意图，思想只有放弃主体性才能获得存在的真理。他说："我在演讲中所尝试的思想实现在那种本性的经验中，它经验到，唯从人能够进入其中的那个此之在而来，历史性的人才得以邻近于存在之真理。于是，一切人类学和作为主体的人的主体性都被遗弃了……追问的过程本身就是思想之道路，这种思想并不提供观念和概念，而是作为与存在之关联的转变来经验和检验自身。"[2]

### 三、艺术创作与欣赏

不同于尼采从创作者出发论述艺术，海德格尔是从艺术作品出发论艺术。现代思想往往将创作理解成天才的自主性主观活动，海德格尔反对这种看法，认为艺术作品并不是艺术家随心所欲或者天才横溢的产物，因为这种人类中心主义正是海德格尔竭力反对的。

海德格尔已经揭示了艺术作品的本源，即存在者的真理自

---

[1] *Between Theory and Practice*: *Heidegger and the Lure of Art*, Dissertation by Maria Granik, Bosten University Graduate School of Arts and Sciences, 2005, p. 57. 海德格尔认为存在的真理是林中空地（Lichtung），既包括光明，也包括黑暗，而现代技术一味地追求开发有用的光明而忘记了黑暗，其结果就是比"一千个太阳还亮"的原子弹的爆炸所产生的致死强光，因此，困难的倒是保持黑暗。这里的黑暗并非完全的光明的缺失，而是保有了光明，对此，海德格尔曾引用老子的话"知其白，守其黑"。海德格尔还在《形而上学导论》中分析过古希腊戏剧《俄狄浦斯王》，认为俄狄浦斯最后刺瞎了自己的双眼，便是走出了光明，走进了黑暗，俄狄浦斯在人间拥有高超的智慧，对自身存在的命运却是一无所知，所以他刺瞎双眼以其本来面目示人了。

[2] GA9, p. 202/《路标》，第232—233页。

行设入作品。那么,作为创作者的艺术家起到了什么作用呢?"创造"的日常理解是制作一个没有的东西,但这是自然态度。除此之外,还有传统、历史的理解,比如神学的上帝的创世,从无创造出有;德意志唯心主义的"设立"或"生产",不是神创造,而是人创造,是主体对客体的创造。而海德格尔对创造的理解虽然还带有近代色彩,但他是从古希腊的词汇 technē 去解释。海德格尔认为希腊人用 technē 称呼工艺与艺术,用同一个词 technitēs 称呼工匠与艺术家,但 technē 不是指实际操作,"technē 这个词指的是一种认知方式。认知意味着看到,这是一种广义看,即对如此在场之物的领悟。因为,希腊人认为认知的本性在于 alētheia,即在于存在者的去蔽。认知支撑着、并引导着一切走向存在者的行为。technē,作为以希腊方式经验到的知识,乃是一种存在者的带出,因为,technē 将存在者如其所是地从遮蔽状态中带出来,尤其是使它们进入其外观的无遮蔽状态,technē 绝不是指制造行为"[1]。因此,海德格尔认为 technē 不是现代意义上的技术,也非制作,而是古希腊的一种认识模式,是"知道",是思想,但绝不是主客二分意义上的认识,而是"知道"存在。technē 被力量、认识规定,是一种静观,创造就是让出现让在场,这样才能显现和去蔽,才能看到。把存在从遮蔽的状态带出来,这才是海德格尔所说的"创造"。海德格尔认为在柏拉图那里,还保持着制造是让在场者在场之意,但是后来慢慢导向了一个作为对象的先验意识的设定。

在古希腊那里,对 technē 的规定,即将已带出来的物显现,

---

[1] BW, p.180/《林中路》,第40页。

这相关真理的发生,并基于林中空地的遮蔽与显现。"艺术让真理原初地发生。艺术作为一种根本性的保存,它向作品中存在者之真理的跳跃,通过跳跃而使某物源初性地发生,在一种根本性跳跃中,从某物本性之源将某物带入存在——这就是本源这个词(德文 Ursprung,字面意义是:原初的跳跃)的意思"[1]。创造作为真理的设立在作品中的基本特性,即大地和世界的抗争。这一点在作品的创造中得以显现,艺术开拓出了世界,艺术"生产"出了大地,因而真理得以显示。真理就是大地与世界相互昭示对方的本性。"……在形式上,创作艺术品的艺术家,其使命自然是带领——倾听、汲取、承纳、奉献——把自己和读者带入世界与大地的冲撞所造成的空隙中,从而中断、扭转共同在世时习以为常的秩序、行为、评价、认识和观察,在失落的颤栗中经受一次性的突袭,以便把孤独即独步虚无的领悟确立为触目的形象"[2]。

西方艺术在古希腊,是史诗、悲剧、神庙、音乐、雕塑,是缪斯的歌声,缪斯的歌声就其最高艺术使命是神的声音,神对众人的指引。中世纪的艺术是上帝的颂歌,颂歌是人赞美上帝,而非缪斯的歌声借人之口唱出智慧。近代是卢梭的作品,人性的诗篇。现代,一方面艺术成为体验,另一方面艺术成为机械复制,而艺术的终结就在于艺术工业使艺术对象化了。在海德格尔那里,现代技术的本性是架构,是主观设立,艺术创

---

[1] BW, p.186/《林中路》,第56—57页。
[2] 张志扬:《是路,还是风——〈艺术作品的本源〉在海德格尔思想转向中的意义》,载湖北大学哲学研究所《德国哲学》编委会编:《德国哲学》(第6辑),北京大学出版社1989年版,第100页。

造也转变为架构和设立。而海德格尔的创作，是事物自身的显露，但这种让显露并非不作为的被动状态，而是更高意义的做，创造性的生产是对无遮蔽状态的关系的接纳与结合。"因此，如果正确地加以理解，将真理定位就绝不可能与'让……发生'相对立。一方面，这种让并不是被动的，而是最高意义的做。……让真理的发生是一种运动，这种运动存在于照亮与遮蔽中，更确切地说，存在于两者的统一中，亦即一种对自我遮蔽之照亮的运动，一切自我照亮都源于此运动"[1]。

对于人和艺术的关系，海德格尔并未使用欣赏、解释、体验这些传统的词语，而是使用"守护"（Preserving）一词。"因为世界总是人的世界，就是一个历史性存在的人的世界，艺术作品成为作品的过程中需要听众，认识艺术作品的世界的人海德格尔称之为作品的守护者"[2]。因为传统美学的欣赏、体验或趣味是建立在心理学意义上的，依赖于感觉，从而将人与艺术的关系狭隘地限制在心理范围，而没有从人生在世的广泛意义上去考察。[3] 至于解释是基于语言现象或文本，但海德

---

[1] H, p.68/《林中路》，第62页。

[2] Ingvild Torsen, *After Aesthetics*: *Martin Heidegger and the End of Art*, Bosten University Graduate School of Arts and Sciences, 2005, p.61.

[3] 与海德格尔相似，维特根斯坦反对从心理学研究美学和艺术，维特根斯坦认为心理学本身是受科学的影响而产生的一门虚假的学科，因为它试图对人的心理进行科学分析，找出因果关系，是一种科学的迷信，而审美解释并不是寻求因果解释，艺术欣赏需要特定方式的沉浸。他说："人们常说，美学是心理学的分支。这种看法认为，一旦我们更为先进，一切东西——所有的艺术之神秘——就都可以为心理学的实验所理解。这个看法简直太荒谬了，可它就是如此。美学问题与心理学实验毫无关系，它们是以完全不同的方式得到解答的。"（Ludwig Wittgenstein, *lectures and conversations on Aesthetics*, *Psychology and Religious Belief*. Basil Blackwell. Oxford, 1966, p.17.）

格尔将语言作为道而非解释的工具。他所说的"守护"最根本的在于守护存在、真理，这里最为根本的是艺术品作为人的此在的一种形态如何与大地、世界相关，这是艺术与真理，艺术品和存在的关联，而非与人、创造、体验、欣赏的关联。也就是说不能直接把作品把握为一种过去的成果，一个单纯的孤立的客体。如果这样，我们就不是从作品的方面来加以追问，而是从我们自己的立场来追问，但只要是从我们的立场上看，我们就没有让作品成为作品，而只是将作品看作一个对象，并且习惯于对对象作外在的体验。

海德格尔强调守护，而使被守护者不被伤害。作品的显现即真理的发生，这依赖于让作品敞开自身，归属于它自身的世界。神殿不摹写什么，也不需要符合什么，它就是供奉神的地方，是神的在场，是神与人的聚集，神现身和人对诸神的亲近，以及与周围事物的关系，给历史性的人们敞开了一个世界。海德格尔认为当这种自我超越被置入作品时，它便将自身暴露给存在者之敞开状态，如同认知一样，保存作品就是冷静地站入发生在作品中的真理之超常的敬畏之中。保存也是将作品保存在其边界之内，边界意味着事物自身的界限，在场者本身被带出的，正是边界将在场者置入无遮蔽状态。对艺术作品的保存是一种知道，这种知道在作品之真理中找到自己的家园，把人推入到与在作品中发生着的真理的关系中，它并不是剥夺作品的独立存在，不把作品强行拉入纯然体验的领域，不把作品贬低为一个体验的刺激者。"保存作品并不将人们卷入私人经验，而是将他们卷入作品发生的真理之中。因此，对作品的保存作为基于无遮蔽状态的人生存之历史性站出，建立着相互共在的基础。更重要的是，保存意义上的知完全不同于对作品形式因素、特性以及魅力的纯粹审美鉴赏。作为看到的知是一种决断的存在，它置身于作品与此间隙相适应的矛盾之中"[1]。保存作品的适当方式只能由作品来共同创造与规定，当作品仅供艺术欣赏时，并不能证明它们是保存意义上的作品。在现代社会，对于伟大艺术的鉴赏往往变成了回忆，在艺术作品的这种传诸后世的流传过程中，一切重新获得它们的科学努力都再也不能达到作品本身的存在，而只是对作品自身存在的回忆的欣赏。此回忆还可以为作品提供一个场所，作品由此介入对历史的塑造，但是作品本身的真理并未完全显现。甚至在现代社会，艺术作品广泛地变成了名誉和地位的象征、财富增值的手段，或者陈列在收藏家的密室里、博物馆的玻璃罩中，艺术作品承载的历史回忆都可能荡然无存。

## 四、从艺术到诗意

海德格尔从艺术作品的本源探讨艺术，因为其关注存在。海德格尔视艺术为真理的发生，从作品涉及此在，即人，是艺术的创造者和守护者，而非鉴赏者或拥有者。此在是历史性的人，而艺术是历史性的艺术。《艺术作品的本源》标志着海德格尔思想的转折，[2] 这主要表现在两个方面：一个是海德格尔早期以《存在与时间》为代表的思想是从此在出发，此在是人

---

[1] H, p.54/《林中路》，第48页。
[2] 但是我们也不能将这种思想的转折看作完全的转变而割裂了海德格尔思想的完整性，海德格尔将思想的道路称为林中路（Holzwege），林中小径其转折之处往往是远远各种景色的互相交织。

的存在，所以海德格尔虽然想摆脱人类中心主义，但是从此在出发难免还有人类中心主义的嫌疑。而到了《艺术作品的本源》，这里的关键词是世界和大地，并由此过渡到其晚期的天地人神。另外，海德格尔在《艺术作品的本源》中指出真理是在世界和大地的争执中产生的，因此真理是发生的，是林中空地，是不断遮蔽和显现的生成的游戏，这正好是海德格尔思想转向的一个很重要的方面，即将存在动词化，转为生成（Erignis）。《艺术作品的本源》成为海德格尔思想早期到晚期的一个过渡，但是我们也不能将之看作海德格尔的美学代表作，海德格尔美学思想在晚期才变得成熟。在艺术作品中真理的发生是世界和生产的大地之间的抗争，还有人与自然的传统概念的残留，真理自身设入作品，"设入"一词还带有意志的痕迹。此外还有"艺术"这个词，艺术是人工，同时人工也意味着创造和设立。人工、创造、设立表现着人的一种强烈的意志，一种征服的意志，改造的意志，往往会变成思想的暴力。但是在海德格尔晚期，海德格尔说人诗意地居住在大地上的时候，居住是温顺的、听从的，而非带有思想暴力倾向的设立。因此，《艺术作品的本源》中很多词语在其晚期思想中被抛弃，而代之以诗意，海德格尔的诗意是倾听，语言成为海德格尔探讨的话题。

在《艺术作品的本源》中，海德格尔最后也指出艺术的本性是诗意，他说："存在者的照亮和遮蔽作为存在的发生。一切艺术，作为存在者之真理到来的让发生，本性上都是诗。"[1]

---

[1] BW, p.184/《林中路》，第51页。

海德格尔并非不知道各门艺术的区别性，他在这里将艺术归为诗是从诗意角度来讲的，作为真理之自行设入作品，艺术是诗。不光作品的创造是诗意的，作品的保存同样也是诗意的，只是有其独特的方式罢了。海德格尔将艺术归为诗已经开启了语言问题，他认为对各门艺术来说，语言的敞开才是根本性的。"语言本身就是根本意义上的诗。但由于语言是人作为存在者之为存在者对人来说向来首先在其中得以完全展开出来的那种生发，所以，诗歌，即狭义上的诗，才是根本意义上最原始的诗。语言是诗，不是因为语言是原始诗歌；不如说，诗歌在语言中发生，因为语言保存着诗的原始本质。相反地，建筑和绘画总是已经、而且始终仅只发生在道说和命名的敞开领域之中。它们为这种敞开所贯穿和引导，所以，他们始终是真理把自身建立于作品中的本己道路和方式。它们是存在者之照亮范围内的各有特色的诗意创作，而存在者的照亮早已不知不觉地在语言中发生了"[1]。于是海德格尔从艺术品的存在转向语言道说的存在。

---

[1] BW, p.186/《林中路》，第53—54页。

第三章
# 海德格尔论诗意语言

语言问题是中西思想文化的一个根本差异所在。西方哲学自古希腊以来的一个核心概念 Being（英文，来自希腊文 ου，相应的拉丁文为 esse，德文为 Sein）在汉语中甚至很难找到对应的翻译。[1] 中世纪基督教《圣经》讲"In the beginning was the Word"，通常译为"太初有道"，但这个道是语言性的。因此，在西方历史上，语言的地位都很高，可以说正是语言来规定人事物。而在中国思想中，语言往往只是工具性的，认为最高的境界是语言无法表达的，在美学上也是如此。海德格尔前期和中期思想都谈到语言，但是语言还没有成为思想的主题，海德格尔后期思想便转向了语言，对此，彭富春认为："语言在第一阶段只是显现为言谈，它揭示了世界的意义；在第二阶段作为创立，它建立了历史的真理。但是，语言必须作为语言走向语言，凭借它自身理解为思想的事情的规定。……在世界的世界性和历史的历史性被解释之后，语言的语言性在此也必

---

[1] 参见邓晓芒：《中西文化视域中 Being 的双重含义》，载《深圳大学学报》（人文社会科学版）2003 年第 2 期。

须显现出来,只要世界性的和历史性的林中空地是宁静的地方性的话,而此宁静本原性地道说的话。因此,海德格尔的思想是通往语言的途中。"[1] 遵循现象学的方法,海德格尔这里论述语言是要把语言作为语言带向语言,其追问的存在问题也变成了由语言敞开的存在,在他看来,语言将物聚集并呈现出来。本文导论"海德格尔对现象学名称的阐释"一节我们也指出,海德格尔对现象学的"学"的阐释是与语言相关的。而且在海德格尔那里,谈到现代社会的诸多问题,最后的解决都归结为语言问题。

### 一、语言的本性:道说

"本性",海德格尔用的是 Wesen,这个词一般翻译为"本质",本质与现象构成一个对立面,本质是内在的,现象是外在的。因为海德格尔是反对二元论的,在他这里,Wesen 不是与现象对立的本质,因此我们在这里译成"本性",本性就是事物成为事物自身所具有的特性。因此这里有两点值得注意:一是克服传统本质和现象的对立观念,仿佛只要给出一个本质概念就能把握和认识事物。对此,海德格尔说:"据此,在思想中探讨语言意味着给出一个关于语言之本性的观念……我们并不想对语言施以暴力,并不想把语言逼入既定观念的掌握之中。我们并不想把语言之本性归结为某个概念,以便从这个概念中获得一个普遍有用的、满足一切表象活动的语言观点。"[2]

---

[1] 彭富春:《无之无化——论海德格尔思想道路的核心问题》,上海三联书店 2000 年版,第 107—108 页。
[2] GA12,p.10/《海德格尔选集》,第 982 页。

二是克服我们传统的对本质追问的那种刨根问底的提问方式，海德格尔的方法并非传统的归纳演绎的论证方式，而是现象学的去蔽和显现，回到对事物的本性的把握，回到存在自身。在海德格尔这里，本性也不是靠人的追问来获得的，而是本性已经预先发生并允诺给人的。海德格尔说："同样，如果我们追问本性，亦即追问语言之本性，那么，所谓的本性也必须已经被允诺给我们了。凡探问和追问都需要它们所问及的东西和它们深入探究的东西的先行允诺。任何问题的提出都是在被追问的东西的允诺中发生的。"[1] 因此，海德格尔说这种追问本身也是一种顺应和倾听。实际上，在海德格尔这里，"本性"一词也可以视作海德格尔"存在"一词的表达，道说是语言的本性也是语言的存在，另外在《语言的本性》一文中，海德格尔把本性理解为在场，而在场也是海德格尔的存在。他说："我们把本性理解为动词，解作在场者和不在场者。这意味着一种持续的现身、逗留。但它的意思要多于单纯的持续和逗留，它意味着在持续之际关涉我们，并为我们引领前进的道路。"[2]

《在通向语言的途中》一文中，海德格尔对于在传统思想中占据统治地位的语言本性论做了一番考察，指出其代表人物是亚里士多德和洪堡，亚里士多德代表了传统语言观的经典结构，即文字显示为声音，声音显示心灵的体验，心灵的体验显示心灵所关涉的事情。海德格尔认为亚里士多德的这种语言观是千百年来欧洲思想中基本的指导性观念。洪堡摆脱了亚里士

---

[1] OWL, p.71/《海德格尔选集》，第1078页。
[2] OWL, p.95/《海德格尔选集》，第1104—1105页。德语"在场"（Anwesenheit）的词根便是 Wesen。

多德的符号论，提出语言不只是一个作品，而是一种活动，是某种特殊精神活动，而且是不断生成的。海德格尔认为洪堡的观点是对亚里士多德以来形而上语言观的深化，并且规定了直到今天为止的整个语言科学和语言哲学。但是海德格尔指出当洪堡把语言表述为精神活动的时候，对语言的表述就不是从语言而是从其他东西那里经验到的，而且洪堡对语言的表述是在近代主体——客体的图式中被表象的。他说："如果我们思考作为语言的语言，那么我们就放弃了通行的语言研究方法。我们不再能够寻求普遍性观念，诸如活动、行为、作用、精神力量、世界观、表达等，我们不再能够在这些观念中把语言处置为那种普遍性的一个特殊情形。通向语言的道路要让人们经验作为语言的语言，而不是把语言解释为这个或那个东西，并因此与语言失之交臂。在语言的本性中可以确定的是语言虽然被概念式地把捉了，但却是通过其他东西而不是语言本身被把捉的。相反地，如若我们仅仅留意于作为语言的语言，那么语言就要求我们首先道出那作为语言的语言所包含的一切。"[1] 在海德格尔看来，形而上学的语言观，还有理论化的侵害，而对语言的各种描述和解释很可能就是理论化的侵害，其中比较典型的是通过对语言的语法分析来获得语言的本性。海德格尔认为是行不通的，他认为一种语法观念包括逻辑和形而上学的观念可以使我们稍稍接近事情本身，但绝不能达到事

---

[1] OWL, pp. 119 – 120/《海德格尔选集》，第1130页。

情本身的真相。[1] 海德格尔指出主语和宾语乃是不适合的形而上学的名称，很早就剥夺了对语言的本性的经验，他说："把语言从语法中解放出来，并使之进入一个更为源始的本性构造中，这是思想和作诗的事情。"[2]

海德格尔的思维方式并非非此即彼的简单模式，正如海德格尔并非简单地否定西方形而上学一样，对于西方传统的一些对语言本性的规定性，海德格尔认为它们也蕴含真理，海德格尔的思想是回到古希腊，海德格尔认为古希腊在场的语言观，主要是逻各斯这个词将存在者之存在带向了语言。[3] 他认为："带向语言意即把存在庇护如语言之本性中。……这个逻各斯，这种置放就是采集者的置放，但对希腊人来说，置放始终也意味着呈送，陈述，讲述，道说。于是，这个逻各斯或许就是表示作为道说的言说，表示语言的希腊名称。不止于此，作为采集着的置放。这个逻各斯或许还是希腊人所思的道说 Sage 的本性。语言或许就是道说。语言或许就是：聚集着让在场者在其在场中呈现出来。事实上，希腊人就居住在这种语言之本性中。

---

〔1〕 正如古代汉语并无很多语法分析，但是汉语和汉字本身有很强的表达性，现在引进西方语法概念来分析汉语，无助于去认识古代汉语和汉字的本性。海德格尔在《艺术作品的本源》中谈到传统的对物之解释"物是其特征的载体"时也有类似的看法，认为简单陈述句的结构即主谓形式只是命题的结构而不是物本身的结构，因此不足以把握物的本性。与此类似，维特根斯坦在很多地方对主谓形式进行了批判。例如，他在《逻辑笔记》中说："正如人们以往总是力图把一切命题都纳入主谓形式。"（参见涂纪亮主编：《维特根斯坦全集》（第1卷），陈启伟译，河北教育出版社2003年版，第24页。）

〔2〕 GA9, p.314/《路标》，第367页。

〔3〕 海德格尔指出："λόγος 逻各斯这一表达要追溯到λέγειν（言说）。……λόγος 逻各斯原来指的并不是科学，而是来源于λέγειν言说 Rede，关于某物的言说。"（GA20, p.115. 中译本：《时间概念史导论》，第111页）。

不过，希腊人从来没有思这种语言之本性，赫拉克利特亦然。"[1] 因此，海德格尔认为作为道说的语言即聚集和置放早已发生，言说是从一起呈放于眼前的东西的无遮蔽状态中获得它的本性的。使遮蔽之物成为无敝之物的解蔽的过程就是在场者的在场，存在者的存在。所以，在作为在置放中成其本性的语言，既不是从声音方面，也不是从意指方面得到规定。而长期以来表达和含义才被视为语言的基本特征，但这并没有真正到达关于语言的本性的源初意义之中。古希腊这种言说的本性在不知不觉中被人遗忘，从而遮蔽了存在向人的显现，最终导致人本身的改变。"我们必须从道说出发来思考语言之本性，并且把这种道说为让呈放［即 λόγος（逻各斯）］和带向显露［即 φάσις（道说）］。要满足这一指令首先还是有困难的，因为作为道说 Sage 的语言本性的那种最初闪现，立即就消失在一种掩盖之中了，并且听任一种对语言的特性的描写占了上风；而根据这种特性描写，语言从此就从 φωνή［公布］及传达方面被表象为一个指称和涵义的系统，到最后，就被表象为一个报道和信息的系统了。"[2]

海德格尔区分了两种言说：sprechen 和 sagen，前者具体化为陈述，描述一个事情、反映一个事情。后者是本真的说，是指引，指示，显示，是合于存在的道说，因此是语言的本性。海德格尔认为，传统形而上学的语言观没有经验到语言的道说，反而使语言的本性自身遮蔽。说和道说不是一回事，有人滔滔

---

[1] GA7, pp. 232-233/《演讲与论文集》，第 246 页。
[2] GA7, p. 250/《演讲与论文集》，第 266 页。

不绝地说,但是并未道说,有人沉默,却能道说许多,道说意味着显示、让显现、让看和听。对此,海德格尔也从词源学上给出了说明,"被道说的东西与被说出的东西之间差异何在呢?……可以让人看到那种把言说经验为 φάναι 道说,把语言经验为 φάσις 道说的情况。φάσκειν [断言、说] 意味着:召唤、带入赞扬的命名、叫作,但所有这一切都是因为它作为让显现而成其本性。Φάσμα 乃是群星、月亮的显现,它们的显露,它们的自行隐匿。Φάσεις 那是道说(Sage);而道说(Sage)意味着:带向显露。……把在场者带入其在场中而使之进入显现和呈放。"[1] 道说将事物带给我们,是存在者的在场和显现。海德格尔认为唯有语言才首次将存在者如其所是地带入敞开之中,凡无语言的地方,如在石头、植物与动物这样的存在者那里,便没有存在者的敞开状态。道说把从未被言说者首次呈交给语词,在语言自身之中看护着物,并通过言说使那迄今为止尚未被遮蔽的东西显露出来,语言之言说乃是从在场者之无蔽状态中发生的。

陈述是描述,道说是指引,如果语言只是陈述,陈述始终只是我们思想的工具,那么道说便是沉默的。语言的本性,在海德格尔那里是一个悖论性表达:陈述遮蔽了语言的本性,而作为沉默的道说将语言带向语言。因此这里最根本的是:本性的语言将语言的本性不是作为陈述,而是作为道说带向语言。"据此海德格尔区分了语言自身。不同于陈述,道说是语言的本性,此本性理解为宁静的排钟,而且对语言中的无之无化是

---

[1] GA7, p.249/《演讲与论文集》,第264页。

本己的。语言以此方式聚集了天地人神，亦即四元。但是陈述并不认识宁静的排钟，而是遮盖和阻挡了它。按照海德格尔的断言，陈述的最后形态不是理解为形而上学的历史判断，而是理解为技术当代的信息，此信息已不再可能道说和不道说。正是在技术的世界里，无家可归显现出来，它作为那值得思考的令思想去经验林中空地的宁静"[1]。

道说作为指引就是让听、让显现、让在场。语言不仅仅是客体含义的表达，不是可以在听觉上客观化为声音序列的音调和声音。海德格尔举例说，当我们要给某个病人以安慰，与之做触动内心的攀谈时，我们并没有把这个人当作客体，同样的道理，语言也不能被客观化，更不能变成加工客体的工具。不是人占有语言，而是人归属于语言，语言将世界开启出来并带给我们，使我们能够居住在世界上。在道说中人不是语言的主人，而是让语言说，语言自身道说，语言只相关于自身，从而拥有自己的自由，"因此之故，道说始终被维系于最高的规律。这个最高的规律就是自由，即一种释放到永不止息的变化所具有的到处游戏着的构造中的自由。那些'犹如花朵一般产生'……这种道说不是思想之表述，而是思想本身，是思想的进行和思想的歌唱"[2]。但是语言说绝非否定人的说，相反，人是道说者，他道说之际让在场者在其在场状态中呈放并且觉知这个呈放出来的东西。只是由于人是道说者，人才能言说。只是人要放弃那种流行的对语言的工具性和技术性的态度，

---

[1] 彭富春：《告别海德格尔（代序）》，载《无之无化——论海德格尔思想道路的核心问题》，上海三联书店2000年版，第4—5页。

[2] GA9, pp. 423 – 424/《路标》，第498—499页。

并且对语言之道说的运作保持开放。

为了摆脱传统形而上学思想的影响,海德格尔不再使用概念,而是词语,因为概念是对象化思维,而词语不是某种表象的东西,而是显示出来。海德格尔还使用很多形象的说法,比如称真理是"林中空地"(Lichtung),思想的道路为"林中路"(Holzwege),语言的本性则被海德格尔称为"宁静的排钟"(Geläut der Stille)。这和海德格尔出生在基督教家庭有关,海德格尔的父亲是一个教堂守门人,在海德格尔的年代西方的教堂到了晨祷和晚祷的时候钟声一片,这个经验让海德格尔把语言规定为"宁静的排钟"。因为在教堂钟声响起后,人们进行祷告,祷告是一种语言行为,表面上是独白,但其实是和上帝的交流和对话,是人在独白中聆听上帝无声的道说,并使自己获得力量,使自己内心变得平静。鉴于其语言性的规定性,道说在此是"宁静的排钟"。"道说道说出,凭借于它使宁静。宁静使宁静,凭借于它鸣奏。以此方式,宁静的排钟将那尚未言说的和那已被言说的聚集为一"[1]。

从表面上看"宁静的排钟"是一种悖论式的表达,在海德格尔思想中存在着大量的悖论式表达。悖论和矛盾的相同之处就是都是对立的,不同之处是矛盾是可以被消除的,自相矛盾

---

[1] 彭富春:《无之无化——论海德格尔思想道路的核心问题》,上海三联书店2000年版,第116页。有人将 Geläut der Stille "宁静的排钟"翻译成寂静之音,这不切中海德格尔的思想。希声可以说是无声,但是海德格尔讲的不是无声,而且通过声音使安宁,德文 Stillen 原义是通过给小孩喂奶使之不哭,正如我们经常呼唤一个人的名字使之安静下来,所以这里的宁静并不是我们所想的空山幽谷里面的寂静,而是使寂静,使安宁。排钟是很多声音的聚集,能让人听到上帝或者真理的声音,使人得到安慰,躁动不安的灵魂得到安宁。

会自行消解，而悖论是不可克服的，而且事情就是在悖论当中发生的，比如康德的二律背反，实际上人类社会存在着大量的悖论，它表明了事情本身的复杂性。"宁静的排钟"是一种悖论式的表达，它一方面是宁静，另一方面是奏响。一方面，"宁静的排钟"敞开为不道说，此不道说属于语言的本性；另一方面，"宁静的排钟"显现为不道说的道说，凭借它在已被言说中言说出那尚未言说的。海德格尔意义上的尚未言说并非没有言说，相反，意味着它自身作为不可言说的沉默于被言说之中，而此尚未言说的正是那已被言说的本源，它给予了后者去被言说的可能性，正是在此已被言说中敞开了那尚未言说自身。因此，在"宁静的排钟"中"宁静"不是无声，不是不动，而是凭借道说的指引蕴含着巨大的力量，它召唤物，使世界和物入于其本性。此种宁静之音是不属于任何人的东西，相反，在其本性上，人被交给了语言，这种声音召唤了万物也召唤了人。

海德格尔所说的本性的语言和不道说的道说在根本上是指引、指示和召唤。海德格尔说要把语言作为语言带向语言，是表明语言之外的其他任何一个东西都不是语言的根据，而且语言也不是万事万物的根据。语言跟万事万物的关系是：语言让万物存在，因为语言提供一个地方并给予人一个世界，人如果能够倾听语言的指引，那么人就可以逗留于一个世界当中，获得他居住的地方。虽然道说有不同的名字，命名、召唤、显现、让看和让听，但是它们最后都相关于同一个东西，即指示。指示不等于符号，符号始终是指向符号之外的，始终是表征一个事物的。比如"杯子"这样一个语音、符号和文字是代表作为实物的杯子本身的，这样一种语言就只有工具性的意义，但是海德格尔讲的本性的语言在根本上是指示，指示是什么意思呢？就是让存在，让在场。

因此，指示区分于符号，指示是符号的本源，正是在形而上学的历史中，道说由指示的意义变成了设立符号的意义，指示和被指示的关系改变为在符号和被标号的事物之间通过约定所形成的关系。指示和被指示的关系是让存在，符号和被标号的关系则是存在者之间的关系，指示遮蔽自身，而符号相反显现出来，从指示到符号的变迁是从存在到存在者的变迁，是基于真理本性的变迁。"这种变迁如此发生，即真理的本性不再解释为遮蔽的去蔽，而是解释为关于事情判断的正确性。但是，这种变迁却本原地立于语言之中，此语言从道说改变成陈述，因为道说和指示是同一的，而陈述却走向了符号。从指示到符号的变迁绝非人的错误，而是回溯于语言中的无之无化，它作为道说沉默于陈述之中"[1]。因此符号必须回溯到指示的本性，此本性在根本上是让显现。至此，传统思想的语言观在海德格尔这里发生了根本的改变，即语言对思想和事情具有指引性，语言是先于思想的，而不是去被动地记录思想。人们首先要倾听语言的言说，然后去思想。我们必须倾听语言给我们指引的道路，然后在这条道路上按照我们自己的方式去对答它，这才是真正的语言和思想的关系。在此，语言不仅是存在的根据，也同样是思想的根据，思想自身也不是作为自在之物，而是作

---

[1] 彭富春：《无之无化——论海德格尔思想道路的核心问题》，上海三联书店2000年版，第126—127页。

为存在的思想。

我们一般认为言说表现为交谈,在交谈中呈现出来,我们在日常生活中也是无时无刻不在交谈。但在海德格尔看来,交谈的前提是倾听,正如前面所讲的人在祷告时首先是倾听上帝的声音。倾听不是交谈的结果,而是前提,交谈首先意味着彼此倾听。人首先是倾听,然后才是言说,当你言说一个语词,首先要倾听这个语词自身在说什么。我们讲语言的本性是指示,语言是如何指引人的呢?"此言说是一关系,言说者和物与世界在其中可以'逗留'。在此意义上,言说者属于言说,凭借于他必须倾听言说。于是,言说者不是随意和任意地言说,而是对应于语言所言说的。人作为言说者而生存,并作为言说者而是人"[1]。因此,虽然语言是人的活动,但不是人规定语言,而是语言规定人。正是在言说中人跟世界相遇,只有当语言揭示了世界,我们才生活在这个世界当中。海德格尔强调人作为言说者而是人,是对传统讲的人是理性的动物的否定,人是语言的存在,语言给人指引道路,人倾听语言,人言说语言,由此,人成为人,而倾听则是听从语言的召唤。传统思想中理性是思想的原则,但是此原则常常会遇到其对立面非理性,但语言不是思想的原则,它是存在的本源。这样一种道说的语言首先给予人存的道路,然后提供思想的指引,最后让人倾听对答与言说。因此这里需要一种根本性的转变。"但由于思首先是一种倾听,不是追问而是一种让自行道说,……语言必须以

---

[1] 彭富春:《无之无化——论海德格尔思想道路的核心问题》,上海三联书店2000年版,第113—114页。

其方式向我们允诺其本身,亦即允诺其本性。语言作为这种允诺而成其本性。我们始终已经倾听着这种允诺,但我们没有思这种允诺。假如我们不是处处倾听着语言的允诺,那么我们就不能使用语言的任何词语。语言作为这种允诺成其本性。语言之本性显示为道说,即显示为语言之本性的语言"[1]。人的言说首先是倾听,在于语言是道说,唯有当语言被贬降为一种交往工具和组织工具时,人仿佛成了语言的主人。

海德格尔在探讨人的时候,回溯到希腊人对人的规定,认为如果我们充分思考了语言的本性和逻各斯的本性,就可以将古希腊"人是具有逻各斯(λόγος)的动物"译为"人是具有话语的动物"而不是传统的"人是理性的动物"。海德格尔又将逻各斯解释为聚集,把几个分散的东西集中为一,并同时把这个一,在其在场化中自行显示出来。而本真的听是由逻各斯决定的,本真的听归属于逻各斯,海德格尔说:"在作为同一置放的置放中有本真的听。因此,本真的听是一种置放,它让事物呈放于眼前,让已经一起呈放于眼前、并且从某种置放而来呈放于眼前的东西呈放出来,这种置放关涉到一切从自身而来在其呈放中一起呈放于眼前的东西。这种别具一格的置放乃是 λέγειν,而逻各斯就作为这种置放而发生出来。"[2] 在海德格尔这里,言说不是由表达意义的声音来规定的,道说是被聚集起来的让事物一起呈放于眼前。而真正的听也是这样一种自行聚集,听本身就是一种置放,不是听终有一死者的说话,而

---

[1] OWL, p.76/《海德格尔选集》,第1083页。
[2] GA7, p.221/《演讲与论文集》,第229页。

是听从采集者的置放,即留神于要求和呼声的自行聚集。听首先是被聚集起来的倾听,而所听在倾听中现身而出。

这种对语言的倾听也是对人类命运的倾听,是对终有一死者的命运的听从,听不仅仅是因为人有耳朵,而是因为人归属于存在,归属于语言。[1] 对终有一死的人来说,本真的听也是服从自身的命运。语言是派送给人的,是历史性的,并相关于人类的命运。"如果你们首先归属于这种采集着的置放,你们就真正地听了,这样一种听存在,因为有一种'让一起呈放于眼前'发生,……如果有一种'让呈放于眼前'的'让呈放'出现,就有命运性的东西发生,因为原本命运性的东西,即惟一的命运,就是:统一着一切的惟一"[2]。这种命运性的东西通过语言让事物呈放于眼前,让一切在场者和不在场者进入自己的位置和轨道,并且把一切都聚集和庇护到统一体中,由此,所有存在者都总是能顺应和适应于本己。现代人不再听从和顺应自身的命运,反而是僭越了自己。海德格尔指出人的声音来源于天地人神,来源于世界,世界又来源于历史,历史又来源于语言之道。这样,语言一方面回到本性,另一方面给予万事万物自身的指引让它自己在场显现。

最终,语言是终有一死的人的栖身之所,"……终有一死的人以这种方式居住于语言之说中。语言说。语言之说令区分

---

[1] 此类似庄子在《人间世》中说:"无听之以耳而听之以心,无听之以心而听之以气,听止于耳,心止于符。气也者,虚而待物者也。唯道集虚。"庄子这里否定了生理的和个人情感的听,而是强调直接听物本身。

[2] GA12, p. 230/《演讲与论文集》,第 242 页。这段引文是海德格尔本人对赫拉克利特箴言(残篇第五十)的一个翻译。

到来。区分使世界和物归隐于它们的亲密性之纯一性中。语言说,人说,是因为人应合于语言。应合乃是听。人听,因为人归属于宁静的排钟。问题根本不在于提出一个新的语言观。重要的是学会在语言之中居住。为此需要一种持久的考验,看看我们是否和在何种程度上能够作本真的应合——这就是在克制中抢先。因为:人只是由于他应合了语言才说。语言说,语言之说在所说中为我们而说"[1]。人首先要倾听语言才能说,人居住于语言中,居住是存在,人之所以存在,是因为语言对人的召唤指引。语言和人的关系既联系又分离,当分离时语言回到自身,人倾听回答,沉默是人的言说。沉默对应"宁静的排钟",是言说中的沉默,并不是无言,但现代社会人的言说被技术化了,海德格尔认为现代技术的本性是构架,被架构的语言则成为信息语言。在现代社会,人和语言的关系发生了转变,语言成了人的工具和占有物,因此,面对现代社会的诸多问题,海德格尔寄希望于人与语言关系的再次转变。

## 二、语言的划分:诗意语言

从不同的角度对语言可以做不同的划分,面对现代社会越来越强大的技术化的信息语言,海德格尔则要回到语言自身,即纯粹的语言,纯粹语言的典型形态是诗意语言,此也是符合语言本性的语言。海德格尔对诗意语言的论述主要集中在其对诗歌的分析中,同时也是用诗歌来彰显语言的本性。

海德格尔区分了三种语言:第一种是日常语言,是混沌的,

---

[1] GA12, p.29/《海德格尔选集》,第1002—1003页。

但其本性是诗意语言，只是人们在日常的交往中磨灭了其诗性。海德格尔认为自然语言并非形而上学的，对日常语言的阐释才是形而上学的，是基于希腊存在论解释的。另外，日常语言往往沦为闲谈，其根本内涵丧失，道说沉默，人在惶惶不安中通过一种不加选择的言谈来逃避，而这种闲谈则来自人根本上的无聊状态。海德格尔说："但是，语言在何时才能作为语言而言说自身呢？说来也奇怪，竟是在我们不能为那种关涉我们、掠夺我们、压迫和激励我们的东西找到恰当词语的地方。于是，我们任我们所意味的东西未被说出，并且在没有对之深思熟虑的情况下去经受那样一些瞬间，在其中，语言本身凭其本性从远处而来稍纵即逝地触及我们。"[1]

第二种是理论语言。包括传统的形而上学的语言和现在的技术化语言，技术化语言最根本的特点是对一切事物都进行信息处理和技术处理。特别是现阶段和我们日常生活密切相关的信息语言，它主要是对自然语言的形式化，但是偏离了语言的本性，海德格尔批评道："然而，即便在一条漫长的道路上我们可以看到，语言本性问题决不能在形式主义中将它变成计算的一个部分而得到解决，相应地，我们必得说自然语言是不可形式化的语言，甚至在这里，自然语言仍旧是受到否定性的规定，其出发点是对形式化的可能性或不可能性的反对。"[2] 虽然形式化的语言总是求助于自然语言，但是它把语言的自然因素理解为缺乏形式化，而没有认识到原初的自然 nature 本身是

---

[1] OWL，p. 59/《海德格尔选集》，第 1063 页。
[2] OWL，p. 132/《海德格尔选集》，第 1144—1145 页。

physis（希腊文 Φύσις），它本身是自身的涌现。语言在技术的世界里最后成为信息，语言自身沉默，它在现代的世界中萎缩为信息，于是语言的本性被消灭了，语言的技术化使自然语言转向信息语言。"信息论将自然语言形式化，亦即这样，他将自然语言定做为构成者。……语言丧失了其自然，凭借于不道说的神秘的力量消失掉了。它从现在起只是构架的一纯粹的可定做的构成者。在构架中，那可感觉的语言既非缪斯的歌声，亦非神人的消息，亦非人之人性的诗篇"[1]。于是语言不再是指示，而是符号，不是显现，而是约定。技术的本性是构架（Ge-stell），技术世界要求去远和无距离性，快速和程序化。在程序化中存在着语言的控制，于是语言自身控制自身。借此语言也控制世界，世界展开于信息的传达和反馈。语言的技术化排除了对语言的倾听，而语言是人存在之所，因此，语言的技术化最终是人的存在的技术化。

第三种是纯粹语言，对海德格尔来说，日常语言和理论语言都是不纯粹的语言。我们知道，海德格尔并未直接回答存在是什么，而说存在存在化，将存在动词化，表面上是不合逻辑的同语反复，但是它是表明存在就其本性而言，它只关涉它自身，这便是所谓的纯粹性，正如在康德那里，纯粹理性只相关于自身。海德格尔纯粹的语言只是语言自身言说，它不是事情的表达，而是语言自身的展开。语言自身说话表明它是纯粹语言，但纯粹语言不同于日常语言和理论语言，而是诗意语言。

---

[1] 彭富春：《无之无化——论海德格尔思想道路的核心问题》，上海三联书店 2000 年版，第 151 页。

人是语言的存在,因此纯粹语言关涉于人的存在,是人的家园,所以海德格尔中期有句名言:语言是存在的家园。

海德格尔认为诗意语言是最接近语言本性的,或者说就是语言自身本性的揭示,因此是纯粹的语言。海德格尔认为在目前这个技术化的世界,我们应该让诗意的语言来言说,也就是要去聆听诗意语言中已言说的道理。"但是,什么是这个纯粹的语言?它只是诗意的语言。不过,纯粹语言每次都完成为纯粹已被言说的。……诗意语言在此既非言谈,它敞开了世界的意义,亦非创立,它建立了历史的真理,而是语言的保藏,它让那自身言说的语言道说"[1]。在此意义上,语言在本原上是诗意的并由此是诗作。日常语言和理论语言只是语言诗意本性的遗忘和扭曲,并因此是不纯粹的语言,但是它却必须回归于其纯粹的本性。海德格尔这里的诗意并非我们日常理解的诗情画意的诗意,而是指倾听,因此诗意语言便是倾听语言,纯粹语言在现实中最典型的便是诗意语言。诗意语言是诗人言说的语言,诗人言说和我们一般人的日常语言区别在于:诗意语言是诗人倾听了语言自身言说的语言。在此,海德格尔的诗意在根本上是接受尺度而不是给予尺度。诗意是听语言自身,但是海德格尔的听和传统的听又有区别,比如古希腊的荷马是听缪斯的声音,中世纪是听上帝的声音,在海德格尔这里是语言自身说,正是诗意语言倾听了纯粹语言的言说并且把它表达出来,这也是为什么海德格尔特别推崇诗意语言。

---

[1] 彭富春:《无之无化——论海德格尔思想道路的核心问题》,上海三联书店2000年版,第111—112页。

海德格尔对诗意语言的分析主要集中在对诗歌的分析中。海德格尔认为纯粹的言说是诗歌，这是从语言到诗歌，与此同时也是用诗歌来显示语言，二者是同一个过程。在日常生活中，我们将就着使用贫乏的语言表现那些浅表的关系，一旦我们言谈的是那种较深的关系，诗的语言便会立即进入。海德格尔对诗歌的分析最主要是对荷尔德林[1]诗歌的阐释。正是在诗歌中，词语作为一个富有感性的意义行走在广阔的大地与神圣的天空之间的广阔地带。语言所敞开的是这样一个领域，在这个领域内，处于天地之间的人居住在世界之家园中。诗人能够把迄今为止尚未被说的东西带向语言而表达出来。"终有一死者的说是命名着的召唤，亦即那种从区分之纯一性而来令物和世界到来。终有一死者的纯粹的命名已经为诗歌（Gedichtes）所说。本真的诗（Dichtung）从来不只是日常语言的一种曲调（Melos）。毋宁说，日常言谈倒是一种被遗忘了的、因而被用滥了的诗歌（Gedicht），从那里几乎不再发出某种召唤"[2]。

另外，诗歌使语言纯粹、纯正，敞开、强化了语言。海德格尔说源始的语言就是诗，存在凭借它被确立。"首先，诗的活动领地就是语言，因此，要理解诗的本性就必须理解语言的本性。这样一来就很清楚：诗是为存在及万物之本性的最初命名——诗不仅仅是言说，而是那种首先让万物进入敞开域的道

---

[1] 弗里德里希·荷尔德林（Fr. Hölderlin, 1770—1843）是德国浪漫主义时代的诗人，一生贫穷潦倒，晚年精神错乱，死后几乎被遗忘了近一百年，直到20世纪中叶才重新被发现，海德格尔一生都非常倾注于他。海德格尔曾说德国人是诗与思的民族，而他本人和荷尔德林便可以看成是海德格尔自己强调的这两种道说的语言形式思与诗的典范。

[2] GA12, p. 28/《海德格尔选集》，第1001—1002页。

说,我们进而在日常语言中谈论和处理所有这些事物。所以,诗从来不把语言当作现成的材料来接受,相反,正是诗才使语言成为可能。诗是历史性民族的原始语言。这样,我们就不得不反过来从诗的本性那里来理解语言的本性"[1]。我们对世界、对人、对神圣之物所持有的通常看法,通过诗意的言说便会变得珍贵,变得神秘,而这种起变形作用的崇高化是通过一种强化了的语言来实现的,这种强化是一种走向单纯的强化,它使得语言变得更加纯粹。

语言的本性是道说,而诗歌是纯粹的语言,诗歌保存了语言的纯粹性,因此,诗歌的源头在于道说,同时道说在诗歌中的涌现和诗歌对道说的回复又是不停的、动态的。因此,"作诗意谓:跟随着道说,也即跟随着道说那孤独的精神向诗人说出的悦耳之声。在成为表达意义上的说之前,在最为漫长的时间内,作诗只不过是一种倾听。孤独首先把这种倾听收集到它的悦耳之声中,借此,这悦耳之声便响彻了它在其中获得回响的那种道说"[2]。因此,诗人吟唱着的道说,并不是要求那种最后通过人的所作所为而获得的东西,这种道说也就是在场。"在场状态意谓:单纯的期备,它没有意愿,不计成效。而在场就是:纯粹的让自行道说"[3]。在这样一种道说中,在场者无需成为对象,并没有某物被设定为对象和表象客体,而是显示为一种无迹可求的气息,显现出在道说中被允诺的东西。而且诗歌作为歌颂的道说,能使在场者达到自身最完满的状态。

---

[1] GA4, p. 43/《系于孤独之途:海德格尔诗意归家集》,第 301 页。
[2] OWL, p. 188/《在通向语言的途中》,第 70 页。
[3] GA9, p. 78/《路标》,第 86 页。

这种推动着诗意的道说，作为诗歌隐蔽的源头，也是流行的各种诗歌解释的隐蔽的源头，它使得那种在一切诗意地被道说的东西中闪光的纯粹性首度显露出来。"……从（诗歌）所说的地方涌出一股泉流，它总是推动着诗意的道说。但这股泉流并不离弃诗歌所说的地方，它的涌出倒是让道说的一切运动又流回到这个总是愈来愈隐蔽的源头之中。诗意的语言是运动着的泉流之源泉，这个诗意言说的地方蕴藏着那个最初可能对形而上学和美学的表象活动显现为韵律的东西的隐蔽本性"[1]。因此，对在海德格尔看来，从道说来理解诗歌和诗意才是最根本的。

## 三、诗歌

诗歌如何道说存在呢？诗歌正是通过给存在者命名来道说存在，并且诗歌通过召唤将天空、大地、诸神和要死者聚集到自身。"命名意谓着：召唤出来（hervor-rufen）。在命名中聚集起来的被存放者，通过这样一种置放得以呈放和显露。从 λέγειν [置放] 方面来思的命名（ὄνομα）并不是某个词义的表达，而是让某物在一种光亮中呈放出来——某物由于拥有一个名称而置身于这种光亮中。"[2] 诗人的天职是还乡，即返回到本源思想的亲近处，返回物之本性。诗歌和思是道说存在的两种不同的方式。

诗歌是对存在者无遮蔽状态的言说，在这里，语言通过诗

---

[1] OWL, p. 160/《在通向语言的途中》，第 30 页。
[2] GA7, p. 228/《演讲与论文集》，第 240 页。

歌第一次给存在者命名,从而首次将存在者带入言词与显明。在现代社会,神圣的名字还很匮乏,因为神灵的隐循,正是诗歌通过给物命名而保存物。只有通过对存在者的命名,才从其存在那里把存在者指派给它的存在。"在诗歌中什么发生了,通过海德格尔的《荷尔德林和诗歌的本性》,它是存在的最初的命名和所有事物的本性。"[1] 而人正是从语言的言说中接收到事物的本性的,语言自始至终地把我们引向事物的本性。一个诗人愈是具有诗意,他所言说的愈是自由,对尚未预见到的东西敞开得愈多,他具有的纯真性就愈大,他把这种纯真性呈现出来,但远离那纯粹的命题陈述。因此,诗不仅仅是说,而是命名,这种命名并不是分贴标签,运用词语,而是召唤物,被召唤者在召唤中现身在场。海德格尔以此分析一首具体的诗歌《冬夜》[2]:

雪花在窗外轻轻拂扬,
晚祷的钟声幽幽鸣响,
屋子已准备完好
餐桌上为众人摆下了盛筵。

只有少量漫游者,
从幽暗暗径走向大门。

---

[1] *Aesthetic World Disclosure in Kant and Heidegger*, Dissertation by Jonathan Maskit, Northwestern University, 1996, p. 167.
[2] [德]海德格尔:《在通向语言的途中》,孙周兴译,商务印书馆2004年版,第7—8页。

金光闪烁的恩惠之树
吮吸着大地中的甘露。

漫游者静静地跨进；
痛苦已把门槛化成石头。
在清澄光华的映照中
是桌上的面包和美酒。

海德格尔从这首诗分析道：命名令物在场，并使物成为物与人相关涉。在这首诗中，落雪把终有一死的人带入暮色苍茫的天空之下。晚祷钟声的鸣响把终有一死的人带到神面前，而屋子和桌子把人与大地结合起来。这样，天地人神四元聚集在一起，物让四重整体逗留于自身，这就是物物化，这种在物物化中逗留的天地人神的四重整体便是世界。正是在命名中，获得命名的物被召唤入它们的物化中，物化之际，物展开世界，物在世界中逗留，物由于物化而成为世界。"物化之际，物才是物。物化之际，物才产生世界"[1]。

在海德格尔那里，这种命名关系有时候也用另外两个词来表达，即词与物的关系，他说诗人在歌唱，诗人唱的无非是他所预感到的词语的秘密，他以令人惊奇的诗意的方式把词语隐藏的本性带到了近处，诗以不同的方式道说完全不同的东西，但这些道说的同一性就是存在与词语的关系。海德格尔说：

---

[1] GA12, p.19/《海德格尔选集》，第992页。

"我于是哀伤地学会了弃绝,词语破碎处,无物可存在"[1]。没有词语,万物将不可思议和不可言说,因为后者能够为前者命名。在此意义上,词语不再仅仅是对已经被表象出来的在场者的把握,也不是用来描绘眼前之物的工具,而是唯词语才赋予在场,某物才显现为存在者。

海德格尔这里所说的弃绝并不是不说,反而是道说的一种方式,"弃绝不是陈述,但也许终究是一种道说。弃绝是从动词宽恕派生而来的。指责、命令与显示一词有相同的词根,希腊文 deiknumi,拉丁文 dicere。指责、显示意味着:让看,使……显露出来。而这一显示着的让看就是我们古德语中的 sagan,即道说 sagen 的意思。指责、命令某人意味着:当面向某人道说某事"[2]。弃绝有否定的一面,但同时也有积极的一面。它并非相关于对无论何物的何种占有,而是放弃对某事的要求,拒绝某事。诗人必须弃绝把词语当作描绘被设立的存在者的词语而置于他的支配之下。作为拒绝,弃绝乃是一种道说,弃绝因此保持着与词语的关系,只是由于词语已经在另一种高度的支配作用中显示自身,所以,与词语的关系也必须经历一次转变。"诗人何往?去往他学会的弃绝。这种学会乃是一种突兀的瞬间经验,那会儿诗人洞明了词语的完全不同的规则,动摇了诗人从前的道说的自我确信。诗人洞明了意外的、骇人听闻的事情,那就是:唯有词语才让一物成为物。从此以后,诗人必须应合于词语的这一神秘——这一几乎没有猜度到、

---

[1] OWL,p. 143/《在通向语言的途中》,第 229 页。
[2] OWL,p. 142/《在通向语言的途中》,第 218—219 页。

只有在沉思默想中才可猜度的神秘。唯当诗意的词语以歌的音调发声,诗人的这种应和才能成功。"[1] 诗人获取物的经验不是获得某种单纯的知识,而是进入词与物的关系之中,但这种关系并不是一方物和另一方词语之间的关系,物就停留在这种关系中,词语让物作为物而在场。这样一种让就是造化,诗人并没有说明这种造化是什么。但诗人把自己,亦即把他的道说,允诺给词语的这一神秘。在这种自身允诺中,弃绝者自身拒绝了他从前所意图的要求,来直面词语的神秘,直面在词语中的物的造化,它让存在,存在隐蔽地更纯粹地呈示给我们了。

诗歌不仅是命名,还是召唤,是对命名之物的召唤,在诗歌《冬夜》开头,雪花在窗外轻轻拂扬,晚祷的钟声幽幽鸣响。这句话中命名了雪花,晚钟命名了冬令时刻,但是命名并不是像贴标签一样把词语挂到熟悉的对象上面,而是召唤,"命名在召唤。这种召唤把它所召唤的东西带到近旁。但这种带到近旁并非带来被召唤者,从而把它置于最切近的在场者领域中,并且把它安置于其中"[2]。因此,召唤预示把先前未被召唤者的在场带入某个切近处,但召唤并非取消被召唤者的遥远状态,被召唤者还被保持在此遥远状态中。亲近和遥远的关系在此聚集为遥远的亲近,遥远的亲近依此不是距离的消除,而是保持遥远和走向亲近,因为距离本身作为一种数量和多少并非亲近和去远的本源意义,在海德格尔

---

[1] OWL, p.148/《在通向语言的途中》,第226页。
[2] GA12, p.18/《系于孤独之徒:海德格尔诗意归家集》,第245页。

这里，亲近的本性不是距离，而是走进，是四元世界的亲密运动。

诗歌首先召唤神圣性。[1] 海德格尔借诗人荷尔德林说：在贫乏的时代，诗人何为？荷尔德林的时代指的是上帝缺席，但并不是基督教的上帝不存在了。"上帝之缺席意味着，不再有上帝显明而确实地把人和物聚集在它周围，并且由于这种聚集，把世界历史和人在其中的逗留嵌合为一体。但是上帝之缺席这回事情上还预示着更为恶劣的东西，不光是诸神和上帝逃遁了，而且神性之光辉也已经在世界历史中黯然熄灭。世界黑暗的时代是贫乏的时代，因为它一味地变得更加贫困了。它已经变得如此贫困，以至于它不再能觉察到上帝之缺席本身了"[2]。由于上帝缺席，世界便丧失了它赖以建立的基础，丧失了基础的世界时代悬于深渊中，但是如果人没有事先为上帝准备好一个居留之所，上帝便无处重新降临，如若神性之光辉没有事先在万物中开始闪耀，上帝也不能以一种合乎神之方式居留。也就是说，唯当时代已经借助于人的方式发生了转变，诸神才可能返回。而在海德格尔和荷尔德林这里，正是通过诗歌为神预备

---

[1] 但是海德格尔和荷尔德林讲的神圣性有着本质的区别。荷尔德林讲的神圣之名是有名的，就是古希腊的诸神，中世纪的上帝还有近代的神性，但是海德格尔讲的神，是语言召唤出来的神性这个维度，不是历史上的任何一个神。海德格尔上帝的缺席并非上帝不存在了，而是不在场的在场，"上帝和神性者的缺失就是不在场状态，不过，所谓不在场并非一无所有，而不如说，不在场乃是那种恰恰首先要自行发生的在场状态，也就是隐蔽而丰富的曾在者和如此这般聚集起来的本质现身者的在场状态，是希腊世界中，预言的犹太教中和耶稣布道中的神性者的在场。这种不再本身就是一种尚未，也就是它不可穷尽的本性的隐蔽到达的尚未"。（GA7, pp. 185–186/《演讲与论文集》，第 193—194 页）

[2] H, p. 265/《林中路》，第 242—243 页。

居留之所。

诗歌不仅召唤神性回归，而且要使之作为人的尺度。人以神性来度量自身，因为神本是人的尺度，诸神远去，人愈是不知所措。在诗歌中，不可知的神通过天空的显现乃在于一种揭露，它让我们看到自行遮蔽的东西。"诗人之为诗人，并不是要描写天空和大地的单纯显现。诗人在天空景象中召唤那个东西，后者在自行揭露中恰恰让自行遮蔽着的东西显现出来。而且是让它作为自行遮蔽着的东西显现出来"[1]。诗歌召唤神，人按照某种神圣之物来测度自己，这种测量不是几何学的，不是科学，而是使人的居住获得安全性。神是人的尺度，人则是神的形象，以神性来衡量自身为尺度的要求达到心灵，从而使得心灵转向尺度，在这种达到和转向中，人就能诗意地居住在大地上。

此外，诗歌还召唤物，近代以来人的主体性日益增强，人用一种强烈的意愿和意图将物对象化，客观化和表象化。物被带到人面前，不同于现象学的物自身显现出来，物事先已经被表象了，这里的意愿和意图已经把世界作为可制造的对象之整体设定起来了。这种意愿也规定着现代人的本性，而现代人对此却毫无所知，而且这种情况愈演愈烈，人的意愿变成了思想的暴力，它命令一切，事先就把一切逼入它的领域之中，将一切都变成这种意愿的自身贯彻的制造的材料，地球即大地变成原料，人变成被用于更高级目标的可利用的工具，最终把自己生命的本性交付给技术制造去处理，海德格尔认为现代科学和

---

[1] GA7, p. 204/《演讲与论文集》，第210页。

集权国家也都是技术之本性的必然结果。于是旧日成长的事物迅速消逝,这些事物一经对象化后就不再能够显示自身的特色了。技术化使得物之物性丧失,同时人之人性也随之丧失了。因此,人本身及事物都面临着一种日益增长的危险,就是要变成单纯的材料,而没有看到人的本性基于人与存在的关联。[1]

在海德格尔看来,这种计算性技术化的方式使得直观,包括审美直观变得不可能,而这种思想的源头则是笛卡儿"我思故我在"开启的意识哲学。在这里,物作为意识表象的对象。"这种表象有所呈现。但呈现出来在场的东西是一种具有计算本性的表象。这种表象不知道任何直观的东西。物之外观的可直观因素消失了,即提供给直接的感性直观的形象消失了。技术的计算性制造是一种无形象的活动。面对直观形象,有意的自身贯彻活动在它的种种筹划中仅仅基于计算的建构。当世界进入人为构造的对象领域时,世界就被摆置到非感性的东西和不可见的东西中去了"[2]。但是海德格尔也指出,几乎与笛卡儿同时,帕斯卡尔发现了对立于计算性逻辑的心灵的逻辑。"在内心不可见的最内在深处,人才切近于为他所爱者:祖先、

---

[1] 海德格尔在《林中路》中转引了诗人里尔克《穆佐书简》的一段话来说明这个问题,主要是现代社会的技术化使人之人性和物之物性都失去了:"对我们的祖父母而言,一所'房子',一口'井',一座熟悉的塔,甚至他们的衣服,他们的大衣,都还是无限宝贵,无限可亲的;每一事物几乎都是一个容器,其中能发现人性,保持和加进人性的东西。现在到处蜂拥而来的美国货,空忌而冷漠的东西,伪善的东西,是生命的冒牌货……一座美国人所理解的房子,一个美国苹果或一棵美国葡萄树,都与我们的祖先的希望和挂念的房子、果实、葡萄毫无共同之处……"(参见《林中路》,第 263 页)。海德格尔本人是反对美国主义的,在他看来,美国主义就是技术加民主,而民主也是人类社会中技术主义的产物。

[2] H, p. 301/《林中路》,第 275—276 页。

死者、儿童、后人……虽然这种在场与那种计算性制造的习惯意识一样,也是一种内在性的在场,但是,非习惯意识的内在东西保持着一个内心世界,在此内心世界中,万物对我们来说超出了计算性的数字性,从这种障碍中解放出来,而充溢地流入敞开者的无界限的整体之中"[1]。

通过召唤,诗歌将天空、大地、诸神和要死者聚集到自身之中。此四元在相互依存的四元世界中获得源始的统一,这种聚集便是物的物化。而在技术占据统治地位的现代社会,物之物性已然褪去,美妙之物隐匿自己,世界变得不美妙了。"人们大谈特谈的具有特别杀伤威力的原子弹,并不是致命的东西。早已用死而且用人的本性的死亡来威胁着人的,乃是对一切事物的意愿的自我认定意义上的完全的绝对的意志。在人的本性

---

[1] H, p. 302/《林中路》,第276页。对于海德格尔来说,真正的事情本身需要两个转变。一个是在认识方法上,需要一种有别于主客二分科学计算的新的认识方式;另一个是要认识对象上要转向科学之外的历史艺术语言等人文领域,这些也是海德格尔一生致力追求的新的思的方式,他说:"我们充其量可以促使那些推动和尝试这些证明的人们去注意这样一回事情,即:他们并没有看到他们已经看到的东西,他们没有眼睛去识别已然进入他们的眼帘之内的东西。当然,并非尽人皆有这只眼睛,它不仅适合于人们看到的东西,而且适合于人们在看所看之物时已然收入眼帘的东西。这只眼睛具有区分能力,能够区分出自行显示的并且本质上进入敞开域中的东西与不能自行显示的东西。预先显示自身的东西,诸如φύσει ὄντα中的 φὺσις,诸如一切历史性过程中的历史,诸如一切艺术作品中的艺术,诸如一切生命体中的生命,这种已然收入眼帘的东西最难被看到,最少被把握,几乎总是被伪装为某种纯粹事后追加的东西,因而恰恰被忽视了。不过,并非每个人都需要把在一切经验中已经获得视见的东西专门收入眼帘之中,而只有那些人,他们要求对自然、对历史、对艺术、对人类、对存在者整体作出某种澄清,或者也作出某种追问。当然,在逗留于这些存在者领域中的行动着和认识着的人中,也并非每个人都需要特别地去思索已经见到的东西,但他也不可忽视这些东西,或者甚至仅仅把它当做'抽象物'抛向无关紧要的东西,如果他想真正立身于他立身的地方的话。"(GA9, p. 263/《路标》,第304—305页。)

中威胁着人的,是这样一种出自意志的意见,即认为:依靠对自然能源的和平解放、改造、储藏和控制,就能使人人都觉得做人是可以容忍的、而且是完全幸福的"[1]。近代启蒙主义的理想和资本主义社会的构架方式,即通过理性的安排,科学技术的进步来建立美好的社会,但是现实的残酷已经让这种人间天国的伟大梦想破灭了。从叔本华开始,特别到弗洛伊德那里,理性本身就受到了挑战。人们在现实生活中表面上是井然有序的,但实质上无处不受技术化程序化的控制。人在社会中仅仅作为一个角色因而变得可有可无了,物由技术制造而变得千篇一律,其意义已经丧失。

海德格尔引用荷尔德林的诗句:"哪里有危险,哪里也有拯救。"由此,诗歌关涉人类的命运和历史,拯救必须从终有一死的人的本性之处而来。世界时代基于存在的命运,它也要求着人类,荷尔德林便是呼唤新时代的先行者,先行者不可超越,同样也不会消逝,因此荷尔德林的诗作是曾在。在海德格尔的时间观中,并没有过去,而是曾在,即还在对现在和将来起作用,而一味地消逝过去的东西是无命运的东西,曾在的东西则是有命运的。因此,荷尔德林的诗歌并不需要成为历史学的对象,因为其本身便是历史性的,而且因为他的诗歌揭示了人的本性和命运,也即那个拯救人类的命运,因此具有更高的历史性。在这里,诗歌不仅仅是人生活的装饰品,或稍纵即逝的热情抑或一种兴趣娱乐还是支撑历史的基础,因为诗歌和人类历史和命运的关联,所以诗歌是真实的,而不是所谓的幻境

---

[1] H, p. 290/《林中路》,第266页。

和梦,也就是说,诗表面上仿佛是不真实的,但本质上却是真实的,而且诗确立了人类的历史活动。诗就是为神灵命名的最初仪典,是为事物的本性命名的最初仪典。当诗人的心灵向这些超人的力量敞开时,他就把这些与人最亲近、然而却对人的存在有举足轻重影响的力量加以敞现,这就是诗人为神灵命名。如希腊人深知战争、爱情、智慧、光明等的力量远胜于人,于是就通过诗人将它们命名为战神、爱神、智慧神、太阳神等,当这样做时,人也就同时在确立着自己的历史性存在。因此,海德格尔认为,荷尔德林的诗歌并不需要历史材料作为客体,但是在最高的意义上却是历史的。因为他的诗歌是歌唱天命,天命将人类投入其仍被保留的本性之中,也就是说,他的诗歌唱了拯救了人类的天命。而荷尔德林所处的时代,正是存在遗忘的贫乏时代,然而,即便这种遗忘就是这个时代的本性,我们也并不能仅仅把荷尔德林的诗作为一种审美避难所,也不可以从诗人所创造的形象中去制造人为的神话,唯一的必要的事情是:"冷静地思考他的诗中所言说的东西,去经验还未言说的东西。这就是存的历史之途。如果我们达到并进入这条途径,它就会把思引进与诗的对话。这是一场具有存在的历史性质的对话。"[1]

正如前文论述艺术家的创造是显示真理,人是倾听语言的道说,在这里,谁是诗歌的作者并不重要。[2] 海德格尔甚至认

---

[1] H, pp. 269-270/《林中路》,第246页。
[2] 哲学思想也是如此,海德格尔并不看重哲学家本人在思想中起的作用,海德格尔说亚里士多德的生平:"他生出来,他工作,他死了。"这话形容海德格尔本人也差不多。因为海德格尔追求的是真理,也就是现象学的事情本身,而不是个人意见,海德格尔反对主观主义、个人主义,反对个人体验,他强调的是真理,是事情本身。

为一首诗的伟大正在于它能够掩盖诗人本人和诗人的名字。因为诗人首先是聆听，聆听语言和命运，如同古希腊是聆听缪斯女神，他的语言成了跟着说，成了诗。诗人是诗意的追问，而诗意便是倾听。

但是这绝不是说，诗人是完全被动的，相反，诗人写诗是最自由的，是自由的游戏，"每一创建都是一种自由的馈赠，荷尔德林曾听说：让诗人像燕子一样自由。然而这种自由不是毫无约束的任性和顽固执拗的欲望，而是最高的必然性"[1]。但是这种游戏绝非消遣而是关涉到人类命运，诗只是表面看来像游戏。游戏诚然能将人集合起来，但在游戏中游戏者却遗忘了自身，而在诗中，人却在自己生存的基础上重新聚合起来。在诗中，人进入一种憩息状态，但并不是思维毫无活动，而是处于人的各种潜能和谐运作的那样一种无限的状态。所以荷尔德林称写诗为人所从事的活动中之最纯真者，写诗看来像是一种朴素的游戏，人性因此重新被庇护在其更平静的童年之中，它无拘无束地创造出一个意象的世界，并沉溺于其中。这种游戏避免了那些严肃认真的决断，而这些决断总会以某种方式滋生罪恶。海德格尔这里谈到了有关艺术和道德伦理的深刻关联，艺术展开的是人类的生活游戏，而不是教科书式的肤浅判断，这种判断往往带有很强的意识形态性，容易成为肤浅的说教，反而导致罪恶。

诗人的自由也绝非消遣，反而是冒险，它引领人们的思想冒险。在诗歌中，语言成为最纯真却也最危险的财富，如何才

---

[1] GA4，p. 45/《荷尔德林诗的阐释》，第50页。

能把这两个说法协调起来?"但是,在何种意义上语言是'最危险的财富呢'?它是险中之险,因为它最先造成了危险的可能性。危险来自存在者对存在的威胁。正是凭借语言,人才将自己暴露给显现之物。这种显现之物作为存在者时,则给人的存在以烦恼和愤懑;作为非存在者时,则给人带来迷惑和失望。正是语言才最先创造了这种对存在的威胁的显现的地方,迷惑甚至存在遗忘的可能性即造成了危险"[1]。而荷尔德林是诗人的先驱,他在走向神圣者之踪迹的途中,他像一个引导者,把我们从一个地方带到另一个地方,因为诗人能体会危险,在大地之上歌唱着神圣者,追踪美妙事物。

写诗是自由和冒险,也是快乐和痛苦。写诗之所以是快乐,是因为它是返回家园,这种本源之切近的亲熟是欢乐的本性。"诗人返乡,是由于诗人进入切近而达乎本源。诗人进入这种切近之中,是由于诗人道说那达乎临近之物的切近的神秘。诗人道说这种神秘,是由于诗人充满快乐地创作诗歌。诗意创作并不仅仅是将快乐带向诗歌,相反地,诗意创作本身就是欢乐,就是照亮,因为在诗意创作中包含着最初的返乡"[2]。但是有快乐的同时也有忧伤,因为需要操心去把对快乐的接近看护起来,由此烦忧也就进入快乐之中。因此,诗人的快乐其实也是他的烦忧,但这里的忧郁并不是单纯的忧伤,而是包含着快乐。在诗歌中,精神的本性燃烧成火焰,它开辟新的道路,照亮新的道路。精神使灵魂进入陌生状态,精神灌注了灵魂,灵魂看

---

[1] GA4, pp. 36-37/《荷尔德林诗的阐释》,第39页。
[2] GA4, p. 25/《荷尔德林诗的阐释》,第26—27页。

护了精神，而孤独使灵魂成为个体，并由此使灵魂在其旅行中开始自身的存在。

在传统理性思想中，思想和诗歌处于分离甚至对立的状态，思想属于理性的思考，而诗歌属于感性的经验，以至于思想的诗意特征完全被遮蔽和遗忘。思想变成了客观化的对象，最终变成了计算。思想与道说的统一性还没有得到充分的探讨和经验，一个主要的障碍便是人们对传统语言的理解，是以关于物的陈述为取向的，现代形而上学把物重新解释为客体，由此引起一种错误意见，认为思和言联系于客体并且仅仅联系于客体。但在海德格尔这里，思与言并非客观化表达，思始终是一种让自行显现的东西的自行道说。"但是，与此相对，如果我们洞察到一个决定性的事情，即，思始终是一种让自行道说，也即让自行显示的东西自行道说，从而是一种对自行显现的东西的应合（道说），那么，我们就会看清楚，在何种意义上作诗也会是一种运思着的道说。我们将确认，语言的正确的本性是不能在传统的关于客体的逻辑陈述中加以规定的"[1]。而海德格尔这里的思想是对存在的表说，也就是巴门尼德说的"思想与存在是同一的"。海德格尔回到巴门尼德，他认为在巴门尼德那里，思想即关注以及它所觉知的东西，乃是一种被道说的东西，被带向显露的东西，按照巴门尼德的说法，是被带向在场与在场者之二重性中的。"νοεῖν［思想］植根于λέγειν［置放、言说］中，发生着一种呈放，即让在场者在其在场中呈放出来。……

---

［1］ GA9, p. 75/《路标》，第83页。

希腊的被经验的道说之本性却居于 λέγειν［置放、言说］之中"[1]。但如果我们把思想经验为被表说者,我们想把言说及其被言说的东西像意识体验那样来加以表象,并且在意识体验范围内把思想确定为意识行为,那就远离了希腊思想。

所以,归根结底,真正的思想归属于存在,与我们现在这种计算、绞尽脑汁的思考是不一样的。"思不是获得知的工具。思在存在之野上开犁沟垄。1875年前后,尼采曾写道:'我们的思当生发浓郁的气息,犹如夏日傍晚的庄稼地。'今天,我们当中还有多少人有对这种气息的感觉呢"[2]。因此,我们的思想还没有在本真中进行,我们能做的就是等待,直到有待思想的东西向我们允诺。等待绝不是说我们暂且还要推延思想。等待在此意味着期待着未被思想者,而且是在已被思想者中依然遮蔽着的未被思想者。思想不是理性,而是存在的经验,问题在于如何面对存在本身的真相,思想必须放弃暴力,走向存在。思想首先是倾听,然后是回忆,最后是感谢。思想必须倾听语言所道说的,思想倾听语言即它让语言自身道说,人居住于语言之中,也在于思想是接受了语言之道的说。只是,由于形而上学的特征的任意性和暴力性,思想在技术的世界里不是倾听,而是凌驾于语言之上。这种倾听的思想同样是一种纪念,是对古老开端的纪念,它未曾过去,而是在聚集意义上的曾有,它不仅是思想的来源,也是思想的到来和将来。只要这古老的开端不曾过去,纪念将成为记忆。作为倾听和纪念,思想最终

---

[1] GA7, p. 248/《演讲与论文集》,第263页。
[2] OWL, p. 70/《海德格尔选集》,第1077页。

表明为感谢，因为思想在本性上既非人的能力，也非自然的天资，而是语言所赠予的。在此意义上，感谢又是倾听和听从。

思想与诗歌是不同的，但是它们都归属于同一个东西，它们都道说存在，由此思想应该是诗意性的，诗作也应该是思想性的。"一切诗歌皆源出于思念之虔诚。……我们尚未思想。……于是，这样一种思想也才会把我们置入一种与诗人之诗的对话之中，而诗人之道说概不例外地要在思想中寻求其回身"[1]。但是海德格尔并非将诗歌与思简单无区别地等同起来，二者是截然不同的，只是它们能够以不同的方式言说同一个东西。而这种同一性并不是来自诗与思的混淆，而是唯有当诗与思之间的鸿沟纯粹地张开时才有望成功，只有诗经常是一种崇高的思而思经常是一种深刻的诗时，诗与思之间的鸿沟才张开，海德格尔认为荷尔德林的诗歌充分表达了这一点。

思想道说存在，诗歌召唤神圣者，海德格尔这里的神圣者也是基于存在。因此，思想与诗都是让存在显现。"存在在思想中达乎语言，语言是存在的家，人居住在语言的寓所中，思想者和作诗者乃是这个寓所的看护者。只要这些看护者通过他们的道说把存在之敞开状态带向语言并且保持在语言中，则它们的看护就是对存在之敞开状态的完成"[2]。思想是最质朴的同时又是最高的行动，因为它关乎存在与人的关联，思想道说存在之真理。诗歌是去真正地言说世界性的生存，言说世界之本性，让那自身在场者出场，此便是存在自身。思与诗是显现

---

[1] GA7, p.137/《演讲与论文集》，第144—145页。
[2] GA9, p.313/《路标》，第366页。

存在的两条不同的道路，思与诗都是道说存在，而语言的本性是道说，因此，思和诗歌的统一性都是为了唤出语言的本性，"思与诗的对话旨在把语言的本性召唤出来，以便终有一死的人能重新学会在语言中居住"[1]。荷尔德林所处的黑格尔的时代，正是西方形而上学的时代，而形而上学是存在的遗忘，所以我们不能把荷尔德林的诗歌仅仅看作一种时代的审美避难所，也不能将之视作诗人创造的新神话，而是要把我们的思引入到他的诗所言说的东西中去，去了解那未被言说的东西，这就是存在的历史之途。"如果我们达到并进入这条途径，它就会把思引进与诗的对话。这是一场具有存在的历史性质的对话"[2]。

思与诗的近邻关系并不是人为地把他们带入这种关系，把诗和思带到近处的是存在本身，诗与思被指引入它们的本己之中即它们都在语言中道说存在。诗与思，两者都是独具一格的道说，因为它们同为道说而已经被嵌入它们的亲缘关系中了。人不需要去寻找这种近邻关系，因为人已经栖身于这种切近关系中。当我们回首思与诗这种渊源深远的关系，我们就能直面那古老且从未能获得充分思索的值得思的东西。语言的本性就是返回去倾听这种隐蔽的相互归属关系，问题是我们是否以恰当的思的方式进入诗人在语言上的经验。"所有这一切无疑说来容易，很容易得到表达，但尤其对于我们现代人来说，确实难以经验到的。我们试图在诗与思的紧邻关系之名下来思索的东西，大相径庭于概念式的结论。所谓的紧邻关系无所不在，

---

[1] OWL, p. 161/《在通向语言的途中》，第 31 页。
[2] H, p. 246/《林中路》，第 246 页。

贯穿于我们在大地上的逗留和我们在其中的漫游"[1]。于是，我们需要放弃传统的偏见，认为思想必然高于诗歌，我们需要倾听诗人，重新回到紧邻关系中。正如海德格尔本人在《荷尔德林的诗的阐释》前言指出该书的一系列阐释并不是要成为文学史和美学研究论文，而是出自一种思的必然性。但我们还没有踏上通向这种思与诗近邻关系的途中，因此我们必须先返回到我们真正已经逗留于其中的所在。这种逗留着的返回是向着我们已经存在的地方的返回。这种返回到人的本性之所的步伐所要求的东西，全然不同于那种技术世界的进步的东西，而是返回到我们（真正）已经逗留于其中的地方。海德格尔后期将人类的改变寄希望于语言的改变，他所呼唤的便是思想与诗歌。"海德格尔经常唤起思与诗的近邻，二者有共同的地方，这个共同的元素就是语言"[2]。

### 四、从诗歌到居住

前面我们已经指出，海德格尔晚期美学方面最重要的内容是他借用诗人荷尔德林的一句话：人诗意地居住在这个大地上。在本章，我们指出语言是存在的家园，同时又是指向人的，给人提供了居住。[3] 于是，此关系在此保留为语言和人的关系。"凭借着语言自身作为那尚未言说的和已被言说的向言说劝说，

---

[1] OWL, p. 84/《海德格尔选集》，第 1092 页。

[2] Marc Froment‐Meurice, *That is to Say: Heidegger's Poetics*, Translated by Jan Plug, Stanford University Press, 1998, p. 93.

[3] 正是基于语言的区别，所以海德格尔在和日本学者的对话中说欧洲人和东亚人居住在完全不同的家中。此正如现在的中国人和古代的中国人也生活在不同的家园中，因为我们也已经不再使用古代汉语。

那已被言说的在根本上是已经劝说的。但是已经劝说的是那劝说，它作为语言的本性同时是人的规定，在此，那言说者可能去居住，如果他倾听那已被言说的和其中自身遮蔽的尚未言说的话"[1]。居住具体化为家园，由此在语言中居住成为可能，语言成为终有一死者的家园。对此，彭富春指出，"在其第三阶段里，海德格尔不将语言理解为在言谈样式中的此在的敞开，也不理解为'存在之家'，而是理解为人的家园，更准确地说，是要死者的家园。"[2] 古希腊人居住于西方历史的开端，已经经验到语言作为家园；中世纪的人也居住于语言的家园之中，此家园启示为基督之道；人的人性的诗篇也同样给近代一个家园。

人在语言中居住，在此，诗意是至关重要的，我们已经指出海德格尔的诗意并非一般理解的诗情画意、小桥流水等个人浪漫情感的东西，而是倾听，即"泰然让之"，让存在，从而人和物都获得自由，这是一种非对象化的新的认识方式。在本章中诗意语言是纯粹的语言，是倾听语言本身。相应地，诗意

---

[1] 彭富春：《无之无化——论海德格尔思想道路的核心问题》，上海三联书店2000年版，第115页。

[2] 彭富春：《无之无化——论海德格尔思想道路的核心问题》，上海三联书店2000年版，第154页。彭富春教授认为海德格尔思想的三个阶段"家园"的意义也有不同，第一阶段家园作为在世存在意义上的世界，并没有被充分思考。第二阶段的重心则是历史性的家园，被存在的真理所规定，存在在思想中走向语言，语言是存在之家。第三阶段的家园却是语言自身，它作为道说已在诗意语言中走向语言，诗意的道说首先让要死者居住于大地之上，苍天之下和神性之前。在此，语言自身即是人的家园，因为它诗意地道说，亦即如此，它召唤四元，此四元作为地方的地方性使人的居留成为可能。（参见彭富春：《无之无化——论海德格尔思想道路的核心问题》，上海三联书店2000年版，3.3.1"语言作为家园"。）

地居住则是让居住,是天地人神四元的圆舞,四元聚集并保有自己的本性。在海德格尔看来,这种对物的本性的认识在诗歌中比较集中纯粹地体现出来。"人是从语言的言说中接收到这种某物的本性的。……语言自始至终地把我们引向事物的本性。……一个诗人愈是具有诗意——他所言说的愈是只有(对尚未预见到的东西敞开得愈多,反应得愈快)——他具有的纯真性就愈大,他带着这种纯真性把他所言说的呈供给那种更为费力的聆听,他所言说的东西更远离那纯粹的命题陈述"[1]。诗歌也是一种创建性活动,它以词为材料,命名并召唤物,使其在场。由此,诗歌发生,居住才存在,因为诗歌首先把天地人神四元纳入其本性,对此,海德格尔说:"人不仅居住,人还建筑,只有有了诗人,有了为筑造即居住的构建而进行度量的诗人,本真的筑造才得以出现。"[2] 诗歌通过接受和倾听建筑了人的居住。

诗歌并不是逃避现实,逃避人生,而是将人带到大地上,诗意地居住意味着生存根本的性质是诗意的。人诗意地居住,并不是强加给人的,而是人的生活本应该是诗意的,只是技术时代的人们远离了这种生活而已。现代人在现实生活中处心积虑所追求的东西实际上都与人在世的本性无关,也远不能构成人的生存的基础,因为从根本上说,人的生存是诗意的。诗歌所建筑起来的正是居住的本性,也许我们完全非诗意地居住,但是也不能因此而否定诗意,因为居住能够成为非诗意的,只

---

[1] GA7, p.194/《演讲与论文集》,第199页。
[2] GA7, p.206/《演讲与论文集》,第212—213页。

是由于它在本性上是诗意的,正如我们称一个人是盲人在于他本性上是有视力的,所以我们不会说一块石头变瞎了。"……人诗意地居住这个短语其实是说:诗最先使居住成为居住。诗是那种真正使我们居住的东西。但我们是通过什么来获得一处居所的呢?通过筑造。诗的创造——它使我们得以居住——就是一种筑造"[1]。也就是说,一方面,我们要从居住的角度去思人的生存;另一方面,我们要把诗歌理解成居住,诗歌也是一种建筑,而且蕴含着居住的本性,正是诗歌将人带入居住之地。"人建筑的方式如下:首先是农业的,其次是手工业的,最后是诗意的。为什么诗意的相对于农业的和手工业的在此具有首先的意义?因为诗作服务于居住的建筑结构。只要它在诗作中相关于建筑结构的话,那么诗人便是建筑师"[2]。

---

[1] GA7,p.193/《演讲与论文集》,第198页。
[2] 彭富春:《无之无化——论海德格尔思想道路的核心问题》,上海三联书店2000年版,第178页。

第四章

# 海德格尔论诗意居住

海德格尔认为只有在诗歌发生的地方，才有居住，因为诗首先把人的居住纳入它的诗意本性，诗是对居住的原始承认。诗人的使命是归家，是看护人类的家园。"但尽管如此，一种充分和持续的沉思仍能赢获这样一种洞察，形而上学处于存在之遗忘的本质状态中，按其本性绝不会允许人之居住特别地定居于那个处所中。因此，思想与作诗（Denken und Dichten）必须回到它以某种方式始终已经存在过、但是仍然没有建筑过的地方。我们只有通过建筑才能够预备一个居住的处所"[1]。因此，诗意地居住并非通过诗歌去居住，而是通过建筑，只不过在海德格尔这里，不仅诗歌，思想本身也是建筑。海德格尔认为如果从广义来看，人的居住，便是在天空下，大地上，从生到死的整个过程，这个过程有各种形式，并且富于变化。然而，贯穿其始终的是大地与天空、诞生与死亡、快乐与痛苦、劳作和收获之间的居住。

---

[1] GA9, p.423/《路标》，第497—498页。

## 一、无家可归

现代思想源于一种"反"的经验,尼采说上帝死了,超人尚未诞生;马克思讲人的异化;海德格尔则是基于无家可归的经验,无家可归在海德格尔早期著作《存在与时间》就体现在人的被抛状态。"在世间无呼唤者被虚无规定为谁。他是无家可归的此在,是源始的、不在家的被抛在世的存在,是在世界之无中赤裸的存在"[1]。海德格尔这种反的经验也可以称作无困境的困境性。因为无家可归对于人的当前的困境来说是本己的,但是却很少被认识到,因此可以说是无困境的困境性。海德格尔这里深刻揭示出我们的时代处境,即处于危险中却不自知,从而忘记了自身的迷失状态。常人迷失于世界,对自己无家可归的状态反而觉得陌生,甚至人从根本上逃避这种无家可归状态。"但情绪通常封锁着被抛境况。此在躲避被抛境况,逃到臆想的常人本身的自由中去求轻松。这一逃遁曾被标识为逃避无家可归的状态,而无家可归其实规定着个别化的在世存在。无家可归在畏的基本现身情态中本真地暴露了出来,作为被抛此在的最基本的展开状态,它把在世存在摆在世界之无面前,此世界之无是其最本己存在的畏惧的畏惧化"[2]。

因此,人在居住中首先面对的却是无家可归,但这里的无家可归并不是因为缺乏房屋,而是人忘记了居住的本性。"无论住房短缺多么艰难困苦,构成多么严重的威胁,居住的真正困境并不仅仅在于住房匮乏。真正的居住困境甚至比世界战争

---

[1] SuZ, pp. 276–277/《存在与时间》,第317页。
[2] SuZ, p. 276/《存在与时间》,第317页。

## 第四章 海德格尔论诗意居住

及其破坏的时间更早,也比地球上的人口增长和工人条件更早。真正的居住的困境在于:终有一死的人总是重新去找寻居住的本性,他们首先必须学会居住。倘若人的无家可归状态就在于人还根本没有把真正的居住困境当作困境来思考,那又会怎样呢?而一旦人去思考无家可归状态,它就已然不再是什么不幸了。正确地考虑并且好好地牢记,这种无家可归状态乃是把终有一死者召唤入居住之中的唯一呼声"[1]。

海德格尔将无家可归的状态归结为现代社会的技术化。人不断地用技术改造了人的居住,反而使得居住的本性离我们越来越远,居住本是自然的东西,正如我们在很多地方指出的,这里的自然是古希腊原初意义上的自然（φμσις）,按照海德格尔的看法,它是生成性的涌现之意。这种自然中的自然性便是太阳的升沉、月亮的起落、星星的明灭,当然也包括了人的居住,家园的"园"本身就有自然田园之意,给人的直观是小桥流水、蓝天白云、农舍炊烟、鸡犬相闻。但是现代科学技术却使人同其自然性逐渐分离,以至于人的居住和自然界成了相互分离的领域,并且还以不断加速的方式越离越远。而可计算的自然本身是被人设定和架构的,它仅仅攫住人的一种意图并将之转变为一种单纯的计算之思,只是对自然的一种看法。我们不能说科学认识不是真实的看法,只是它认识到的并非事情的全部,但是现代人往往将科学认识等同于事情本身,将之看作开启世界知识的唯一的钥匙,视之为唯一的真理,反而遮蔽了事情[2]。这样自然的、原初的自

---

[1] BW, p. 339/《演讲与论文集》,第170页。
[2] 康德早已为科学划分出界限,但是现在科学的自我膨胀超出了康德划分的界限。

然性便被降为一种虚无性,虚无不是说它不存在了,而是它自身隐匿了。现代人迷失于世界,无家可归,因此需要去掉强加在自然身上的算计,建筑也要按照人的一种更为源始的方向去思。人们需要明白,科技带来的往往却是人远离了居住的本性,甚至是自我毁灭,例如核能,即便不是用于战争而是用于和平目的,也会将人置于危险的境地。人既不是欲望的生物性的存在,也不能沦为科学技术的奴仆,人的居住,用荷尔德林的话来说应该是:"诗意地居住在这大地上。"

### 二、诗意居住

现代人的居住首先面对的却是无家可归,居住也不再是诗意的。海德格尔从词源入手得出建筑是让居住,也就是说建筑本身应该是诗意居住。海德格尔的诗意居住是从四个维度展开的:即在大地上,在天空下,与其他人为伍,同时等待神灵。而且四元是一种共生和游戏的关系,而这四元的聚集就是物,物是生成的事情,即自身显现的事情。

要弄清楚居住,海德格尔首先从建筑入手,依照海德格尔遮蔽和显现的现象学思路,海德格尔首先批评了建筑是居住的工具,居住是建筑的目的这种日常看法。然后海德格尔从词源入手得出建筑自身就是居住,也就是说,建筑本身是居住的一种方式,是让居住。更进一步讲,就是建筑本身应该是诗意居住,而现在的建筑却不是诗意居住。海德格尔说:"那么,什么叫建筑呢?古高地德语中表示建筑的动词,即 buarn,意味着居住。这意味着保持、逗留。动词建筑(bauen)即居住的真正意义对我们来说已经失落了。一丝隐蔽的痕迹还保存在德语记单词邻居（Nachbar）一词中。邻居就是Nachgebur，Nachgebauer是在切近处居住的人。"[1] 海德格尔认为古高地德语中建筑bauen一词其实就是现代德语中的是bin，因此在下列说法中：我是ich bin，你是du bist，实际意味着我居住，你居住。我是和你是的方式，即我们人据以在大地上存在的方式，乃是居住。古词bauen表示：人居住，人据此存在，但这个词同时也意味着：爱护和保养、保存和照料，尤其指耕耘土壤、种植葡萄。因此，"这种建筑只是守护着植物从自身中结出果实的生长。在爱护和保养意义上的建筑并不制造任何其他东西。相反，船舶建筑和寺庙建筑却以某种方式制造出它们的作品本身。这里的建筑是与保养对比乃是一种建立。这两种建筑方式——作为保养的建筑（即拉丁语的colere，cultura）和作为建筑物的建立的建筑（拉丁语的aedificare）组成了真正的建筑，即居住"[2]。

当建筑慢慢演变为后来的建立，它的自然的保养的源始意义就陷于被遗忘状态中了，由此建筑变成了建立和制造而遗忘了居住。海德格尔认为这样一种改变从表面上看来只是字义的改变，而实际上是隐蔽了某种决定性的东西，那就是居住还没有被人思考为人存在的基本特征。从另一方面来说，这种语言的改变也并非完全被动的，而是语言自身收回了它的真正意义，从而成为隐匿的在场。海德格尔说："语言在某种意义上把建筑即居住的真正意义收回去了，但这却证明了此类意义的原始性；因

---

[1] BW, pp. 324-325/《演讲与论文集》，第154页。
[2] BW, p. 325/《演讲与论文集》，第154—155页。

为在语言的根本话语中，它所真正要道说的东西很容易为了那些浅易的意思而落入被遗忘状态之中。人们几乎还未曾思索这一过程的奥秘。语言从人那里收回了它的简朴而主要的言说。不过，语言的原初呼声并没有因此而暗哑，它只是陷入沉默而已。而人却不去留意这种沉默。"[1] 因此，我们首先要倾听语言的道说，海德格尔指出，如果我们倾听到语言在建筑一词中所道说的东西，我们就能觉知如下三点：一、建筑乃是真正的居住。二、居住乃是终有一死的人在大地上存在的方式；三、作为居住的建筑展开为那种保养生长的建筑与建立建筑物的建筑。因此，海德格尔认为建筑是让居住，并且它响应了四重整体的呼声。

海德格尔这里指出建筑的本性是让居住，建筑是有所带出的生产，如同海德格尔前面论述艺术家和诗人的生产是让，让存在，让显现。"带出来或者生产在希腊语中被叫做 τέχνη。词语 technē, technique, 都带有前面这个动词的词根 tec。对希腊人来说，technē 的意思既不是艺术，也不是手工艺，而是：通过各种的方式是某物作为这个那个物在它的在场中显现出来。希腊人是从让显现的角度来思考 technē 即生产的"[2]。因此，在海德格尔看来，古希腊意义上的建筑和生产本意是让显现，让在场，具有很强的现象学意味，但是这种建筑的源始意义被遮蔽在后来形成的建筑的构造因素中了，并且在现代技术中更加遮蔽，以至于我们不能再思考建筑的本性了。海德格尔认为后世用"技术"一词来翻译希腊词语 technē 实为大错，一种现象学意义

---

[1] BW, p. 326/《演讲与论文集》，第 155 页。
[2] BW, p. 337/《演讲与论文集》，第 168 页。

上的生产（让显现）变成了狭义的技术制造，事情本身变成了人的主观设立。因此，建筑的本性是居住，正如前面说人因为倾听才言说，在这里不是因为建筑才居住，而是因为居住才建筑。海德格尔用一百年前德国黑森林农家小院为例来分析在这一建筑所显现的事情，房屋院落安排在山坡上，靠近泉水，倾斜的屋顶抵御风雪，屋里有圣坛，屋里居住着老老少少一代一代的人，综合起来就是天地人神纯一地进入物中，聚集在房屋中。[1]

海德格尔指出建筑是居住，强调了建筑和居住的同一性，但也不是混淆二者，他也指出了它们之间的差异性，海德格尔通过对古萨克森语（位于德国东部）和哥特语（一种哥特人所使用的，已灭亡的日耳曼语族语言）分析，得出居住的本性是守护某物，使其处于和平和自由中。"但居住的本性何在呢？让我们来倾听一下语言的呼声：古萨克逊语中的 wuon 和哥特语种的 wunian，就像 bauen 这个古词，也意味着持留、逗留在某地"[2]。海德格尔认为，在哥特语中的 wunian 意味着满足和被带向和平，在和平中持留，而和平 friede 一词意味着自由（frye），而自由意味着防止损害和危险，自由的真正意思是保护，而真正的保护是发生在我们保留物的本性的时候，即保有物的本性，也就是我们使某物自由，这种自由把一切都保护在

---

[1] 海德格尔举这样一个一百多年前的农舍作为例子，只是为了说明，建筑了这个农家院落的手工艺，本身起源于居住，虽然他本人晚年隐居在黑森林的小木屋中，但是并非说要现在的人们简单地回到过去，回过头去住进农舍。他说："惟当我们能够居住时，我们才能建筑。指出黑森林里的一座农家院落，这绝不意味着，我们应该并且能够回归到这座院落的建筑，而不如说，我们是要用一种曾在的居住来阐明居住如何能够建筑。"（BW, p. 338/《演讲与论文集》，第169页。）

[2] BW, p. 326/《演讲与论文集》，第156页。

其本性之中。一旦人们考虑到人的存在基于居住,并且是作为终有一死者逗留在大地上,居住就发生为对天地人神四重整体的保护,而保护意味着守护四重整体的本性。

海德格尔通过语言的经验揭示了什么是建筑,什么是居住,即建筑是让居住,居住是守护。守护不仅意味着让一个事物不受伤害,而且还意味着让它逗留在自己的本性中,就是自由和解放。因此,建筑和居住是关于人的存在以及人的存在方式的。居住的一个基本特性就是守护,人的本性是居住,人要守护居住,并和天地人神四元相关。人居住于家园之中,却借助于他守护居住,守护居住是守护事物之本性,即要死者守护了四元。守护四元也就是居住于天地人神四元中,居住于人的家园。因此,海德格尔的居住是从四个维度展开的,人的居住就是人在大地上,在天空下,与其他人为伍,同时等待神灵。[1]

---

[1] 我们可以通过纵向(西方历史)和横向(中西)的比较来说明海德格尔的天地人神。在现代(尼采、马克思)神被杀死,而海德格尔不一样,他是有神的。但海德格尔讲的神既不是古希腊的诸神,也不是中世纪的上帝,也不是近代人的神性,因为这些都是一个存在者,是最高的存在者。在中国,主要是天地规定人,神是不具有规定性的,但是到海德格尔这里,他认为人首先是在天空之下、大地之上、与他的同伴为伍,并且等待神灵,所有这些都继承了古希腊的传统(这种继承直接来源于荷尔德林),因为天地人神的观念是古希腊的,不是中世纪的,也不是近代的。但是另一方面,海德格尔又对此进行了改造,天保持了其自然性。这一点又类似于中国古代的思想,天就是日月运行的地方,地就是万物生长的地方,不同之处在于中国古代的天地还有宗教、伦理的特点,这在海德格尔的思想中是没有的。海德格尔强调人是要死者,能够去死,这是人的一个根本特点,它是对"人是理性的动物"的一种否定,人是理性的动物虽然强调人是动物,但是人是有理性的,而理性是不死的,一个不死的东西规定了一个要死的人,但是一个要死者却时时刻刻是把能够去死作为自己的规定,能够去死是一种存在的可能性,一种虚无的可能性。最后是神,海德格尔讲的神是与死亡对立的东西,长存的东西,而且这个神是语言召唤出来的。海德格尔晚年有一句名言"唯有一神才能拯救我们",好像海德格尔是一个有神论者,其实不是这样,海德格尔的神必须放在天地人神之中来考察。海德格尔并非有神论者,他既不同意也不反对神的存在。

## 第四章 海德格尔论诗意居住

为了使意思更明晰化，除了前面理论上的阐释和说明，海德格尔还让我们去看一座具体的建筑物：桥。建筑和居住都是活动，而桥是一个建筑物。正如海德格尔在追问艺术作品的本源时是从艺术品开始的那样，因为它是一个已经完成的存在者。一座建筑物则是一个已经完成的建筑和居住活动，因此，我们可以通过一个具体建筑物看到建筑、居住是什么。前面所讲的建筑和居住的关系是很抽象的，而在这里则是具体的，海德格尔选择桥作为例子是因为它能最典型地表达出海德格尔所讲的天地人神。[1]

首先，桥是什么？最直观地看，海德格尔在这里给我们显示的就是"轻盈"和"力量"，桥是在河流上面的。因此，首先是河流，河流上面有个拱桥，岸上是一些树或者一些人，中间还有一些桥墩。其次，有两岸、河岸。这里要注意的是，在一般的常识中河岸本身是存在的，但海德格尔强调，只有通过这个桥，河岸才会有意义。因为有桥，人才会从此岸到彼岸、从彼岸到此岸。最后是周边的田野、风景，风景的本性就是田野。岸边之外有平地、高山、丘陵，桥通过屹立在河流上面，不仅联系了河岸，使河岸成为河岸，还使风景成为风景。桥和河岸一样，把一种又一种广阔的后方河岸带向河流，使河流、

---

[1] 海德格尔这里的文字和前面对艺术作品的描述一样，并不是陷入到了一种诗意的迷失、文学的幻想和描绘当中，他的这个描述最根本的只是把事情显示出来，即把桥作为桥显示出来。因此，这样的描述不是逻辑，不是对桥进行演绎、归纳，不是论证桥，而是描述桥，显示桥是如何作为其自身存在于世界之中，即存在于天地人神之中的。而且海德格尔的描述有着内在的、严格的思想路线。其实描述是现象学也是现代哲学一个很重要的方法，在另外一位大哲学家维特根斯坦那里，也大量使用描述的方法，他总是通过描述语言游戏使事情和问题显示出来。

河岸和陆地进入一种相互近邻的关系之中,从而桥把大地聚集为河流四周的风景。

这就是桥所聚集的三个东西:河流、河岸、田野。这样一种东西在我们看来还只是静态的。桥如何作为一个桥而发生呢?海德格尔认为,首先要考虑到河流是如何撞击桥墩、向远方流逝的。桥,最基本的东西就是桥墩、桥面、桥拱。桥面是让人行走的,但首先是桥墩承受了桥拱的重量。桥墩在此就跟河流发生了关系,即水撞击它,它阻碍了水,然后水通过桥拱流逝。正是在这种撞击、受阻、远逝的过程当中,桥墩才作为桥墩显示自身,也就是说,它让自身跟河底、大地、河流发生了关系。水、河底是大地,桥墩和桥拱上面是天空。天空对桥的影响,可以说是太阳照射,清风拂过,但是,最能使桥变成桥的是狂风暴雨,正是在狂风暴雨的冲击下,桥才能显示出它的力量,桥在抵抗、反抗中显示出自己不可摧毁的本性。这是桥跟河流、河岸、风景的聚集,以及桥如何跟大地、跟天空发生关系。最后还有人和神,人从此岸走向彼岸,人要走路,走路就是要过桥,并且各种各样的桥以各种各样的方式伴随着终有一死的人。此岸和彼岸说得更广一点是生和死,从生到死的过程中,桥梁作为一条道路,把人引到神的面前。

海德格尔在桥这里对天地人神的描述。不同于一般意义的天地人神,这里所讲的天地人神是桥作为一个桥自身的存在,是天地人神在桥中如何显示出来。在海德格尔晚期思想当中,他对世界和物的理解都是从天地人神出发的,但是讨论桥梁的时候,必须把这里的天地人神具体化。由此,这里的"天"是阳光、风和雨,是天气;这里的"地"是河流及其河床,是水；这里的"人"是过桥者，行走在道路上的人；这里的"神"可以说是一个桥神，它庇护了过桥者。无论人们是否意识到或者感念了桥神，无论桥神是隐匿还是显现，桥的神性都保护了他们，可以克服他们的不幸，把他们带向拯救和治疗。在这里，桥是一个物，同时也是一个世界，它同时也聚集起了四元。海德格尔这里将天地人神四元的游戏称为世界[1]，从而将四元归为一体，天地人神是互相映射的游戏，海德格尔称之为圆舞，在圆舞中四者相互映射，你中有我，我中有你，在对方能看到自己的本性，但四者都能保有自己的纯一性。[2] 人的认知想要解释世界，但世界不需要其他原因和根据的解释，世界世界化，人的认知不但不能超越世界的本性，而且也达不到世界的本性，而当我们把这四元看成相互个别的实在时，这统一的四元世界的本性已被扼杀了，因为它们互为根据，你中有我，我中有你。在海德格尔那里，此圆舞构成一个圆环，四元相互映射也是相互照亮，使得四元都进入光芒中，此圆环的光芒便是美，正如海德格尔所说，美是存在的光芒。

我们知道西方基督教文化讲的是上帝拯救世人，但是在这里，海德格尔强调拯救是要人回到自己的本性中去。这里讲的

---

[1] 这是海德格尔晚期讲的世界是天地人神的世界，不同于早期此在的世界，中期世界与大地争执的世界。

[2] 海德格尔此天地人神四元世界相互映射的圆舞类似于中国佛教华严经讲的重重无尽观，认为事物本是重重无尽，相入相摄，无穷无尽。如两镜对照，你中有我，我中有你，部分包含整体，一即一切，一切即一。法藏在《华严金狮子章》中以金狮子做比喻来阐释此理，认为金狮子的每一个部分都包含了整体。"如是重重无尽，犹天帝网珠，名因陀罗网境界门。"指事物重重无尽，如同珠玉，相互辉映，彼此互摄，融成一体的境界。（参见法藏：《华严金师子章校释》，方立天校释，中华书局2004年版，第64页）

拯救和前面所讲的守护是一致的，拯救不仅仅是从消极方面来讲，也是从积极方面来讲，其中自由是最重要的。使人得自由不仅是使人从某个东西中解放出来，更是使人回到本性。在这里，拯救大地就是使大地作为大地，而不是使大地成为可消耗、可利用的对象。天空作为天空，我们让天空作为天空去迎接它，因为对人来说，天空已经在这里，所以人要迎接它，人除了迎接它，还有另外一个态度，是让它、让日月星辰沿着自己的轨道行走，让四季带来它的祝福，甚至带来它的灾难，幸福或不幸，这就是让的态度，不干预自然。把神灵当作神灵来等待，一方面要注意它等待它的到来的暗示，也不误解它离去的迹象，也就是说它能知道神的显现和隐去。另外，从否定方面来讲，它不制造诸神，也不制造偶像，而是始终对神具有一种期待性，这是海德格尔所讲的神灵，他是无名的神。最后是将死亡作为死亡，回到死亡本身，使之变得明晰并且从我们日常中消极的、不吉利的观念中解脱出来，使人不至于不明生死之意，用日常口语说就是不知死活。这是对守护四元的解释，即拯救大地、接受天空、等待神灵、走向死亡或能够死亡。而四元的守护又基于居住在四元当中，因此这种守护是对于居住的本性的进一步阐释，但是仅仅到此还不够，还需要对守护进行进一步的揭示。除了天地人神，在日常生活当中，我们更多的是要和物打交道，跟事情打交道，所以海德格尔最后聚集到一点，就是人如何和事物打交道，在这里，物的本性是聚集，而人逗留于物。

海德格尔通过桥分析得出一个结论：桥聚集了天地人神，而此种对四重整体的保有就是逗留于物，因此，海德格尔最后又回到了物。桥聚集了世界,但是根据物的古老含义,聚集本身就是物。"桥以其方式把天地神人聚集于自身。按照我们语言中的一个古老词语,聚集被叫做'物'(thing)。桥是一物——而且是作为前面所述的对四重整体的聚集"[1]。物之发生,来自世界之映射游戏,天地人神在此游戏中自由地取得了自身,从而进入它本己的存在,由此居住就是逗留于物。"倘若居住仅仅是一种在大地上、在天空下、在诸神面前和与人一道地逗留,那么,终有一死就绝不能实现这种作为保护的居住。毋宁说,居住本身始终已经是一种在物那里的逗留。作为保护的居住是把四重整体保藏在终有一死所逗留的东西中,也就是在物中"[2]。

因此,逗留于物与前面所说的四重整体的聚集并不是分开的,或者依附于四重整体,相反,逗留于物与四重整体的聚集本是一体的,居住通过把四重整体的本性带入物中而保护着四重整体。"'逗留着的'(verweilende)意味着对立而又互补互成,因而只能通过发生而维持着的。所以任何真正'逗留着的'不会是任何现成者、可对象化者,不管它是主体还是客体,而只能是发生现象学意义上的'境域',或者表现为交织者的、正在来临着的生存时间,或是表现为纯发生的'空'间"[3]。在这里,物本身是四重整体的聚集,物本身敞开并庇护着四重整体。而终有一死者爱护和保养着生长的物,并建立那些不生长的物,保养和建立就是狭义上的建筑。居住把四重

---

[1] BW, p. 331/《演讲与论文集》,第 161 页。
[2] BW, p. 329/《演讲与论文集》,第 159 页。
[3] 张祥龙:《海德格尔传》,商务印书馆 2007 年版,第 310—311 页。

整体保藏在物之中，居住作为这种保藏乃是一种建筑。在前面论述艺术作品的本源中，我们指出海德格尔追问物的本性就是追问存在，并且物物化，物是生成的事情。海德格尔认为守护四元就是停留于物，这个物不是客观的物或者主观的物，而是成为事情，只有在事物自身生成的这个基础上，我们才可以说有主观的物、客观的物、主客观统一的物。事物是物化，人是逗留于物之中，事物有其自身的规定，事情就是存在的发生，是天地人神的聚集。

海德格尔对桥的分析正是为了显示桥作为物的本性。它的发生相关于"空间""场所"和"地方"。对这三个词我们也不能在日常意义上去理解，而是要动词化。"空间"是腾出一个空间，"场所"是提供一个场所，"地方"是生出一个地方。这三者都不能仅仅看成对象和实体，而是要以"生"为基础。"生"就是生出事情，这样才能很好地理解海德格尔讲的"空间""场所"和"地方"的本性。对于空间有客观的理解，如牛顿的客观的时空观，有主观的理解如康德将空间作为人的先验直观形式，此外还有主客观合一的看法。而海德格尔强调空间要回到它的本意，此本意就是腾空，腾空一个地方意味着给这个地方提供一个边界。边界不是一个事物的终止之处，而是事物赖以开始并保有其本性的那个东西。对海德格尔而言，真正的空间必须是腾空，腾空是生成和聚集，以避免将空间静态化甚至客观化的理解。"以这种方式成为场所的事情腾出了空间。空间 Raum 一词所命名的东西由此词的古老意义道出，空间（Raum），即 Rum，意味着为定居和暂住而空出的场地。一个空间乃是被腾出的地方，被清晰地划定到一个边界（希腊词：pera）中，边界并不是某物停止的地方，相反，正如希腊人认识的那样，边界是某物赖以开始其本性的那个东西。因此才有 horismos 即边界（horizon）这个概念。空间本性上乃是制造空间，被释放到其边界中"[1]。

腾空一方面是允许四元进入，比如桥，如果没有桥，天地人神就不会在此聚集，它允许并安置它们，允许和安置是同属一体的，海德格尔强调这个地方就是四元的庇护所，这个庇护所就是家园。建筑的本性诸如桥的建筑在于它应和于这种物的特性，即腾出空间，为四元世界提供一个庇护之所。因此，这里的空间和建筑并不以几何数学意义上的空间和位置作为自己的测量标准，而是保藏着四重整体。"它们乃是以自己的方式保护着四重整体的物。保护四重整体——拯救大地，接受天空，期待诸神，接纳终有一死者——这四重保护乃是居住的素朴的本性。从这个意义上来说，真正的建筑物给出居住的本性，并且为这种本性的敞开提供住所"[2]。家园并不一定是住所，但是我们首先想到的可能就是我们居住的家，但如果我们仅仅把家视为人每天都在其中消磨生命的空间，那就是没有领悟空间的含义，家也变成了一种仅供居住的容器。只有通过居住，家才首次成为家。

空间的可能在于场所，桥正是以那种为四重整体提供一个场所的方式聚集着四重整体，场所的可能必须有一个地方。桥自身首先就是一个地方，以此它允诺了一个场所。而这个地方并不是摆在那里的，而是生出来的，地方并不是预先存在于桥

---

[1] BW, p. 332/《演讲与论文集》，第 162 页。
[2] BW, pp. 336-337/《演讲与论文集》，第 167—168 页。

之前，而是桥通过建桥开辟了地方，让地方生出来。在海德格尔这里空间是由地方所决定的，但这里的地方不是我们日常意义上的与中央相对的地方，海德格尔所讲的地方是人的存在之地，即我们的生活世界，即天地人神的聚集，人作为要死者就是凭借居住于世界和逗留于物，以居住的方式承受在空间中。桥是一个物的生成，可以说，没有这个物的生成，空间、场所和地方都是不存在的。当桥成为桥时，桥自身就是一个地方，然后地方提供一个场所，有了场所然后就有空间，形成一个庇护之所，就是一个住所，也就是广义的居住之家。虽然桥并非狭义上的住房，但桥让天地人神之纯一性进入这个空间，也为人的逗留提供了住所。

### 三、思想的还乡

居住是人的存在，"但居住乃是人作为终有一死者存在的基本特征。也许我们这种对建筑和居住的思考的尝试将更清晰地显示出建筑归属于居住以及它如何从居住中获得其本性。倘若居住和建筑已经变得值得追问，并且因此已经就保持为某种值得思想的东西，则我们的收获便足够矣"[1]。实际上，我们前面论述的真理、诗意语言以及这里的建筑和居住都是海德格尔谈论存在的不同方式，并且最后归为人的存在。正如海德格尔在《筑·居·思》一文的开头所说的，他谈建筑、居住和思想，不是从建筑观念、建筑艺术或建筑技术方面来描述建筑，而是从存在的角度，是要把建筑纳入一切存在之物所属的那个领域中追踪建筑。

而存在最终又关涉人的命运，无家可归的真正根源是存在

---

[1] BW, p.338/《演讲与论文集》，第169—170页。

的遗忘。"存在之澄明允诺着通向存在的切近处。在此切近处，在'此'（da）的澄明中，人作为绽出地生存的人居住，而人在今天却已经不能正确地经验并承受这种居住了。此在之'此'作为存在之切近而存在。在我关于荷尔德林的哀歌《还乡》的讲话（1943年）中，存在之切近是从《存在与时间》的角度被思的，是从这位歌者的诗歌之所说中来聆听，并且从存在之被遗忘状态的经验而来被命名为家乡的"[1]。在此，家乡不是民族国家的，而是存在历史上的，其意图就是要根据存在之历史的本性来思现代人的无家可归状态，这种无家可归状态是存在之被遗忘状态的标志，由于存在之被遗忘状态，存在之真理始终未被思及。人们之所以逃避思想，是因为思想是存在的思想，存在被遗忘，思想自身也反离而去。但是，思想之所以尚未思考，并不是因为思想是无能的，而是因为那要思考的自身反离而去。"只要那令人思虑的自身反离而去的话，那么，无家可归将自身生成。一旦它接近人的话，那么，家园将自身生成。但是，那令人思虑的接近人，凭借于它自身反离而去。正是在无家可归之中，家园的本性可被经验，还乡可被准备"[2]。这在于那要思考的向人给予了思想可能，这却不能把

---

[1] GA9，pp. 337-338/《路标》，第398页。
[2] 彭富春：《无之无化——论海德格尔思想道路的核心问题》，上海三联书店2000年版，第167页。家园是人的命运即存在的历史，而还乡就是回到存在之本源的近旁。海德格尔认为尼采、荷尔德林和马克思深刻经验到了这种现代人的无家可归状态，但尼采除了颠倒传统形而上学外，在形而上学范围内找不到摆脱无家可归状态的出路；荷尔德林从对神圣者（包括古希腊的诸神和中世纪的上帝）的呼唤来克服无家可归；而马克思通过异化认识的根源是现代人的无家可归状态，并将之放入一个历史维度之中，提出了共产主义学说。

握为人的能力，而是为思想的元素，通过思想可能，人能够在思想中思考。

在海德格尔看来，西方哲学的开端并不是大家一般认为的苏格拉底、柏拉图或亚里士多德，而是巴门尼德。因为从巴门尼德就开始思考存在，但是"存在"由巴门尼德第一次提出之后，就一直笼罩在一片浓雾之中，海德格尔甚至认为，从柏拉图以来，"存在"的真面目一直被遮蔽着，或者说"存在"遭到了扭曲，慢慢失落在西方的历史中。因此，与哲学家一般的看法不同，在海德格尔那里，从苏格拉底、柏拉图和亚里士多德开始，西方哲学就已经在走下坡路了。在《对亚里士多德的现象学阐释中》，海德格尔详细分析了亚里士多德的存在学和解释学伴随着解释的沉沦，变为海德格尔所说的存在的遗忘，变为后来的客观性认识论的开端。海德格尔认为亚里士多德提出了一些基本范畴，进而对存在者进行阐明，在他那里存在问题变成了关于一个确定存在区域的特定存在学，以及关于一种确定称呼的逻辑学，但是存在失去了本身的起源意义，从而引发了客观性和认识论问题，从而脱离了原始的存在问题。在海德格尔看来，对存在自身遮蔽的历史就是形而上学的历史，这个形而上学发端于柏拉图，一直延续到尼采。在其中主要是客观化认识论问题，并最终演变为现代的科学技术。

形而上学思想遮蔽了诗意的本性，物不物化，世界不世界化，人没有成为要死者，于是人们呼唤还乡。"有鉴于人的根本性的无家可归状态，对存在的历史性的思想来说，人的未来命运就显示在：人要找到他进入存在之真理的道路，并且要动身去进行这种寻找"[1]。因为还乡也就是回归家园，这是从危险到拯救的转折，也就是从形而上学转到存在的本性。正是技术化导致人失去了家园，而无家可归唤醒了乡愁，使还乡成为可能。但是在海德格尔看来技术化的根本原因在于人的主体性、意愿、意图，因此要克服无家可归，要还乡，其根本在于思想的还乡。只有当人经验了居住的本性的时候，还乡作为通往家园的道路才成为可能。"以此方式，思想之学习便是让居住。在此居住中，人倾听并从属于居住的劝说。如果思想要经验到居住的本性的话，那么，人必须首先还要学习思想。因此这已经设定了，人尚未在思想中思考。作为理性的存在，人是在存在者整体中能够思考的。假使人还不能思考的话，那么，思想对他来说首先只是可能性，这种可能性是：不是不可能的。但是，这种可能性却是如此的脆弱，以至于在技术的世界里甚至存在着无思想性。于是，人不思考，而是计算。凭借计算在技术世界扮演着重要的角色，思想只是拥有消失的意义。这种无思想性源于人在思想前的逃亡"[2]。

因此，我们必须放弃主观意愿的计算性的思想，因为如果不这样的话，人就不能思想，因为思想之意愿遮盖了作为思想之元素的思想之可能，因此要求在思想之意愿意义上的思想放弃自身。但是放弃也意味着接受允诺，思想拒绝理性及其说明根据，以接受存在的允诺和语言的道说，它转离形而上学的思想并转向那尚未言说的道说。意愿不仅是形而上

---

[1] GA9，p.341/中译本：《路标》，第402页。
[2] 彭富春：《无之无化——论海德格尔思想道路的核心问题》，上海三联书店2000年版，第165—166页。

学的思想的基本特征,还日益清晰地表明自己是存在者的根据,也就是形而上学中被解释的存在者的存在。但是意愿绝非思想的本性,而是贯彻、设定和制造,意愿是理性的自我遮蔽的狂妄,它事先就把一切逼入它的领域之中,一切都自始至终而且不可遏制地要变成这种意愿的自身贯彻的制造的材料。地球即大地变成原料,人变成被用于高级目标的人的材料,从而使人之人性和物之物性丧失。"人之人性和物之物性,都在自身确认的生产中被分化为一个在市场上可计算出来的市场价值。这个市场不仅作为世界市场普遍全球,而且作为求意志的意志的存在的本性中进行买卖,并因此把一切存在者带入一种商业计算之中,这种行为在并不需要数字的地方统治的最为顽强"[1]。

对于海德格尔来说,对传统形而上思想的放弃展开为两种意义:一方面,它是否扬弃了形而上学的思想;另一方面,它是泰然让之的一种样式。与意愿相反,泰然让之是另一种思想方式,对万物的泰然让之是完全不同于作为万物的设定和控制的思想方式。只要思想在此以泰然让之面对万物的话,那么,它将让万物作为万物物化,不同于主观意图去克服破解,对万物的泰然让之也意味着对于神秘的敞开,亦即将神秘当作神秘。以此方式,泰然让之和敞开自身带来了一人与世界的新的关系,允诺我们一新的根据和基础,在此,我们在技术世界之内能够无危险地站立并能幸存。"为何人在此凭借对于万物的泰然让之能够幸存于技术的世界之中?因为对

---

[1] H, p. 288/《林中路》,第 264 页。

于万物的泰然让之同样是转折于林中空地之中并且是一还乡。通过如此,人首先处于还乡之中,以期克服此无家可归的时代"[1]。

当思想进入泰然让之,如果这已经被让了,亦即人的存在让自身进入泰然让之,那么,泰然让之不再是人的意愿。凭借泰然让之,从无家可归到家园的还乡运动开始了,居住变成了让居住。让居住不是形而上学的设立,此设立设了一个对象,也不是技术的设定,它将对象设定为一构成者。让居住只是被居住所让的并被让进入其中的让居住。在此意义上,建筑以泰然让之来建筑。思想和建筑之所以对于居住具有根本性的意义,是因为这两者是那让居住并在此意义上是同一的。"形而上学的思想不能建筑一居住,因为它为存在的遗忘所规定,凭借于它遮蔽了存在的本源性的真理。技术性的思想也不能建筑一居住,因为它是形而上学思想的后继者,并用信息语言取代了道说的语言。只有当林中空地自身敞开和思想于此在家的话,那么,思想才可能成为建筑的思想。建筑的思想建筑着,凭借于它居住"[2]。

## 四、回归源初生活世界的伦理思想

海德格尔的思想,从早期人生在世,即人的此在,到中期通过艺术作品讨论人的历史的展开,到晚期人诗意地居住在这

---

[1] 彭富春:《无之无化——论海德格尔思想道路的核心问题》,上海三联书店2000年版,第172页。
[2] 彭富春:《无之无化——论海德格尔思想道路的核心问题》,上海三联书店2000年版,第174—175页。

个大地上,可以说都相关于人的存在,并不离开人的生活世界。[1] 但是海德格尔并没有提出自己的伦理学,在他这里存在与道德是分离的,沉沦是人的非本真存在于世界当中,但是是与世界一体的,沉沦不是道德上的堕落,因为海德格尔讲此在生活于世界当中,只有这一个世界,不存在现实世界之外的彼岸世界,只有有两重世界的区分才有堕落,早在《存在与时间》中,海德格尔就否认有一个外在于人的伦理指导者。他说:"从世俗的方式来看待呼唤者,他是无此人。把呼唤者解释为一种什么力量,这似乎意味着无偏见地承认一种客观确定摆在那里的东西。但若正确地看,这种解释只是在良知前的一种逃遁,是此在的一条退路——它借以从那把常人同此在存在的无家可归状态隔开的一堵薄墙那里溜走。这种所谓的良知解释做得好像是承认呼声是有普遍约束力的声音,这声音不仅仅

---

[1] 现代思想一个明显的转向便是转向生活世界,特别是从中世纪的天国转向尘世,这一点在马克思、尼采、维特根斯坦那里都能得到印证。例如,海德格尔在《路标》中认为哲学变为科学,思想之要素的存在在对思想的技术性解释中被牺牲了。"逻辑学就是从智者派和柏拉图开始认可这种解释的。人们按照一种格格不入的尺度来评判思想。这种评判就如同那种做法:根据鱼能在干涸的陆地上活多久来评价鱼的本性和能力。思想呆在干涸的陆地上已经久而久之,已经太久了。"(GA9, p. 315/《路标》,第 368 页),因此,我们需要回到更为源始的人的存在和人的生活本身。维特根斯坦也有类似说法,他认为传统哲学的混乱在于我们的语言脱离了实际生活和原初的使用方式,就如同用一根并不标准的尺子在衡量事物。维特根斯坦将哲学称为一种病,一种脱离正常思维的理智疾病,因此哲学家是那种在达到常识性观念之前必须先治疗自身的许多理智疾病的人。哲学家错误地认为,哲学没有深度是不行的,他们为现在的问题失去深度而感到苦恼,认为现在的人们太肤浅,他们期望的是最新的、深层次的、前所未有的阐明。他们常常试图跳跃过巨大的思想鸿沟,于是陷入其中,因为实际上眼前的东西才是最难理解的东西。哲学一味地想脱离生活世界,但实际上不会有什么新的发现。正是在此基础上,维特根斯坦提出哲学的终结。

以主观的方式发言。更甚一步,这一普遍的良知被抬升为世界良知,这种世界良知按其现象而言是某一发出呼唤的不定人称它或无此人,然而因此也就是那在个别主体中作为这一不确定者在此发言的东西。"[1] 海德格尔早期以此在为中心,此在是人的在世存在,但海德格尔绝不是说人要解脱就要脱离自己的在世存在而去追求其他的存在方式,良知也是此在的良知,召唤是本己的召唤。此在的本真也不是脱离此在,而只是领会了存在,也就是说,人虽然沉沦于世,但是却能够以某种方式领会人之本性和人生的终极意义。"相对于康德对知识领域的划分,海德格尔在《存在与时间》中的'伦理学'并不包含理论理性和实践理性的原始划分。而且,通过对操心(Sorge)的本体论结构的分析,海德格尔努力去说明作为此在的存在意义的上面两个领域的原初一体性"[2]。

在中期,海德格尔谈到世界和大地的争执显现存在的真理,艺术能展现人类的历史和命运。在这里只有源初的人与自然的活动,并没有谈到任何伦理道德,更没有伦理道德的指导原则,只有真理(存在)的显现和遮蔽并由此展现了人类的命运。在晚期,海德格尔谈到天地人神四元世界的圆舞,在此四者都是

---

[1] SuZ, p.278/《存在与时间》,第318—319页。对此,维特根斯坦说只有上帝才有评判人的权利,因为人和人之间的理解不是那么简单。海德格尔没有两重世界的区分,海德格尔虽然出生在基督教家庭,但他并不信仰基督教,他的神并非中世纪的上帝。此类似于中国传统思想也没有两重世界的区分,而是更重视现实世界。早在《存在与时间》中,海德格尔就否认有一个外在于人的伦理指导者。

[2] Craig M. Nichols, The Context of Being: *Heidegger' Critique of Dant, Schelling, and Hegel*, Boston University Graduate School of Arts and Science, 2001, p.60.

平等的，并没有谁来规定谁，而且四元世界的圆舞是自身生成的，也没有什么伦理道德的指导原则。海德格尔的天地人神便是生活世界本身，天地人神是一个整体，人生活于其中，诸神也在场，这并不意味着诸神由天国而来威临于世界，而是意味着在生活世界诸神自身即成为可通达的与可显现的。古希腊人对此有清醒的意识，故胡塞尔说："历史上环绕着希腊人的世界并不是我们的意义上的客观世界，而毋宁是他们'对世界的表象'，即他们自己的主观评价以及其中的全部实在性，比如诸天神与诸守护神，这些东西对于他们而言都是有效的。"[1]所以，西方基督教那种天国与尘世二分的思想根本不符合古希腊的哲学精神。中国传统儒释道思想与此有些相似，孔子曰："道不远人，人之为道而远人，不可以为道。"(《中庸》第十三章) 中国禅宗讲本性是佛，万法在诸人性中，担水砍柴即修行。庄子那里的神人也是依天而行的得道之人。"海德格尔与中国天道观（包括禅宗）在这最关键的一点上是一致的，即认为终极的实在不管叫'存在本身'也好，叫'天'或'道'也好，只能被理解为纯粹的构成境遇。称之为'境'和'域'，取的是这样一个意思，即终极既不是任何现成者，又活生生地在场，使我们领会到当下涉及的一切可能"[2]。伦理也好，信仰也好，都不能脱离人之实际生活，否则就会变成粉饰和遮蔽。正因为如此，海德格尔反对后世作为科学学科划分的伦理学。

---

[1] [德] 胡塞尔:《现象学与哲学的危机》，吕祥译，国际文化出版公司1988年版，第138页。

[2] 张祥龙:《海德格尔思想与中国天道：终极视域的开启与交融》(修订新版)，中国人民大学出版社2010年版，第279页。

## 第四章 海德格尔论诗意居住

　　海德格尔论人，但是没有提出伦理学，海德格尔在《关于人道主义的书信》中对此有专门论述。在《存在与时间》出版后不久，有人问海德格尔何时写伦理学著作，海德格尔的回答是：当人越不知所措，才越渴望伦理学。"对伦理学的约束必须给予最大的关注，当技术的人被分派到群体社会中，总体上只有通过对他们的计划和行动的一种与技术相应的聚集和安排，才能够达到一种可靠的持存状态"[1]。在海德格尔看来，伦理学、逻辑学、物理学最早都是在柏拉图的学院中产生的，也就是思想变成哲学的时代，在这个时代转变中，科学产生了，思想却消失了，在此时代之前的思想家既不知逻辑学亦不知伦理学亦不知物理学，但他们的思想既不是非逻辑的，亦不是非道德的。[2] 海德格尔认为他们倒是在后世一切物理学都不再能够达到的深度和广度上思 φύσις（自然）。比如索福克勒斯的悲剧在其道说中就比亚里士多德关于伦理学的讲座更原初地保存着 ἦθος（希腊文，译为品格、气质、习惯）。

　　更为重要的，海德格尔举例说赫拉克利特有一个箴言，认为他只用三个词却道出了十分质朴的东西，竟使得伦理之本性就从其中直接显明出来了："ἦθοςἀνθρώπῳδαίμων"。海德格尔认为这句话通常译为"人的特性就是他的守护神"，但是这种译法是现代思想，而非希腊的想法。海德格尔的理解是："ἦθος 意味

---

[1] GA9, p.355/《路标》，第416页。
[2] 与此类似，老子和庄子同样把仁、义、理、智等道德观念尚未形成、人们无拘无束无知无欲纯真生活的远古时期作为了理想的道德社会，将之看作至德之世，而后世圣人提出大量大德观念却是道德本身的衰亡。如庄子："神农之世，卧则居居，起则于于，民知其母，不知其父，与麋鹿共处，耕而食，织而衣，无有相害之心。"（《庄子·盗跖》）老庄正是在此意义上批评和嘲笑孔子和儒家学说。

着居留、居住之所。这个词指人居住于其中的那个敞开的区域。人之居留的敞开的东西让那种向人的本性走进并且在到来之际居留于其切近处的东西显现出来。人之居留包含着保存着人在其本性中所从属的那个东西的到达。这个东西按照赫拉克利特的话来讲，就是δαίμων，即神。赫氏之箴言是说：只要人是人的话，人就居住在神之近处。"[1]

海德格尔认为赫拉克利特这句话把思想家的居留及其行为置入另一道光亮了，居留对人说来就是为神（非凡者）之在场而敞开的东西。[2] 在海德格尔这里，敞开是存在的敞开，因此，海德格尔讲的神要从存在来思考。"但惟有神圣者才是神圣的本性空间，而神性本身又只允诺诸神和上帝之维度，唯当存在本身首先而且在长期的准备中已经自行澄明，并且在其真理中被经验了的时候，神圣者才得以显露出来。只有这样，才能从存在而来开始对无家可归状态的克服，而在无家可归状态中，不仅人，连人之本性都惘然失措了"[3]。如果存在没有向人敞开，神圣者的维度就仍然锁闭，而这正是我们这个时代的状况。但时代的转折并不是一个新神闯进世界取代了旧神，而

---

[1] GA9, pp. 354 – 355/《路标》，第417—418页。

[2] 亚里士多德在《论灵魂》中也记录了赫拉克利特这句话，这句话是他向一些想来接近他的外来人说的，这些外来人迎面而来看见他正在烘炉旁烤火，觉得他平淡无奇而且贫穷，但他还鼓励他们这些踌躇不前的人们并用这句话叫他们进来："这里诸神也在场"。从海德格尔的诠释中可以看出，哲学家的世界就是大众的生活世界，丝毫不曾游离半步。然而，同样是如此这般之世界，大众只看到了杂多之现象堆积，而哲学家则看到"这里诸神也在场"。哲学家是生活世界的倾听者，哲学并非远离生活世界，而一般大众则是生活世界的沉迷者，在生活中根本听不到哲学的呼唤。

[3] GA9, pp. 337 – 338/《路标》，第399页。

是人要为神的莅临备下安身之所，这个安身之所就是前面海德格尔提到的诗歌，这里是建筑和居住。海德格尔认为："如果说按照ή θoς 一词的基本含义来看，伦理学这个名称说明的是它深思人的居留，那么，那种把存在之真理思为一个绽出地生存着的人的原始要素的思想，本身就已经是源始的伦理学了。不过，这种思想之所以是伦理学，也并非首先因为它是存在学。因为存在学始终只思考存在中的存在者（ὄν）"[1]。

因此，正如海德格尔反对由柏拉图肇始的西方美学，海德格尔反对伦理学，也反对传统形而上学对存在的遗忘，对学科体系的主观设定划分，以及随着近代主体思想出现的人类中心主义。[2] 在海德格尔看来，思想应该回归到本然状态，而不是刻意地追求而变成一种人道主义，因为这种人道主义是形而上学的人道主义。并不是需要再创造什么新思想去克服形而上学，而是思想回到存在之本源处，但是现代人的主体性使这种思想的返回非常困难，海德格尔反对人道主义是反对形而上学意义上的人道主义，此人道主义不是切近存在之真理的人道，即人的绽出性生存。在海德格尔看来，人的生活，应该是去聆听存在，去接受存在的馈赠，做存在的守护者和看护者，泰然让之，

---

[1] GA9, pp. 356-357/《路标》，第420页。

[2] 哲学本是爱智慧，哲学应当于生活世界中扩充生命之灵明与慧根，以宇宙之悲怀照澈世界，朗润生活。但是现代学科专门化使哲学失去了源始精神，远离了生活世界。正如中国古代思想并没有现在的学科划分方式，现代中国人将古代思想分门别类地划分到各门学科的做法（并且往往是借用西方的学科划分方式），往往表现为思想的人为的暴力而割裂和遮蔽了中国传统思想的本来面目。特别是高等学校教育文史哲以及艺术等学科门类的分立，并不利于中国传统思想的教育研究和人才的培养。

让显现，让存在，感恩存在给人的馈赠。它表现为早期思想《存在与时间》中此在的绽出性生存，中期思想《艺术作品的本源》中真理的发生，晚期思想诗意地居住。海德格尔说："思想追问存在之真理，同时又从存在而来并且从存在来规定人之本性的居留；这种思想既非伦理学亦非存在学。"[1]

---

[1] GA9，p.357/《路标》，第421页。海德格尔这里还批评了所谓存在学的看法，海德格尔思想以存在为中心，因此被冠以存在学，在现在美学研究中有的研究者称为存在论美学、生存论美学等，其实海德格尔从来没有使用过这样的名称，而且他也反对这样的名称。因为这样会使海德格尔的存在一词概念化，而且仿佛是理解海德格尔的核心概念，正如海德格尔后期基本不再使用存在，现象学等词语，以及海德格尔中断和萧师毅合作翻译道德经，都是避免他的思想被形而上学概念化理解。海德格尔将之作为从事科学和研究的不当意图，是误入歧途，因为他们看不到有比概念化的思想更为严格的思想，比如现象学的观看。

# 第五章
# 维特根斯坦论美和艺术

作为和海德格尔同时代的大哲学家,维特根斯坦哲学表面看起来和海德格尔风格迥异,实则有着很多内在的一致性。特别是维特根斯坦本人的思想特别是后期思想强烈批判了西方脱离现实的理性主义哲学,要求回到生活世界本身,并在其论著中对语言等生活现象采取描述的方式,强调世界先在的给予性,坚持人生意义诸问题能在生活中显现和发生而不能被言说,反对主客二分的认识方式,这些都符合现象学回到事情本身的宗旨,并且和海德格尔的思想有异曲同工之妙。

## 一、维特根斯坦对美学和艺术的重视

维特根斯坦对美学就像对伦理学一样十分重视,这一点我们可以从下面这句话看出:"我可能觉得科学问题很有趣,但我从来没有真正被这些问题束缚住。只有观念的问题和美学的问题才能束缚住我。从根本上来说,我对许多科学问题的解决不感兴趣,而对其他问题不是如此。"[1] 由于坚持伦理学和美学的不可言说,他对美学谈论得并不是很多,但并不等于他对美学的思考不多。正如他对人生问题谈得似乎不是很多,而实际上维特根斯坦一生都在苦苦探索,无论是在思想还是在行动上。

艺术在维特根斯坦的生活中占有非常重要的地位(比哲学要重要得多,维特根斯坦一生都热爱艺术而总想摆脱哲学,相比而言,哲学只不过是他被动去做的事)。维特根斯坦一生特别钟情于音乐,不仅是因为他出生在"音乐之都"维也纳的富豪家庭,还因为他的家庭具有很强的艺术氛围。[2] 欣赏音乐是维特根斯坦的终身爱好,有时,他一整天地构思一首乐曲,并且下意识地磨动牙齿,仿佛音乐要从身体里奔出来似的。尤其在他艰苦的理智劳作之后,欣赏音乐简直成了他改换脑筋的最好办法。直到晚年,他仍然喜欢谈论海顿、莫扎特、贝多芬等伟大的音乐家,并一直对其他音乐家和音乐的一般趋向保有自己的看法。维特根斯坦不同意认为音乐只有少数乐符和节拍而只是将其看作一种原始艺术的观点,他认为音乐只是表面上的

---

[1] 《杂评》(第11卷,第108页),以下《维特根斯坦全集》引文只标明文献名称和卷数,详见参考文献。

[2] 维特根斯坦的母亲列奥波丁·卡尔姆斯极具音乐天赋,音乐是她生命中最重要的事情。路德维希这一代人的音乐素养以及整个家庭的音乐气氛,主要都得自她,在频频举行的音乐晚会上,当时帝国著名的音乐家都是常客。由于这样的家庭音乐气氛,维特根斯坦的音乐感觉也比常人敏锐,对音乐的鉴赏也比一般人苛刻。他的骨子里留有家庭遗传给他的追求纯粹和卓越本能。维特根斯坦的哥哥汉斯也是一位音乐天才,很小就掌握了小提琴和钢琴,4岁便开始谱曲。为了保持自己生命一般的音乐激情,他在父亲的压力下逃往美国(维特根斯坦的父亲为了给自己庞大的财产培养继承人,要求维特根斯坦的几个哥哥接受经商教育,在这种压力下,他两个哥哥自杀,家庭中浓厚的音乐氛围,使他们都非常脆弱和敏感)。

简单，而这一表层内容所显示的深层实体，则包含着其他艺术只在外在形式中出现而在音乐中深含着的全部复杂性，从一定意义上说，音乐是最精深奥妙的艺术。

维特根斯坦将艺术、思想、科学等并列，认为艺术也给人启迪。他说："不过，在我看来，除了通过艺术家的作品外，还有另一种用以把握永恒观念之下（Sub Specie aeterni）的世界的方式。我认为这就是思想的方式，思想仿佛飞翔于世界之上，它在飞翔时从上空进行观察，而让世界保持它的原状。"[1] 虽然这里是在谈论思想，但我们可以从侧面看出，维特根斯坦认为艺术和思想一样，都能把握永恒观点之下的世界，都是对世界本质的把握。艺术绝不仅仅是一种娱乐消遣，而是和科学处于同等重要的地位，"目前有些人认为，科学家的存在是为了使他们接受教育，诗人、书法家、音乐家等人的存在是为了使他们享受快乐。后面这些人也给他们以某种启迪；他们没有想到这一点"[2]。他还认为，在科学的时代之后，艺术的时代将要来临，"大师们的著作犹如在我们周围升起来又落下去的太阳。一切正在下落的伟大著作再度升起的时刻即将到来"[3]。

维特根斯坦对美学和艺术的重视也是他对现代西方文化衰退进行反思的结果，资本主义的现代化所造成的种种弊端，尤其是1929—1933年资本主义世界经济危机，使一些知识分子普遍感受到斯宾格勒所描述的"西方的没落"，因此维特根斯坦自然重视艺术和宗教的问题。按照他在《蓝皮书》中的说法，

---

[1]《杂评》（第11卷，第8页）。
[2]《杂评》（第11卷，第51页）。
[3]《杂评》（第11卷，第23页）。

哲学家们过分推崇科学方法,从而造成形而上学的伪问题。维特根斯坦认为,他的目的不是要告诉人们有关领域的新知识,而是促使人们改变思维方式,在不同科学的领域,例如,艺术和宗教领域,消除对科学思维方式的盲目崇拜(在本文余论部分将会详细谈论维特根斯坦对科学思维方式的批判,对所谓的心理学美学和实验美学的反驳)。总体上说,维特根斯坦认为现代艺术是一种衰落。[1] 在论述具体的艺术家时,维特根斯坦总认为古典艺术大师的很多精神在现代艺术家那里已经失落,认为后来所谓的那些艺术大师也往往只是对前人的复制和模仿,特别是维特根斯坦钟情的音乐艺术,他在其著作中多次谈道:"一切伟大的艺术里都有一头野兽:一头驯服了的野兽。例如,在门德尔松那里却没有。一切伟大的艺术都把人的原始冲动作为他们的基础低音(Grundba)。它们不是旋律(也许像它们在瓦格纳那里那样),而是一种使旋律获得它们的深度和力量的东西。在这个意义上,可以把门德尔松称为一个'进行复制的'艺术家。在同样的意义上,我为格蕾特儿建造的那座房子是极其灵敏的耳朵和良好的风度的产物,是(对一种文化等等)高度理解的表现。可是,这里没有那种可能在旷野里尽情发泄出来的原始生活,野蛮生活。因此也可以说没有健康(基尔凯郭尔)。"[2]

---

[1]《关于美学的讲演》(第12卷),第333—334页,维特根斯坦专门谈到了"衰退"。

[2]《杂评》(第11卷,第52—53页)。另外维特根斯坦还在《关于美学的讲演》第331页的一个脚注中解释了工艺品衰败的情形,他说:"解释一件工艺品衰退的情形。在一段时期内,一切都是确定的,特别的关心总是浪费在某些细节上;在另一段时期,一切都是复制,没有什么东西被思考过。——T"

## 二、美在生活中显现

和伦理学一样,维特根斯坦对美学所持的基本观点也是美学的不可言说,维特根斯坦总是将美学和伦理学相提并论,它们往往是同时在同样的场合出现。他说:"艺术是一种表达方式。好的艺术品是完美的表达。艺术品是在永恒的观点下看到的对象;善的生活是在永恒的观点下看到的世界。这就是艺术和伦理学的联系。"[1] 也就是说,艺术和伦理都是在永恒的观点之下,在对象之外,而不是从对象中间看对象,因为美和善都是在世界之外而不在世界之内,维特根斯坦还问道:"用幸福的眼睛看世界,这是不是艺术的考察方式的本质呢?"[2] 维特根斯坦认为,将美作为艺术的目的是有道理的,"而且美正是使人幸福的东西"[3]。对美的谈论也适应于对善的谈论,"人们通常对'美丽的'所说的东西,也将以略微不同的方式适用于'善的'。关于后者所提出的问题类似于关于美所提出的问题……"[4] 在维特根斯坦那里,伦理和美都有一个共同的东西,就是价值,但这个价值又是不可传授,不能用语言来解释的,特别是不能空谈价值。

和伦理学一样,维特根斯坦否认有什么普遍的美学理论和美的本质。在美学中追求普遍的东西和共同的定义也是不可能的,例如我们前面提到的,维特根斯坦在反对事物的本质时说:

---

[1]《1914—1916年笔记》(第1卷,第169页)。
[2]《1914—1916年笔记》(第1卷,第174页)。
[3]《1914—1916年笔记》(第1卷,第175页)。
[4]《维特根斯坦剑桥讲演集》(第5卷,第170页)。

"让我们把讨论的话题转向善。伦理学中关于善的处理方式之一是认为,一切被看作善的东西有共同之处,正如人们倾向于认为,我们称作游戏的一切东西有共同之处。柏拉图谈论寻求事物的本质……关于美也会提出相似的问题……"[1] 共同的本质的东西是不存在的,它们最多是一种"家族相似","'随便什么——因而没有什么——是正确的。'这是在美学和伦理学中寻求与我们的概念相符合的定义的人所处的境地。在碰到这种困难时请你一定问问自己:我们是怎样学会这个词(例如'善')的意义的?通过什么样的例子?在什么语言游戏中?那样,你就会较容易地看出,这个词一定有一个有意义的家族。"[2] 这样,我们就需要注意这些词具体运用的场合,和与它们相伴随的行为,"例如,'美丽的颜色'这个词可以有一百种意义,这取决于我们使用它的场合"[3]。像"美丽的""丑陋的""愚蠢的"等词,都属于一种具体的游戏,而人们是在玩不同的游戏,不同的游戏中有不同的意义,因此只有通过观察人们对它们的使用,我们才能确定它的意义。他还说:"伦理学也是如此:'善'这个词的意义属于它所修饰的行为。"[4]

维特根斯坦否定所谓的普遍意义的美学理论,因此他仔细考察所谓的审美现象在日常生活中的情形。维特根斯坦首先认为,像"美的"这个词很容易引起人们的误解,在《关于美学

---

[1]《维特根斯坦剑桥讲演集》(第5卷,第167页)。
[2][奥]维特根斯坦:《哲学研究》,李步楼译,陈维杭校,商务印书馆1996年版,第54页。
[3]《维特根斯坦剑桥讲演集》(第5卷,第168页)。
[4]《维特根斯坦剑桥讲演集》(第5卷,第169页)。

的讲演》的开头，他就说："这个题目（美学）太大了，而且据我所知是完全被误解了。像'美的'这种词，如果你看一下它出现的那些句子的语言形式，它的用法比其他词更容易引起误解。'美的'〔和'好的'——R〕是形容词，所以你会说：'这有某种特征，即美的特征。'"[1] 和前面探讨其他哲学问题一样，维特根斯坦对"美的"一词的使用也是从它的原初用法入手，指出这个词被使用的关键不在于这个词本身有什么意义，更重要的是要关注这个词使用的场合。"我们在讨论一个词的使用时总要做的一件事，就是询问我们是怎么知道它的。这样做，一方面是消除各种错误的看法，另一方面则是给你一种使用这个词的最初语言。……如果你问自己的孩子是怎么学习'美的'、'好的'等，你就会发现他基本上是把它们用作感叹词。（'美的'是所谈论的一个很奇特的词，因为几乎没有用过它。）……我们关注的不是'好的'或'美的'这些词，它们完全不重要，通常只是作为主谓句（'这是美的'），而是关注说出它们的场合——关注大量的更为复杂的情况，其中有审美表达的作用，但这个表达本身却可能完全被忽略了"[2]。因此，维特根斯坦并不从词开始，而是从更为原初的词的使用开始，从某些场合或活动开始，指出我们语言的一个特征在于：在这些场合中使用的大量词语都是形容词，而实际上它们首先是被用作感叹词，"显然，在实际生活中，当做出什么判断，那么诸如'美的'、'好的'等这些审美形容词几乎并不起什么作

---

[1]《关于美学的讲演》（第12卷，第323页）。
[2]《关于美学的讲演》（第12卷，第324—325页）。

用。音乐评论中使用审美形容词吗？你说：'看看这个过渡。'或[里斯]'这一小节不一致。'或你在诗歌评论中说：[泰勒]'他用的想象很准确。'你用的语词更接近于'对的'和'正确的'（就像这些词是通常说话中所用的那样），而不是'美的'和'可爱的'。"[1]因此，和哲学一样，维特根斯坦在美学中也希望人们能从概念的束缚中解脱出来，他说："奇怪的是，所有的时代都不能使它们自己从某些概念——例如'美的'和'美'这些概念——的束缚中解放出来。"[2]

维特根斯坦强调，在日常的生活中，并不需要使用这样的词语，但是人们的审美活动会在日常生活中自然而然地表现出来，维特根斯坦举了一个很经典的例子，意思是如果一个人觉得他的衣服很漂亮，他只是喜欢经常穿它，并不是经常说它有多美，他甚至说这就是美学（现在有些人热衷于谈论美学，对美的热爱往往停留在理论层面上，和维特根斯坦这里说的恰恰相反）。因此，在日常生活中出现的审美矛盾和多样性也并没有什么奇怪的，"……假定女主人说'这是丑陋的'，而你说'这是可爱的'。——好吧，就这样吧"[3]。维特根斯坦认为，在日常生活中审美反应才是最关键的，"与美学相关的最重要的东西是所谓的美学反应，即不满意、厌恶、不舒服。不满意的表达并不同于不舒服的表达。不满意的表达说：'再高点儿……太低了！……像这样做。'"[4]

---

[1]《关于美学的讲演》（第12卷，第325—326页）。
[2]《杂评》（第11卷，第108页）。
[3]《关于美学的讲演》（第12卷，第335页）。
[4]《关于美学的讲演》（第12卷，第337页）。

## 第五章 维特根斯坦论美和艺术

正是从生活世界的角度出发,维特根斯坦十分反感以前的那些所谓的美学问题,认为它们是非常可笑的问题。"一件有趣的事情是认为,人们有一种美学。我马上要谈论的就是美学可能是什么。你可能会把美学看作告诉我什么是美的科学——就语词来说,这简直太可笑了。我认为它还应当包括什么样的咖啡味道更好些"[1]。和他的哲学思想一样,维特根斯坦也认为所谓的美学问题往往是本末倒置,脱离实际而产生的虚假问题。"下面这种看法是一种非常普遍的、广泛流行的思想疾病:假设在人们的一切行动之后有一种心理状态,人的行为就发源于这种状态。于是产生了这样一种似是而非的解释:……假定某人说:'时装之所以发生变化,是由于人们的审美趣味发生了变化。'——当一个裁缝今年设计出一种与去年不同的燕尾服剪裁样式时,为什么我们称之为他的审美趣味的变化的那种东西,不应当部分地或者全部恰恰在于他改变了裁剪式样呢?"[2]

维特根斯坦对那些人为制造出来的东西似乎十分反感,这在他的哲学中表现得十分明显,在美学中也是如此,他说:"当我们发现一种花或一种动物丑陋时,人们往往说它们像人工制品。他们说:'它们看上去像……'这段话阐明了'丑陋的'和'美丽的'这两个词的意义。"[3] 艺术并不是什么奇迹,相反,它是自然而然在生活中出现的,就如同植物生长在自然中一样,维特根斯坦比喻说:"自然界的奇迹。人们会说,

---

[1] 《关于美学的讲演》(第12卷,第335页)。
[2] 《一种哲学考察(褐皮书)》(第6卷,第209页)。
[3] 《杂评》(第11卷,第16页)。

艺术向我们显示自然界的奇迹。艺术立足于自然奇迹这个概念之上。(花正在开放,这里有什么奇迹呢?)人们说:'瞧,花是怎样开放的!'"[1]

处于不同的生活世界,对不同的艺术或者对同一门艺术,人们的欣赏方式肯定是不同的,因为,人们在他们的生活中和它们建立了不同的关联或者没有建立起一种关联[2]。因为艺术本身就是一种生活方式,艺术是人类生活方式的一种表现形式,人们的生活方式在艺术欣赏中起着基础作用,在《杂评》中谈到对音乐的理解时,维特根斯坦说:"对音乐的理解是人类生活方式的一种表现形式。"[3] 紧接着,他分析了音乐欣赏:"在我看来,这个乐句是一种姿势。它潜入我的生活之中。我把他看成我自己的乐句。"[4] 维特根斯坦反对那些所谓的艺术批评和理论,他说:"把读者可能做的事情留给读者自己去做。"[5] 维特根斯坦坚决反对人们将美学当作一种科学的想法(这一点我们下面在他对心理学美学和实验美学的批判中还会具体谈论)。不同于询问"什么是美?"这样的传统美学的做法,维特根斯坦只是给出一系列例子,表明艺术欣赏并不具有可以用语言定义的共同本质,而是由各种姿势、行为、感觉和词语等组

---

[1]《杂评》(第11卷,第78页)。
[2] "关联"是维特根斯坦思想中一个很重要的词,在维特根斯坦的很多理论中都涉及,在不同的生活世界中,人们和事物建立的关联是不同的,一个脑子里没有这种关联的人,你怎么向他解释都是没有用的,因为这种关联是在他的生活世界中慢慢建立起来的,语言的解释是没有用的,这就像国外有些民族艺术,我们无论如何都欣赏不了。
[3]《杂评》(第11卷,第96页)。
[4]《杂评》(第11卷,第100页)。
[5]《杂评》(第11卷,第105页)。

成的表征系列,而且各种表征方式在不同文化中有着巨大的差异,所有这些例子之间构成"家族相似"的关系。

因为人们生活世界的多样性,艺术欣赏才会出现多样性,因为不同生活世界的人对艺术的理解是不同的,单单描述欣赏是什么是不可能的,要描述欣赏在于什么,我们就不得不描述整个环境。我们在同样的时刻和环境中使用不同的审美字眼,我们也将同一字眼用于不同的时刻和环境。所以,重要的是,我们使用这些字眼的时刻和环境,我们的整个生存方式,而不是字词本身,不存在对艺术欣赏和美的共同定义。至于对所谓艺术欣赏有什么高下之分,维特根斯坦更是嗤之以鼻,他说:"人们说,某个人有'画家的眼睛'、'音乐家的耳朵',可是,一个没有这样的特质的人并不会因此而成为盲人或聋子。"[1]因为人们在各自的生活中建立起了不同的关联,"对某人谈论一些他不懂的事情,那是毫无意义的,即使你补充说他不能理解。(这经常发生在你所爱的人身上。)"[2]

因为艺术欣赏本身是一种生活,就是生活本身,维特根斯坦否认在艺术欣赏活动中必定伴随着一个什么东西(他认为这是人们在艺术欣赏活动中的一个普遍倾向,他对此的反对也和他对心理学的反对相关),正如他认为语言中并不伴随着一个思想的东西一样,"当我领悟地倾听一首曲子时,是否我并没有感觉到什么特别的东西?——当我听这首曲子而不理解时,是否就不会感觉到这种东西?是什么东西呢?没有答案,或者

---

[1]《关于心理学哲学的最后著作》(第10卷,第149页)。
[2]《杂评》(第11卷,第12页)。

我突然想到的是无聊之事。我完全可以说：'现在我懂了。'并且能够谈论这个曲子，演奏它，把它和其他曲子作比较等。理解的标志也许伴随着倾听"[1]。倾听就是理解，就构成理解本身，并不需要一个其他的过程和东西的存在，"把理解称为一个与倾听相伴随的过程，那是错误的。（当然，也不能把它的表现——那种充满表现力的演奏称为倾听的伴随物。）"[2] 他说，"你可以演奏一遍小步舞曲，从中得到了许多东西，而换个时间再演奏一遍，却什么也没有得到。但由此并不会得出结论，认为你从中得到的东西不依赖于小步舞曲，例如错误地认为意义或思想只是语词的伴随物，而与语词无关。'命题的意义'非常类似于'对艺术的欣赏'情况。认为句子与对象有关这种看法，就是说，无论有这种效果的是什么，都是句子的意义。'一个法语句子怎样呢？'——有相同的伴随物，即思想"[3]。维特根斯坦在这里似乎批判了艺术欣赏后面往往依靠某种思想的看法，因为这种思想往往被强加给艺术。

那么，用什么方式来解释艺术呢？维特根斯坦十分看重艺术与时代的联系，特别是与那个时代的文化，"因为，如何理解'充满表现力的演奏'呢？一定不是通过演奏的伴随物加以解释。——那么要用什么来解释呢？可以说那是一种文化。——谁在一种特定的文化中接受教育，他就会对音乐作出如此这般的反应，人们就可以教他使用'充满表现力的演奏'

---

[1]《纸条集》（第11卷，第158页）。
[2]《纸条集》（第11卷，第158页）。
[3]《关于美学的讲演》（第12卷，356页）。

这个词"[1]。因此，要描述一套审美规则，就完全意味着要描述一个时期的文化，而不同的时代的文化是不同的，即不同的时代玩着截然不同的游戏，我们现在的文化趣味在中世纪也许并不存在。也就是说，只要是生活在这种文化中，就会作出这种反应，反之，不生活在这种文化中，相应地对这门艺术就不能理解和欣赏，整个审美判断都是如此。不同的艺术和欣赏是不同的游戏，而这些游戏的根基是整个文化。维特根斯坦还强调艺术作品与一个时代的文化的联系，"某些作家曾经颇有成就，而现在已经过时，其原因就在于他们的作品在被他们那个时代的整个环境所充实时才会发出强烈的呼声。可是，如果没有这种充实，他们的作品就会死去，好像移走了那种使它显出光彩的灯光一样。"[2] "我相信，如果一个人欣赏一位作家，那他一定也会喜欢这位作家所属的那种文化。如果一个人觉得这种文化无关紧要或者令人厌恶，那他对这位作家的赞美就会冷却下来"[3]。维特根斯坦深刻揭示出，人们在艺术欣赏中总是倾向于把艺术作品和现实联系起来，和自己所知道的东西联系起来，和自己在生活世界中积累的一切东西联系起来，而不是其他什么东西，"对一幅画（一种思想）的态度。我们体验一幅画的方式使它对我们来说成为真实的，也就是说，把它和现实联系起来了；它建立了一种和现实的连续性。（害怕把一幅画和对现实的恐怖联系起来了。）"[4]

---

〔1〕《纸条集》（第11卷，第159页）。
〔2〕《杂评》（第11卷，第107—108页）。
〔3〕《杂评》（第11卷，第116页）。
〔4〕《哲学语法》（第4卷，第175页）。

为什么我们会认为不同的艺术家有共同之处呢？譬如，你会发现某位音乐家的风格和你喜欢的诗人或画家的风格之间有相似之处，维特根斯坦认为那是因为他们生活在同一时代，尤其是都处在那个时代的文化之中，并且这也产生了艺术的客观的意义。维特根斯坦还认为，我们对以往时代的误解太多，[1]"一个时代误解另一个时代。一个小小的时代以它自己的那种令人厌恶的方式误解其他一切时代"[2]。这也和他认为的现代艺术的衰落有关，总的来说，他贬低他所处的时代，而向往那个艺术兴盛的时代。

对那些所谓的艺术欣赏术语，维特根斯坦也是坚决反对的，例如，他在很多地方谈到"审美力"，他认为像这些理论词汇，在实际活动中并不会有任何作用，艺术欣赏并不都需要审美力，一个人没有"审美力"这个概念，并不等于他不会审美。艺术创造也不都需要审美力，伟大的艺术是浑然天成的，维特根斯坦说："审美力作为调节。分娩不是它的事情。审美力使某一种事物成为可接受的。（由于这一原因，我认为一位伟大的创作者不需要任何审美力，他的产儿以一种完全成形的形态进入世界之中。）琢磨润色有时是审美力的一种功能，有时却不是。我有审美力。甚至最精致的审美力也与创造力无关。审美力是感受性的提炼。不过，感受性并不能产生任何事物，它纯然是一种接受。我不能判断是否我具有审美力，还是也具有创造力……"[3]真正的审美活动与这些概念无关，它是一个复杂的

---

[1] 这方面在其《评弗雷译的〈金枝〉》中论述很多。
[2] 《杂评》（第11卷，第117页）。
[3] 《杂评》（第11卷，第82页）。

活动。在复杂的审美活动中,所谓的审美力也是变化的,不是能从概念上加以把握的,"审美力可能令人向往,但不能被人把握"[1]。

作为一个哲学天才,维特根斯坦十分关注艺术中的天才,总的来说,他的天才理论和康德相似,认为天才是天生的,自然形成的。维特根斯坦十分推崇天才,也是因为他认为,现代社会是一个不利于天才产生的时代,现代的人有才能,但缺乏天才。他说:"天才(Genie)是那种使我们忘记大师的才能(talent)的东西。"[2] 天才也不是技巧,"天才是那种使我们忘记技巧的东西"[3]。也正因为如此,艺术并不是什么奇迹,相反,是在生活中自然出现的,就如同植物生长在大自然中一样。天才是天生的,是在人的性格中表现出来的,是性格在其中表现出它自身的一种才能,它是与生俱来的。维特根斯坦认为现代只有大师,艺术衰落,因此他推崇天才,他经常以他喜欢的音乐为例子:"你当然可能说,瓦格纳和勃拉姆斯彼此以不同的方式来模仿贝多芬。可是,在贝多芬那里是天上的东西,在他们那里变成了尘世的东西。同样的表现方式出现在贝多芬的乐曲之中,但它服从于不同的规律。在莫扎特或海顿的乐曲中,命运没有发生任何影响。这不是这种乐曲所关注的。托维这头蠢驴有一次说,这一点或者类似的情况应归因于莫扎特从来没有接触过某个种类的读物。仿佛这表明音乐大师们的乐曲只是靠书本加以规定的。当然,乐曲与书本有些联系。但是,如果

---

[1] 《杂评》(第11卷,第83页)。
[2] 《杂评》(第11卷,第60页)。
[3] 《杂评》(第11卷,第60页)。

说莫扎特在他的读物中没有发现任何伟大的悲剧,难道他就不可能在他的生活中遭遇这样的悲剧吗?难道音乐家只有通过诗人的眼镜才能看见任何事物吗?"[1]

维特根斯坦反对对艺术的科学分析,回击现代科技对艺术产生的不良影响,从而推动艺术的复兴。维特根斯坦在美学中回击科学,主要表现在他对心理学美学和实验美学的批判。特别是心理学美学,维特根斯坦谈论得很多。总的来说,维特根斯坦认为心理学本身是受科学的影响而产生的一门虚假的学科,因为它试图对人的心理进行科学分析,找出因果联系,而维特根斯坦认为因果联系是虚假的,是一种科学的迷信,他在很多地方批评了弗洛伊德。我们这里并不详谈他对心理学的批评,只谈论他对心理学美学的反驳。他说:"人们常说,美学是心理学的分支。这种看法认为,一旦我们更为先进,一切东西——所有的艺术之神秘——就都可以为心理学的实验所理解。这个看法简直太荒谬了,可它就是如此。美学问题与心理学实验毫无关系,它们是以完全不同的方式得到解答的。……人们仍然认为,心理学总有一天会去解释我们所有的审美判断,他们是指实验心理学。这非常有趣——真的非常有趣。而在心理学家们的工作与关于艺术作品的判断之间,似乎并不存在任何联系。我们可以去考察我们所谓的对审美判断的解释究竟是一种什么东西。……当人们对审美印象感到迷惑时所寻求的那种解释并不是一种因果解释,也不是由经验或关于人们如何反应

---

[1]《杂评》(第11卷,第111页)。

的统计来确证的解释。(你无法通过心理学实验来得到这个解释。)"[1]

维特根斯坦认为,审美解释不同于心理学说明,审美解释并不是因果解释,审美的理解和判断不同于也不依赖于心理学实验。即使知道了审美时心理和大脑发生的过程,我们仍然不理解审美现象。当一个人为审美印象所困扰,追求解释时,他所希望得到的不是心理学的实验结果,而是审美的理由或动机。在科学中流行的原因说明不是在审美艺术中适用的理由解释。维特根斯坦认为,原因和理由的区分在所有的哲学中,在我们的全部文化中,具有根本的重要性。例如,在艺术领域,人们所需要的解释并不是什么为美和如何美的原因,而是通过表现以前未曾想到的联系,显示何为美,一件艺术品为何美。维特根斯坦在自己的经历中寻找例子,他指出,一些诗歌或其他文学作品,当他起初阅读时,感觉不到它们的美,他在心中没有引起共鸣。然而,当他矫正自己的阅读方式,或者在某一不同的情景下再阅读时,他便在心中产生了共鸣,感到了它们的美,看到了以前没有看到的一些联系,禁不住为这种感觉手舞足蹈。如果一个人不理解一件艺术作品,那他就只能以一般方式看它,只有当他能以独特的方式看它,才能看到其中的美。美就在这种不同的关联中显示出来。可能有各种各样的阻碍阻挡我们以具体独特的方式看待事物,阻挡我们看到事物的一些审美联系,所以,艺术欣赏需要特定方式的沉浸。

和批判心理学美学相关,维特根斯坦批判了实验美学,

---

[1]《关于美学的讲演》(第12卷,第342—346页)。

"在美学研究中我们并不关心因果联系,而这是我们在心理学中要关心的。……我们所做的这种发现人们好恶的实验并不是美学。如果这是美学,那么你就会说,美学只是一个品味问题。美学问题并不是'你喜欢它吗',而是'你为什么喜欢它'。一旦我们把这个问题变成一个品味问题,它就不是美学了。……我们在美学中感兴趣的并不是因果联系,而是对事物的描述。……美学是描述性的。它所做的就是要引起人们对某些特征的注意。把事物挨个排列以便展现这些特征"[1]。

### 三、维特根斯坦的美学实践

虽然维特根斯坦几乎没有自己的艺术创作,但他的审美趣味在他的生活中仍然表现很明显,他对现代资本主义的那种繁缛、奢侈和豪华十分反感,认为那是一种文化衰退的结果,是现代人文化软弱无能、心理空虚的产物(类似于卢梭和康德对艺术的看法)。他在剑桥时对自己房间家具的要求极高,让家具商们很为难,连罗素也觉得他过于挑剔,他对罗素辩护说,他不喜欢任何不是家具结构一部分的装饰,家具必须简单雅致。[2]

最为有名的,是维特根斯坦曾帮他的姐姐设计房子。他将严格的比例和对称运用到房子的各个细节,追求天然,反对雕

---

[1]《维特根斯坦剑桥讲演集》(第5卷,第172—173页)。
[2] 维特根斯坦厌恶多余装饰的审美的甚至是伦理的观点,是19世纪末维也纳激进的文化人的典型观点。19世纪末维也纳腐朽的上流社会普遍将过去的高贵文化变成一种装饰和面具,以掩盖他们的脆弱和没落,这引起了那些具有自由思想的文化人的普遍反对和厌恶。也可以一般地说,任何多余的虚饰都是脆弱的掩饰物,甚至可以用审美的简洁和繁饰,来判断一个时代人们内心的强大和弱小。

饰，使那座楼房整体上看精美庄重。他近乎狂热的精确感，使他的搭档和建筑工人们经常感到为难，但是别人不得不听从他，因为他更理解他姐姐的审美情趣，或者不如说，他姐姐更愿意跟随她弟弟的审美情趣。当然，她本人也是一个具有独特性格的女士，她从童年起就喜欢周围的一切都雄浑、出自原创，现在，由弟弟把关的这一建筑物更是她个性的延伸。可以说，这座楼是她要求的雄浑气势与维特根斯坦所追求的严格精确的完美结合，地毯、枝形吊灯和窗帘都完全被去掉，从整体上看，它简直是蕴涵着严格逻辑系统的晶体结构（有人觉得就像他的《逻辑哲学论》一样）。当时人们觉得，这建筑物如此完美，简直不是供凡人居住的。

另外一点，也是最重要的，就是维特根斯坦的一生都像一个艺术家一样充满激情，哪怕是他从事哲学思考的时候，也是充满激情的，他一旦进入哲学思考就会进入一种迷狂状态。维特根斯坦的一生都在苦苦探索，他临死前对他的朋友说，"告诉他们，我度过了美好的一生！"他将自己的美学和伦理观都实践在自己的一生中，从而使他的人生充满魅力。

第六章
# 维特根斯坦论语言

## 一、传统哲学脱离了生活世界

维特根斯坦所处的时代,正是欧洲各种危机爆发的时期,处于那个时代的哲学家们纷纷对此进行反思,他们对欧洲几千年来的传统哲学进行了彻底的批判和清理,维特根斯坦便是其中之一,而且他独辟蹊径,对西方的传统哲学做了最为彻底的反思、批判和颠覆。

维特根斯坦认为哲学问题的产生源于我们脱离了生活世界,在于我们在头脑中想出了一个一般的东西。他说:"我们对于一般观念的另一个看法是,它是一种一般的图像,……这就是哲学问题的标志。"[1] 在同一本书的后面,维特根斯坦又重复了这句话:"我们对一般观念的另一个看法是,它是一种一般的图像或者……,意识到这一点,你就会说,一定有某种类似的东西,不太天然的东西。这就是哲学问题的标志。"[2] 但是,

---

[1]《维特根斯坦剑桥讲演集》(1932—1935)(第5卷,第314页)。
[2]《维特根斯坦剑桥讲演集》(1932—1935)(第5卷,第214页)。

是什么使我们相信我们心中一定有这样一种一般观念呢？原因就在于哲学家脱离了生活世界，哲学中充满了虚假的论证，人们脱离生活世界而只在头脑中进行思考，这是一种哲学上的迷惑，一种哲学就是一种迷惑。维特根斯坦认为哲学上最危险的想法就是我们用头脑或者在头脑中思考，这也是传统哲学最大的弊病，他比喻说："谁从事哲学研究，就会经常在谈话时做不对的、不合适的手势。"[1]

在维特根斯坦看来，哲学完全是无中生有，并且制造出各种各样的混乱，从这个意义上讲，哲学家就相当于一个精神病人。在《论确实性》中，维特根斯坦举了一个有趣的例子："我正在同一位哲学家坐在花园里，他一次又一次说'我知道那是一棵树'，同时指着离我们很近的一棵树。第三个人来到听见了这句话，我告诉他说：'这个人精神并没有失常。我们不过是在进行哲学思考。'"[2] 哲学似乎不屑于与普通事物为伍，哲学家忽略了我们生活中很多根本的问题，追求所谓的深度和本质，要求理解一切事物的基础和本质，将主观感受实体化，并且认为这些就是哲学思想，他们还将这些虚假的问题视若珍宝，顶礼膜拜。维特根斯坦却认为，我们需要理解的恰好是我们眼前的东西，因为我们并没有理解它们。他说："凡是我们并不觉得引人注目的东西都造成了一种不引人注目的印象

---

[1]《纸条集》（第11卷，第223页）。
[2]［奥］维特根斯坦：《论确实性》，张金言译，广西师范大学出版社2002年版，第74页。

吗？凡是普普通通的东西就总是造成普通性的印象吗？"[1]

维特根斯坦也并没有简单地将哲学问题的产生全部归结于哲学家的精神不正常，他说："……哲学家并不是一个神智失常的人，也不是一个没有看见任何一个人所看见的东西的人。……因此，我们必须寻找哲学家的困惑的根源。……而且也是在表达方式不能使我们满意时产生的，——毋宁说，是由于这种表达方式所引起的各种各样的联想。我们的日常语言是各种可能符号系统中的一种，……因此，我们有时需要那样一个符号系统，它比日常语言使区别更突出，或者更加明显……"[2]在这里，维特根斯坦将哲学问题追溯到语言，进一步指出我们的语言和语言的使用存在很大的问题，从而导致哲学问题的产生。

对于这个问题，维特根斯坦也有一个很精彩的例子，他用机器的运转作比喻，说："人们什么时候会有这种思想：认为机器的可能的运动已经以某种神秘的方式存在于机器之中？那是在他们从事哲学的时候。是什么引导我们那样想的呢？就是我们谈论机器的那种方式。"[3] 即我们谈论机器的方式使我们误以为机器中存在着运动方式，同样地，我们语言的使用使我们误以为语言对应着事实或者有一种本质的根本的东西存在于世界之中。"我们并非把'审美趣味'一词用于标志一种感觉。

---

[1] [奥]维特根斯坦：《哲学研究》，李步楼译，陈维杭校，商务印书馆1996年版，第237页。
[2] 《蓝皮书》(第6卷，第79页)。
[3] [奥]维特根斯坦：《哲学研究》，李步楼译，陈维杭校，商务印书馆1996年版，第117页。

可是，这意味着假定用一种错误的简化方式去表达我们的语言实践。以错误的表达方式去表达我们的词的用法，这就引起许许多多的哲学问题。(也许想一想这样一个观念：事物的特性是事物中所包含的某些成分。美性包含在美中，正如酒精包含在酒中一样。)"[1] 在《一种哲学考察》中，他指出，在哲学中，存在着大量虚无缥缈的虚构，我们一触及某些语言形式，一些影子般的虚构就自然而然地出现在我们的心中，他将这称为一种不可理喻的语言逻辑。在《哲学研究》中，他也有进一步的分析："'命题是一种很不一般的东西！'这里已经表现出了力图使我们的全部描述变得崇高起来的倾向，也就是这样一种倾向：认为在命题记号与事实之间有着一种纯粹的中介物。或者甚至企图把命题记号本身纯化和崇高化。——因为我们的表达的形式使我们去追求虚构的东西，从而以各种各样的方式阻碍我们，使我们不能看到除了普普通通的东西之外这里并没有涉及任何别的东西。"[2]

另外，我们的语言脱离了日常用法（维特根斯坦对日常语言的辩护，对理想语言的反驳将在后面讨论），也是哲学问题产生的重要根源，哲学造成的混乱也在于此，维特根斯坦说："……我们的混乱是当我们的语言机器在空转而不是在日常工作时产生的"[3]。"这正是哲学应做的最后一件事。布罗德

---

[1]《一种哲学考察（褐皮书）》(第6卷，第210页)。
[2] [奥]维特根斯坦：《哲学研究》，李步楼译，陈维杭校，商务印书馆1996年版，第66页。
[3] [奥]维特根斯坦：《哲学研究》，李步楼译，陈维杭校，商务印书馆1996年版，第77页。

说,哲学致力于达到清晰,而如果所使用的词语的意义是这些词语在正常生活中没有的,那是令人震惊的,而且是许多混乱的根源。"[1] 实际上当人们正常地使用语言时,哲学问题也无从产生,因为人们在正常的语言中根本不会想到那些问题,在《哲学研究》中,他举了一个很深刻的例子:"请你看着天空的蓝色并对你自己说:'天空多么蓝呀!'——当你自发地这样做时——并无哲学意图时——你心中根本不会有这样的想法:这个对颜色的印象仅仅属于你。而且你会毫不犹豫地对旁人喊出那种感觉。"[2] 在另一个地方,他讽刺说:"当我说到这张桌子时,——我是不是在回想:这个对象叫做'桌子'?"[3] 我们也可试想一下,如果每一个人都有哲学家的那些奇怪想法,那么我们的日常生活和交流真的就会一片混乱了。我们总是有这样一个想法,认为在哲学中谈论词和句子,并不是在完全普通和日常的意义上,而是在一种高深的和抽象的意义上,似乎从哲学家们口中说出的事件,往往是理想的实体。对此,维特根斯坦说:"一旦我想到这个句子的日常用法而不是其哲学的用法,句子的意义就立刻变得清楚和平常了。"[4] 维特根斯坦认为哲学家对词的使用是一种错误的用法,只是脱离了它们正常的、原初的使用方式。"当哲学家使用一个词——"知识""存

---

[1] 《维特根斯坦剑桥讲演集》(1930—1932)(第5卷,第81页)。
[2] [奥] 维特根斯坦:《哲学研究》,李步楼译,陈维杭校,商务印书馆1996年版,第143页。
[3] [奥] 维特根斯坦:《哲学研究》,李步楼译,陈维杭校,商务印书馆1996年版,第237页。
[4] [奥] 维特根斯坦:《论确实性》,张金言译,广西师范大学出版社2002年版,第54页。

在""对象""我""命题""名称"——并试图把握事物的本质时,人们必须经常地问自己:这个词在作为它的老家的语言游戏中真的是以这种方式来使用的吗?"[1] 他认为,当我们在哲学上倾向于把某种完全无用的东西充作命题时,那常常是因为我们没有充分地考虑它的应用。维特根斯坦总结道:"当语言休假时,哲学问题就产生了。"[2]

维特根斯坦将哲学称为一种病,一种脱离正常思维的理智疾病,因此"哲学家是那种在达到常识性观念之前必须先治疗自身的许多理智疾病的人"[3]。维特根斯坦还指出,哲学家除了在理智方面出现问题外,还都患有偏食的毛病,哲学家形成自己的观点之后,就从现实中脱离出来,再也不回去看看。"哲学之病的一个主要原因——偏食:人们只用一种类型的例子来滋养他们的思想。"[4] 所以维特根斯坦认为:"在每一个严肃的哲学问题中不可靠性一直向下延伸到根基。……人们不得不总是准备好去学习一些全新的东西。"[5]

哲学仿佛是处在智慧的最高处,人们就像天文学家观看遥远的星辰那样去观察他们的观念,但他们其实是愚蠢的,他们的行为往往只是和小孩子差不多。"在哲学家看来,更多的青

---

[1] [奥]维特根斯坦:《哲学研究》,李步楼译,陈维杭校,商务印书馆1996年版,第72页。
[2] [奥]维特根斯坦:《哲学研究》,李步楼译,陈维杭校,商务印书馆1996年版,第29页。
[3] 《杂评》(第11卷,第61页)。
[4] [奥]维特根斯坦:《哲学研究》,李步楼译,陈维杭校,商务印书馆1996年版,第235页。
[5] 《关于颜色的评论》(第11卷,第284页)。

草生长在愚蠢之谷里,而不是生长在荒芜的聪明之峰上。"[1] 哲学家错误地认为,哲学没有深度是不行的,他们为现在的问题失去深度而感到苦恼,认为现在的人们太肤浅,他们期望的是最新的、深层次的、前所未有的阐明。他们常常试图跳跃过巨大的思想鸿沟,于是陷入其中,因为实际上眼前的东西才是最难理解的东西。哲学一味地想脱离生活世界,但实际上不会有什么新的发现。"……哲学问题的解答永远不允许有意外。……人们在哲学中什么都不会发现。由于过去我未曾充分清楚地理解这一点,因而在这方面犯了错误。……与我在这种关联中要关注的相反,错误的看法是:我们可以谈论某种至今尚未看到的东西,我们能够发现全新的东西。这是错误的。实际上,我们已经拥有了一切,也就是说,在眼下,我们不需要期待什么。我们就是在我们的日常语言的语法范围内活动,这一语法已经是现成的。因而我们已经拥有了一切,不必期待未来。"[2]

因此,维特根斯坦要求我们改变理解事物的方式。他认为哲学的工作就是关于自身的看法,关于人们理解事物的方式以及人们对它们的要求,虽然做到这一点很难,需要很大的勇气和意志。他说:"哲学的困难不是科学的思想困难,而是态度变化的困难。意志的抵触必须克服。……因此,最为显而易见的东西可能就成为最难理解的东西。必须克服的不是理智上的困难,而是意志上的困难。"[3] 最后维特根斯坦大胆而明确地

---

[1] 《杂评》(第11卷,第109页)。
[2] 《路德维希·维特根斯坦与维也纳小组》(第2卷,第140—141页)。
[3] 《哲学》(第12卷,第33—34页)。

喊出了一个口号,那就是众所周知的哲学终结论:"因为我们所努力达到的清晰真的是完全的清晰。但是,这只意味着'哲学问题应当完全消失'。"[1]

## 二、终结传统哲学

维特根斯坦与传统的哲学家显得十分不同,他并没有受过什么哲学训练,也没有读过什么哲学书籍,他知晓的哲学家并不多。比较起来,哲学书籍对他的影响远远比不上艺术,特别是音乐对他的影响,甚至是小说,他认为小说让自己受益匪浅,并在很大程度上启发了他的哲学写作。在其《逻辑哲学论》的出版一再受阻时,他曾改变思路,要求将这部著作当作文学作品发表在文学刊物上,可见他对小说和哲学并没有严格区分,在《杂评》中他也说:"我认为,我的下面这句话总结了我的哲学态度:我们的确应当把哲学仅仅作为诗歌来写。"[2]

维特根斯坦强调理论与实践的统一,他厌恶那些学院式的研究方法,很多时候他都想放弃哲学去从事什么体力劳动,但哲学却一次次地走向他,迫使他不得不思考哲学,而他一思考哲学往往就进入一种迷狂状态。他也不止一次地放弃大学教职工作,认为剑桥大学并不利于思想的产生,他离开了剑桥到乡间生活时往往感到思维敏捷,思想也能达到真正的深度。但是在乡间,他的生活方式和入迷的思考状态并不与当地的生活格

---

[1] [奥]维特根斯坦:《哲学研究》,李步楼译,陈维杭校,商务印书馆1996年版,第77页。
[2] 《杂评》(第11卷,第34页)。

调相同,住在不远的邻居常常把他当作疯子。[1]

维特根斯坦的哲学研究,几乎和传统割裂开来,他强调重新开始,因此极富原创性,这些无疑都需要极大的勇气和意志,维特根斯坦说:"你可以给思想标上价格……一个人用什么支付思想的价格呢?我认为:要用勇气。"[2] 他还说:"不必理会人家写过什么!只是永远重新开始思考,就像什么都不曾发生似的!"[3] 这便是维特根斯坦对自己做学问方法的总结。在他看来,书籍充满生活,像蚂蚁一样多,人们常常沉浸其中,而忘记深入到更基础的东西中去,因此不能提出足够深刻的问题,虽然新思想赖以诞生的那种劳动是痛苦的。维特根斯坦认为他的思想范围比他的想象范围狭窄得多,他始终认为智慧是灰色的,而生活和宗教却充满色彩。

维特根斯坦的哲学思考虽然具有很大的原创性(他几乎是20世纪最具有原创性的思想家和哲学家),但他并不是一个狂妄的人(维特根斯坦早期认为他的《逻辑哲学论》解决了所有的哲学问题,给人狂妄的感觉,但是后来他显然意识到这是不

---

[1] 很有趣的事情,维特根斯坦将哲学家视为不正常的人,他自己却也被人视为不正常。人们(指维特根斯坦在乡村的邻居)都不愿意与他有任何交往,甚至不愿意让他经过他们的草地,因为担心维特根斯坦会把他们的羊吓跑,有一次,他们发现维特根斯坦拄着一根木杖上山散步,突然,他停了下来,用木杖在地上画了一个图形,久久地凝视着图形,这更证实了他们对维特根斯坦的判断:一个真正的疯子。有一次,当朋友来看望他时,从不远处听到维特根斯坦在说话,以为什么人来造访,结果发现是维特根斯坦一个人,他感到很奇怪,维特根斯坦便对他说:"我在同一个非常亲密的朋友谈话,他就是我自己。"这正如他自己在笔记中写的:几乎我的全部著作都是与我自己的私人谈话。

[2] 《杂评》(第11卷,第72页)。

[3] 《1914—1916年笔记》(第1卷,第90页)。

对的)。维特根斯坦也不认为自己就能治好哲学的疾病,虽然他还要尝试,对此,他有一个很好的比喻:"这里的情形就像解扣。我可以靠运气试试这个方法或那个方法,扣有可能结得越来越紧,但也可能就被解开了。(反正任何动作都可以采取,而且每个动作都会有一个结果。)"[1] 另外,维特根斯坦一直都很担心自己遭到别人的误解,并且他也认为大多数人误解了他的哲学。但他仍然抱有一些乐观的希望,在《论确实性》中,他用一个比喻对自己做评论:"相信一个哲学家,一个能独立思考的人,也许会有兴趣读我的笔记。因为即使我很少击中目标,他也会认出我一直在瞄准的靶子。"[2] 维特根斯坦也并不认为他自己的哲学都是正确的,他曾说:"开头的一个洞见比中间某处的许多见识更有价值。"[3] 从这里我们也可以看出,维特根斯坦对自己的哲学论述并不是十分满意的。[4] 维特根斯坦和海德格尔一样有回到哲学的源头的意思,他曾说:"传授哲学只能通过提问。"[5] 提问的方式是柏拉图之前的哲学方法。[6] 维特根斯坦的哲学也常常以假设的对话的方式展开,这

---

[1] 《哲学评论》(第3卷,第172—173页)。
[2] [奥]维特根斯坦:《论确实性》,张金言译,广西师范大学出版社2002年版,第60页。
[3] 《1914—1916年笔记》(第1卷,第91页)。
[4] 联系到维特根斯坦将自己的哲学比作一个梯子,达到目的之后,这个梯子是可以扔掉的,维特根斯坦哲学中的很多论述是被迫的(维特根斯坦经常假设一个人在给他提问,不停地给他出难题),其实很多东西维特根斯坦根本就不想提出,比如"家族相似",被认为是维特根斯坦的哲学中一个核心的概念,但维特根斯坦提出它实际上只是被迫无奈。有兴趣的读者可以参考[奥]维特根斯坦:《哲学研究》,李步楼译,陈维杭校,商务印书馆1996年版,第48页。
[5] 《维特根斯坦剑桥讲演集》(1932—1935)(第5卷,第237页)。
[6] 尼采曾认为,从柏拉图开始,哲学脱离了对话,西方哲学就死了。

一点在《哲学研究》中表现得最为明显。

为了揭示以往哲学的谬误,维特根斯坦尽量使用描述的方法,这种方法在他的《哲学研究》中表现得尤为明显,他总是在描述一个又一个语言游戏,描述语词的实际使用而不改变任何东西(他认为哲学不可能给语言的实际使用提供任何基础),"我们对语言的兴趣只是在它给我们带来麻烦时。我只是描述了词的实际用法,如果必须克服这种麻烦,我们就会抛弃它。"[1] 他只是忠实地描述而不作任何评论,"我曾写道:哲学思考的唯一正确方法在于:什么也不说,让别人去对事物进行断言。现在我依然坚持这一点。其他人做不到的是把规则一步一步地、按照正确的次序进行分解,直到所有的问题自行解决。"[2] 他对这种方法作了一个很好的比喻:"我应该是一面镜子,我的读者可以通过这面镜子看到他的思想以及它的各种缺陷,并且借助于这面镜子而使思想得到端正。"[3]

维特根斯坦尽量使用描述的方法还有一个原因,这一点我们前面已有提到,就是他认为我们已经把哲学搞得太复杂,他说:"也许我说:如果我只有借助于梯子才能攀登到我要去的地方,我就会放弃去那里的想法。因为,我真正想要去的地方就是我现在站立的地方。"[4] 后面我们还会谈到,维特根斯坦的哲学目标是打扫哲学(语言)的地基,而不是去建构一个什么理论,所以他才说对于任何需要攀登梯子才能获得的东西,他都没有兴趣。

---

[1] 《维特根斯坦剑桥讲演集》(1932—1935)(第5卷,第236页)。
[2] 《路德维希·维特根斯坦与维也纳小组》(第2卷,第141页)。
[3] 《杂评》(第11卷,第25页)。
[4] 《杂评》(第11卷,第11—12页)。

也正因为如此,他尽量运用描述的方法,尽量将哲学简单化,抛弃那些哲学上纠缠不清的问题,将那些哲学家像入迷一样再三重复的命题从哲学语言中删除出去,"哲学只是把一切都摆在我们面前,既不作说明也不作推论。——因为一切都一览无遗,没有什么需要说明。因为,隐藏着的东西,乃是我们不感兴趣的。"[1] 为了不把事情搞得更复杂,他认为他的一生就在于满足承认很多事情,"别人从那里继续往前走,我却在那里停留下来。"[2] 他将他的哲学研究比作梯子,当目的达到时,这个梯子便可以去掉,还把他的哲学比作治病,治疗哲学偏食的毛病。

在《哲学研究》中,维特根斯坦明确指出:"我的目标是:教你从不明显的胡说过渡到明显的胡说。"[3] 他说:"只要能够大胆地、清楚地把一种错误思想表达出来,那就已经收获很多了。……只有通过甚至比哲学家更加疯狂地进行思考,你才能解决他们的问题。"[4] 维特根斯坦认为,哲学家受各种解释图示的束缚,哲学上的很多错误只是哲学家分享的,而绝大多数人是正常的:"哲学的成果是使我们发现了这个或那个明显的胡说,发现了理智把头撞到语言的界限上所撞出的肿块。正是这些肿块使我们看到了上述发现的价值。"[5] 为此,他要把哲

---

[1] [奥]维特根斯坦:《哲学研究》,李步楼译,陈维杭校,商务印书馆1996年版,第76页。

[2] 《杂评》(第11卷,第90页)。

[3] [奥]维特根斯坦:《哲学研究》,李步楼译,陈维杭校,商务印书馆1996年版,第201页。

[4] 《杂评》(第11卷,第102—103页)。

[5] [奥]维特根斯坦:《哲学研究》,李步楼译,陈维杭校,商务印书馆1996年版,第73页。

学家那种不明显的胡说变成明显的胡说,把哲学家从各种各样的束缚中解脱出来,为他们指明出路,对此,维特根斯坦有一个很好的比喻:"你在哲学中的目的是什么?——给捕蝇瓶中的苍蝇指明飞出去的途径。"[1] 维特根斯坦描述哲学中的各种问题和错误,将它们变成明显的胡说,最终是为了清除哲学问题:"我们在哲学思维过程中发现有问题的那个地方并不存在。而哲学应该证明,那里不存在问题。"[2] 从而终结传统哲学,回归生活世界。

在维特根斯坦看来,现代哲学变成了科学是文化衰退的结果。哲学向我们隐瞒了生活,为此我们必须重回生活的地基,哲学应该消失,正当的生活世界是不会产生哲学问题的。解脱哲学困惑,不仅仅是理智上的问题,从根本上说,是一种生活方式问题。哲学问题可以说是在特定生活方式中产生的,这样,要消除这些问题,就必须改变生活方式,过一种不产生哲学困惑的生活。"能够讲出真理的,只是那些安宁地生活于真理之中的人,而不是那些仍然生活于谬误之中或者那些偶然走出谬误而走向真理的人。"[3] 维特根斯坦认为,智慧是冷静的,在此范围内也是愚蠢的,智慧只不过对你隐瞒了生活。"决不要登上荒芜的聪明之巅,而要下降到绿色的愚蠢之谷。"[4]

这些也构成了维特根斯坦哲学一个最大的特点,他没有建

---

[1] [奥] 维特根斯坦:《哲学研究》,李步楼译,陈维杭校,商务印书馆1996年版,第154—155页。
[2] 《哲学语法》(第4卷,第38页)。
[3] 《杂评》(第11卷,第50页)。
[4] 《杂评》(第11卷,第109页)。

构什么东西，只是摧毁以往的哲学，把以往的哲学大厦捣成石头和瓦砾。维特根斯坦的最终目标在于终结哲学，那么他怎样看待自己所从事的事业，毕竟他也在从事哲学活动，他的哲学研究的意义何在？对此，维特根斯坦在《杂评》中的一句话对自己所从事的事业有一个很好的概括，他说："在精神领域内，一种事业往往不能被继续下去，甚至根本不应该被继续下去。这些思想将使土地肥沃起来，以便重新播种。"[1] 由此可以看出，维特根斯坦对未来还是有所希望的，"……我们摧毁的只是些纸糊的房屋；我们是在打扫语言的大基础，而纸糊的房屋正是造在这个基础之上的。"[2] 他打扫地基，是期望将来能建构出新的大厦，但他自己对建造一座大厦毫无兴趣，而是立志于获得对这个可能大厦基础的清晰认识，也就是说，重新认识哲学的根基。但维特根斯坦不希望他的哲学以文章学问的方式被人效仿，而希望能改变人的生活方式，这就达到目的了。他说："是否只有我一个人才能创立一个学派，或者是否一个哲学家决不可能做到这一点？我不能创立一个学派，因为事实上我不想被人仿效。无论如何，不要被那些在哲学杂志上发表文章的人仿效。……我根本不能肯定，是否我宁愿别人继续我的工作，而不愿改变那种使所有这些问题成为多余的生活方式。（由于这个原因，我决不可能创造一个学派。）"[3]

---

[1]《杂评》(第11卷，第104页)。
[2][奥]维特根斯坦：《哲学研究》，李步楼译，陈维杭校，商务印书馆1996年版，第73页。
[3]《杂评》(第11卷，第83—84页)。

### 三、语言是生活世界的游戏

在维特根斯坦那里,哲学也是一场战斗,是一场与语言的战斗,"……哲学是一场战斗,它反对的是用我们的语言作为手段来使我们的理智入魔。"[1] 实际上,维特根斯坦的哲学理论和他的语言学理论是融为一体、不可分割的,为此我们必须对他的语言学进行探讨。维特根斯坦将哲学上的很多问题都归结为语言的问题,他认为之所以我们的哲学自古希腊以来一直没有什么进步,是因为我们和古希腊人仍在探讨相同的问题,仍有着相同的迷惑,是因为我们的语言没有什么改变,我们的语言不断吸引人们提出相同的问题。

维特根斯坦几乎赋予语言以一种本体的地位,一切都是在语言中进行的,人们只能通过语言来解释所说的东西,而语言本身是无法解释的,语言本身是不言而喻的。但是维特根斯坦又坚决反对将语言崇高化、神圣化,认为并没有什么神圣的、崇高的东西存在于语言之中,语言并没有传达什么高深的思想,"'语言(或思想)是某种无与伦比的东西'——这已表明是一种迷信(不是错误!)。它产生于语法的幻象"[2]。在他看来,语言就在于使用,"思想""本质""意义"等语词也只不过是像"树""石头"一样的平凡,只是在语言中有一个用法而已。

---

[1] [奥]维特根斯坦:《哲学研究》,李步楼译,陈维杭校,商务印书馆1996年版,第71页。

[2] [奥]维特根斯坦:《哲学研究》,李步楼译,陈维杭校,商务印书馆1996年版,第71页。

## 第六章 维特根斯坦论语言

在维特根斯坦看来，我们的语言是有局限的，对此，维特根斯坦也有一个很精彩的比喻："我们好像几乎会这样说：我们不可能看见我们自己到处走来走去，因为正是我们自己在走（因此我们不可能站着不动而且看自己走）。但是，在这里，我们常常不得不忍受一种不适当的表达方式，它是一种我们在用它的同时又一心想摆脱它的表达方式。"[1] 另外，维特根斯坦在很多地方对主谓形式进行了批判[2]。因为语言的局限，世界的本质是不可言说的，传统的"实在论""唯心主义"等哲学的错误就在于它们总想让它们的信徒相信世界的本质是可以言说的。但是错误在我们的语言中是根深蒂固的，特别是在我们搞哲学研究的时候，所以他说："哲学，澄清语言的用法。语言的陷阱。"[3] 首先，语言的表达方式是有问题的，像"本质对我们是隐藏着的"这个问题所采取的形式，这个问题的语法

---

[1]《哲学语法》（第4卷，第148页）。

[2] 例如，他在《逻辑笔记》中说："正如人们以往总是力图把一切命题都纳入主谓形式。"（第1卷，第24页）。在《路德维希·维特根斯坦与维也纳小组》中，他说："但是人们一旦关心现实的事物，马上就会发现，那种符号体系远不如我们的现实语言。只谈论一种主—谓形式显然完全是错误的。实际上存在的不是一种主—谓形式，而是一系列主—谓形式。假如只存在一种主—谓形式，那么所有的名词和形容词都是可以互相替换的。也即所有相互可替换的词都属于同一种类。但是，日常语言表明情况并非如此。"（第2卷，第15页）。此外，在其《哲学评论》中，他说："当我们把现实性描摹在主谓句子中时，情况也是如此。我们使用主谓句子只不过是我们做出标记的事。"（第104页，第3卷）。这点也和海德格尔有些相似，海德格尔在《艺术作品的本源》中谈到传统的对物之解释"物是其特征的载体"时也有类似的看法，认为主谓形式不足以把握事物，他说："……简单陈述句由主语和谓语构成，……然而，我们却必须追问：简单陈述句的结构（主语与谓语的联结）是物的结构（实体与属性的统一）的映像吗？或者，如此这般展现出来的物的结构竟是按命题框架被设计出来的吗？"参见《海德格尔选集》（上卷），第244页，孙周兴选编，上海三联书店1996年版。

[3]《哲学》（第12卷，第46页）。

就告诉我们本质是隐藏着的。因此,在涉及命题和思想时,我们的表达方法所使用的形式挡住了它;另外,如前面已经提到的,像"命题是一种很不一般的东西!"这里已经表现出了力图使描述变得崇高起来的倾向,这样的表达形式使我们去追求虚构的东西。

虽然我们不可能对维特根斯坦所有的语言学理论进行分析,但他对日常语言的看法,也就是日常语言和理想语言的关系问题,却很值得关注。有一种很流行的看法,认为维特根斯坦在早期觉得我们的语言有问题,因此他着力于构造一种理想的语言,这样我们的哲学问题也就都解决了。实际上,维特根斯坦从来都没有提出要构造什么理想语言的想法。在其早期,维特根斯坦并没有说要构造什么理想语言,他只是给语言划界,对不可言说的要保持沉默。在《路德维希·维特根斯坦与维也纳小组》中,他说:"我认为,我们无须去寻找一种新的语言或者去构造一种符号系统,会话用语就是语言,前提是我们使它摆脱不清晰的状态。"[1] 在其中期著作《哲学评论》中,维特根斯坦说:"如果逻辑研究的是'理想的'语言,而不是我们的语言,那就怪了。因为,理想的语言究竟应该表述什么呢?当然是现在我们的日常语言中所表述的东西;因此逻辑学也必须研究这种日常语言。抑或是别的东西:那么我该怎么知道,它研究的是什么?——逻辑的分析是对我们所拥有的东西的分析,而不是对我们所没有的东西的分析。因此,它是对现有的句子的分析。(如果迄今为止人类社会在谈话中没有说出一个

---

[1]《路德维希·维特根斯坦与维也纳小组》(第2卷,第15页)。

正确的句子，那就太奇怪了。)"[1] 在后期，维特根斯坦在很多地方为日常语言进行辩护，并明确反对构造什么理想的语言，他认为简单的语言并不是不完整的，日常语言完全是恰当的，我们并不需要改进它，在哲学中，人们试图去发明符号神话学、心理学神话学，以代替我们所知道的那些简单的语言，这实际上是错误的。认为我们的日常语言过于粗糙，只会脱离我们日常谈论的现象，走进哲学的死胡同。随着其思想的发展，维特根斯坦越来越关注一种原初的语言，认为："哲学的任务并不是去创造一种理想的哲学语言，而是澄清现在对语言的用法"[2]。原初的日常的语言也有其完美的秩序，并不需要去构造一门完美的语言，"一方面，我们语言中每个语句显然'就其现状而言就是井然有序的'。也就是说，我们并没有追求什么理想，好像我们日常的含糊的语句还没有具有无懈可击的意思而一种完善的语言还等着我们去构造似的。——另一方面，看来也很清楚，凡是存在意思的地方，也就一定有完美的秩序。——因此，即使最含糊的语句也一定有

---

[1]《哲学评论》（第3卷，第38—39页）。此外，在《蓝皮书》中，他说："有人说，我们在哲学中考察一种与我们的日常语言相对立的理想语言；这种说法是错误的。因为这会引起一种假相，仿佛我们认为我们能够改进日常语言。然而，日常语言是完全恰当的……"（第6卷，第38页）

[2]《哲学语法》（第4卷，第15页）。在该书的另一个地方，他说："但是，如果语言的普遍性概念就这样消解了，那么哲学也不会消解吗？不，因为哲学的任务并不是创造一种新的、理想的语言，而是阐明我们所使用的现实的语言。它的目的就是要消除特殊的误解，而不产生一种真实的理解。"（第105页）

完美的秩序"[1]。

在维特根斯坦看来，语言就在于它的使用，词语的意义在于用法，词语的意义是无穷的，它的每一次运用都是它的一个意义，因此，简单的语言就足够了。我们的语言在运用中是完全可以表达我们的意思的，日常语言才是最根本的语言（维特根斯坦经常把日常语言与物理语言相对立），"我要说：我们称之为语言的首先是我们的日常语言这一工具，我们的语词语言这一工具；然后根据与它的相似性或可比较性才将其他东西也称为语言"[2]。

上面我们谈到，维特根斯坦认为语言就在于它的运用，是一种游戏，它是活的，是运动着的，不是静态的，不同的语境会产生无穷的意义。但是在很多时候，哲学家脱离了语言的正常和原初的使用，"哲学家们使用语言仿佛已经被过于狭隘的鞋子挤得变形了"[3]。哲学家忘记了语言在开始是一种行动，一种游戏，"当哲学家使用一个词——'知识'、'存在'、'对象'、'我'、'命题'、'名称'——并试图把握事物的本质时，人们必须经常地问自己：这个词在作为它的老家的语言游戏中

---

[1] [奥]维特根斯坦：《哲学研究》，李步楼译，陈维杭校，商务印书馆1996年版，第67页。在该书另一个地方，他说："当我谈论语言（词、语句等）时，我必须说日常语言。这种语言对于我们所要说的东西是不是太粗糙、太物质性了呢？那么，又怎样去构造出另一种语言呢？——而用我们已有的那种语言我们竟能开始做一些事情，这是多么奇怪！"（第73页）

[2] [奥]维特根斯坦：《哲学研究》，李步楼译，陈维杭校，商务印书馆1996年版，第208页。

[3] 《杂评》（第11卷，第57页）。

真的是以这种方式来使用的吗"[1]？语言作为一种游戏本身就是一种活动，"在这里，'语言游戏'一词的用意在于突出下列这个事实，即语言的述说乃是一种活动，或是一种生活形式的一个部分"[2]。维特根斯坦正是由此过渡到生活世界，因为生活世界是语言游戏的根基。

维特根斯坦说语言是一种活动，是一种游戏，但并不是说，语言游戏并不需要遵守规则，维特根斯坦在很多地方对规则进行了探讨，在语言游戏中我们需要遵守规则，语言的规则就在它的使用之中，因此规则是无穷的，规则也只能在实践中学习。在语言游戏中光靠遵守规则是不行的，除了规则外，语言还隐藏着其他不能说明的东西，维特根斯坦比喻说："……如果我们穷尽了这种根据，我就挖到了坚硬的基岩，而我的铲子就弯了回来。这时我就会说：'我就是这样行事的。'"[3] 也就是说，在语言游戏中还有一些是语言本身没有表达出来的东西，[4] "语言有如深水流表面上的一层薄雾"[5]。我们的语言的约定是异常复杂的，在每个命题中都有很多要思而未说的东西。但尽管如此，我们仍然有能力确实把握每一个语言游戏，

---

[1] [奥]维特根斯坦：《哲学研究》，李步楼译，陈维杭校，商务印书馆1996年版，第72页。

[2] [奥]维特根斯坦：《哲学研究》，李步楼译，陈维杭校，商务印书馆1996年版，第17页。

[3] [奥]维特根斯坦：《哲学研究》，李步楼译，陈维杭校，商务印书馆1996年版，第127页。

[4] 和前期不同，前期认为语言不能表达伦理、美学、形而上学等东西，但能显示出来，而这里没有表达出的东西却是一个人在他的生活世界中自觉不自觉地形成的东西。

[5] 《1914—1916年笔记》（第1卷，第123页）。

这里便有一种信念,这便是在同一个生活世界形成的共同的看法和观念。正是基于此,语言游戏每一次各不相同,但是我们每一次都有确实的把握,别人同我们都一致认为我们每一次都有能力知道,这种信念是不需要理由的,这种信念靠周围的信念支撑,以人身处其中的复杂的生活世界为根基。"'你为什么相信碰到炉板上就会被烫伤呢?'——对于这一信念你有理由吗?你需要理由吗?"[1] 而这种确实性就是一种生活方式,因为这种信念是一个人的生活方式给他的,维特根斯坦说:"我的生活证明我知道或者确信在那边有一把椅子或者一扇门,等等。"[2] 比如说,你告诉一位朋友说,"坐在那边的椅子上","关上门",等等,你的朋友对这些话的理解是完全没有问题的,因为这里有某种普遍的而不是个人的东西,这是每个人在他们共同的生活世界中形成的普遍认识,如果一个人和你处于不同的生活世界,他完全可能对你的话做出不同的理解或者是不能理解它。这种普遍性不同于哲学上的普遍性,这种普遍性是可以省略的,在日常语言中并不需要表达出来,也不可能全部表达出来。维特根斯坦说:"像'这把椅子是褐色的'这个命题似乎说了某种极其复杂的事情,因为如果我们想把这个命题表达得使任何人都不可能以其意义含糊而对它提出异议,那么它就一定会是无穷的长。"[3] 不同生活世界的人肯定有不同

---

〔1〕 [奥] 维特根斯坦:《哲学研究》,李步楼译,陈维杭校,商务印书馆1996年版,第204页。

〔2〕 [奥] 维特根斯坦:《论确实性》,张金言译,广西师范大学出版社2002年版,第2页。

〔3〕 《1914—1916年笔记》(第1卷,第53页)。

的理解,但处于同一生活世界的人,就无需过多的解释了。不同生活世界的人甚至无法相互沟通,在《论确实性》中,他问道:"这些人的生活会怎样不同于我们的生活?因为有人说水在火上沸腾而不结冰是极大可能性的事情。"[1] 他甚至把人的生活世界和动物的做比较,他说:"如果狮子能讲话,我们也不能理解它。"[2] 因为狮子的生活世界对我们来说是完全陌生的,所以我们不能理解它。语言是以一定的生活方式为基础和背景的,语言得以发展的基础就在于稳定的生活形式,经常的行为方式。因此,为了理解一种语言就必须理解一种生活方式。不只是语言,思想也是如此,他说:"在我们的思想(无论是真的还是假的)的背后,总是隐伏着一种暧昧不明的根据,只是后来我们才能够揭示它并把它作为一种思想表达出来。"[3]

和前面一样,维特根斯坦这里的生活世界是被给定的,必须接受的东西、给予我们的东西、乃是——人们可以说——生活形式。[4] 在很多地方,维特根斯坦表明一个人所处的生活世界便是一种传统,传统不是一个人可以学习的东西;传统不是一个人只要喜欢就能拾起的一根线;正如一个人不能选择他自

---

[1] [奥] 维特根斯坦:《哲学研究》,李步楼译,陈维杭校,商务印书馆1996年版,第341页。
[2] [奥] 维特根斯坦:《论确实性》,张金言译,广西师范大学出版社2002年版,第53页。
[3] 《1914—1916年笔记》(第1卷,第98页)。
[4] 参见 [奥] 维特根斯坦:《哲学研究》,李步楼译,陈维杭校,商务印书馆1996年版,第345页。

己的祖先。[1] 我们感觉不到我们接受了它,"有趣的是,我们在日常生活中从未感到,我们在使用日常语言时是被迫使自己接受某个东西!"[2]

---

[1] 参见《杂评》(第11卷,第103页)。
[2] 《关于"私人经验"和"感觉材料"的讲演笔记》(第12卷,第89页)。

第七章
# 维特根斯坦论宗教和伦理

## 一、作为生活方式的宗教

在研究维特根斯坦的思想时,我们通常只关注他的哲学(主要是语言学思想),而忽略了其宗教思想,认为维特根斯坦的宗教观只是哲学的从属部分,因而并不重要。事实上,维特根斯坦关于宗教信仰的解释极富原创性,他从生活世界出发,试图在信仰的确定性与解释的有效性之间寻找更原初的出路。他的宗教思想是和 20 世纪西方神学的发展相吻合的。[1]

维特根斯坦认为宗教是一种生活方式,并且是一种最值得过的生活。[2] 维特根斯坦的宗教观受到他的朋友保罗·恩格尔

---

[1] 现代基督教的发展总体上是从教会转向人的心灵,维特根斯坦的宗教理论亦突出地反映了这一观点,在后面论述他反对宗教教导时我们还会谈到这一点。

[2] 这一点在现代西方人的生活中也有很好的体现,据笔者和欧美人士的交流,他们普遍认为现在欧美真正信仰基督教的人已经不占多数,但是基督教留下的生活方式并没有多大改变,比如到教堂去或过圣诞节等,另外对一个真正的基督徒来说,他们对基督教的信仰也主要体现在他们的日常生活中。

曼（Paul Engelmann）[1]的影响。恩格尔曼教导维特根斯坦：在基督到来之前，人们将上帝体验为外在的东西；从基督开始并通过基督，人们在自己中间看到了上帝。他还说：撒旦想变成上帝却未能变成，基督变成了上帝却未曾去想，所以，人们不去想幸福和快乐，只要正确地去做，快乐便不请自到！信仰的关键在于依照宗教的精髓践行，而不是口头的说教、记忆和崇拜。另外，尼采也使维特根斯坦在宗教问题上深受教益，维特根斯坦阅读了尼采的名著《反基督》并深受其影响。尼采的反基督思想使他对宗教能保持清醒的头脑，尽管他没有放弃对基督教的信仰，而且他仍然认为基督教的确是通向幸福唯一正确的道路，但他接受了尼采的观点：基督的、宗教的生活本质上不应是一种信仰，而应该是一种实践。正是尼采《反基督》中的这一思想深刻影响了维特根斯坦。瑞·蒙克就此评论说："宗教的本质贮藏在情感（或如尼采所说的，在本能）和实践中而不是在信仰中，这一观念是他此后的生命中有关宗教方面思想的不变主题。对他来说，基督教（这时候）是'通往幸福的唯一确当道路'——不是因为它许诺了来世生活，而是因为，它以基督的言语和形象，提供了学习忍受苦难的一种范例、一种态度。"[2]

因此，信仰与不信仰也只不过是生活方式的不同而已。

---

[1] 1916年8月，维特根斯坦在维也纳探亲中结识了罗素之后对他影响最大的朋友保罗·恩格尔曼。当时，奥匈帝国的统治越来越腐朽，一些具有自我意识的青年人便组织起来，抵抗文化的荒漠化，恩格尔曼便是其中之一，他们在宗教问题上有很多交流。

[2] 张学广：《维特根斯坦：走出语言的囚笼》，辽海出版社1999年版，第72页。

"在我看来，宗教信仰仿佛只不过类似于一个参考系统的热情信奉。因此，尽管它是一种信仰，但其实这是一种生活方式或者是对生活作出评价的方式。信仰就是怀着热情抓住这种看法"[1]。也正因为如此，对于一个不信仰基督教的人来说，什么"上帝""基督"之类的词也许是毫无意义的，只有在一种信仰的生活中这些词才有它的意义。维特根斯坦说："除了圣灵以外，没有人可以把耶稣称为'上帝'。……只有当我们过一种完全不同的生活时，这个词才有意义。"[2] 维特根斯坦还认为，甚至在同一宗教信仰中，也可以分为不同的层次，每个层次的虔诚都有适当的表现形式，较高层次的形式对较低层次的形式也许没有任何意义，对一个层次有意义的教义，对另一个层次来说可能没有意义。并且他还将这些表现形式比喻为不同的图画，不同的生活方式的人对图画的理解是不同的，因此它们对宗教的理解或者接受都有区别，他说："例如，在我的层次上，保罗的宿命论教义只不过是一种邪恶的胡言乱语，是违背宗教的。因此，它不适合我，因为我只能错误地使用我获得的这一幅画，如果它是一幅优美的、神圣的画，这些人在他们的生活中使用这幅画的方式，与我可能使用它的方式截然不同。"[3]

维特根斯坦也不认为（甚至否定）基督教就是一种历史的真实，但是这并不妨碍他过这种信仰的生活，因为它只是一种生活方式。他认为上帝的本质在于使他的存在得到保证，也就

---

[1]《杂评》(第11卷，第87—88页)。
[2]《杂评》(第11卷，第46页)。
[3]《杂评》(第11卷，第44—45页)，另外维特根斯坦在其著作很多地方表现出对保罗的不满。

是说,这里并不涉及某种事物的存在的问题。他说:"基督教不是立足于历史的真实之上的;可是,它向我们提供了一种(历史的)叙述;它说:现在去相信吧!不过,不要以一种适合于历史叙述的信仰去相信这种叙述,相反,你要不畏艰难险阻地相信,只有把它看作生命的结果,你才能做到这一点。你在这里获得一种历史叙述,但决不能像对待其他的历史叙述那样去对待它!要使它在你的生活中占据一个不寻常的位置,——对此不存在任何自相矛盾。"[1] 维特根斯坦认为,即使从历史的角度看,可以证明《福音书》中的历史叙述是虚假的,但信仰并不会因此失去什么,因为信仰与历史的证明(维特根斯坦称之为历史的证明游戏)没有关系,他认为信仰者与这些叙述的联系,并不是我们所想象的那种联系,他虽没有指明是什么联系,但他认为联系是有的:"信仰者与这些叙述的联系,既不是他与历史真实(可能性)的联系,也不是它与关于'理性真实'的学说的联系。这种联系是有的。——(甚至对于我们称之为虚构物的不同种类,我们也采取完全不同的态度!)"[2]

正因为把宗教理解为一种生活方式,维特根斯坦反对对宗教进行理论辩护,认为宗教信仰不受哲学的辩护,他说:"如果基督教是真理,那么所有的论述基督教的哲学都是谬误。"[3] 维特根斯坦认为对宗教的论证甚至只会引起人们的反感:"宗教说:做这件事!——那样地想!但宗教不能对此作出论证。而且,一旦它试图作出这种论证,它就会引起反感;因为对于它提出的每

---

[1]《杂评》(第11卷,第44—45页)。
[2]《杂评》(第11卷,第45—46页)。
[3]《杂评》(第11卷,第113页)。

个理由，都存在着一个无可反驳的对立理由。"[1] 就是通过宗教教义的讲述和辩护，也只能将人们引入要么争论不休要么神秘愚昧的境地，而不能培养良好的道德教养，因此，论证只会损坏信念的完美。维特根斯坦说："……信仰是我的心灵、我的灵魂所需要，而不是我的思辨的理性所需要……"[2]。

此外，维特根斯坦也从语言学的角度反对对宗教的论证，他认为不管音乐艺术还是宗教信仰，解释都是多余的，因为解释总是要涉及语言。在宗教中，宗教信仰的真理和价值与所使用的语言没有关系，甚至与有没有语言都没有关系，即使是语言，那也是宗教活动的一部分，而不是一种理论。有宗教信仰和无宗教信仰不是理论的区别，而是两种生活方式的不同，这意味着，人的行为、活动不仅是首要的，而且无法由理论和理性来证明和辩护（这和维特根斯坦语言的界限也有关系）。前面已经提到，对一个基督徒和非基督徒来说，对类似"上帝"等词的使用肯定是不同的，就如同"巫术""灵魂"等词在原始人那里和现代人那里显然有着不同的含义，在各自的语言中有着不同的地位。

维特根斯坦更反对所谓的对宗教信仰的科学分析（维特根斯坦对现代科学的泛滥十分反感，在本文余论部分有详细探讨）。他认为，宗教信仰根本无须什么原因和根据；宗教信仰不应该以科学的思维方式、科学理论和科学的证据标准加以判断，信教或不信教都与证据无关。宗教体验完全不同于从科学实验或从一堆数据资料中得出结论的经验。如果一个

---

[1]《杂评》(第11卷，第41页)。
[2]《杂评》(第11卷，第46页)。

人虔诚地信仰宗教,那么证据既不能驳倒他也不能使他更加相信;他相信复活、奇迹和末日审判等,是以他相信宗教为前提的,而不是相反。有宗教信仰意味着进入了不同的世界,意味着建立了不同的联系。证据是单个的、片段的,而审美和宗教信仰都是一个整体的世界,何以能用前者证明或否证后者呢?

那么是什么给我们信仰呢,维特根斯坦认为是生活,是一个人一生下来就处在其中的那种生活方式。[1] 他认为一个人可能用理智去分析和论证他的信仰,但绝不会通过这种方式达到信仰,那么怎样才能达到信仰呢,维特根斯坦指出:"也许,有人会说,一个人可以通过某一类教育,通过他以这种或那种方式形成他的生活,而确信上帝的存在。"[2] 他接着又说:"生活可以教人相信上帝。……经验、思想,——生活能把这个概念强加给我们。"[3] 人的信仰几乎是不由自主地、自然形成的。维特根斯坦用了一个比喻来说明这个问题:"我能够注意到我的疼痛的过程,但却不能注意到我的信仰、我的翻译或者我的认识过程。"[4] 维特根斯坦还指出,一个信仰上帝的人也会环顾四周,询问他所看见的事物来自何处,但他并不是渴望获得一种因果的说明,他询问的关键,是这种渴望表现出来的生活

---

[1] 维特根斯坦在很多地方表明我们的生活方式几乎是先天给定了的,甚至是强加给我们的,例如,在《1914—1916年笔记》中,他说:"世界是被给予我的,也就是说,我的意志完全是从外面进入世界的,犹如进入某种现成的东西之中。(我的意志是什么,我还不知道)"(第1卷,第155页)。

[2] 《杂评》(第11卷,第117页)。

[3] 《杂评》(第11卷,第117页)。

[4] 《杂评》(第11卷,第41页)。

态度在生活中是怎样表现的。

维特根斯坦还反对宗教的教导。基督教经常教导人，因为他做的事，死后会到一个永远幸福的地方或受折磨的地方，维特根斯坦认为这种教导没有什么作用，如果把它作为一种自然的必然性，那么人们只能以绝望和怀疑来对这种教导作出反应。这种教导也不能构成道德教育，如果你想向某人进行道德教育，同时又向他进行这种教导，那你就必须在他接受道德教育之后才向他进行这种教导，把它说成是某种不可理解的神秘之物。他还认为"应当"这个词本身是没有意义的，道德说教是困难的，探究道德的理由是不可能的。

正因为如此，维特根斯坦对基督教后来的发展作了批判，在《杂评》中他说："在基督教中，亲爱的上帝似乎对人们说：不要演悲剧，也就是说，不要在尘世里扮演天堂和地狱。天堂和地狱是我的事情。"[1] 也就是说，只要过信仰的生活就行了，宣传所谓的末日审判是不必要的，末日审判反而表明了基督教的衰落和无能。[2] 维特根斯坦在很多地方批评了保罗，在《杂评》中有一个很好的比喻："《福音书》中那段安宁地、清澈地流动着的泉水，流到《保罗的使徒书》中就泛起了泡沫，或者

---

[1]《杂评》(第11卷，第20页)。
[2] 这一点他和康德有些相似，康德在《历史理性批判文集·万物的终结》中认为，基督教变成某种需要人服从的权威，"因为在这里是胁迫人的，并不是作为自愿采取生命准则的基督教。"（何兆武译：《历史理性批判文集》，商务印书馆1990年版，第94页。）基督教的末日审判和许诺的报酬，只是表明基督教的衰落，因为，这样人们就不再是自愿信仰基督教了，而且基督教一旦成了某种权威，势必会引起人们的反抗。

说在我看来似乎是如此。"[1] 在后面的地方,他对教堂也做了批判:"在我看来,在《福音书》里一切事物较少修饰,更加谦卑,更加简单。你在那里发现栅屋;而在保罗那里却发现教堂。在那里,所有的人都是平等的,上帝自己就是一个人。在保罗那里,却已经有了等级、名誉、地位之类的事物。——或者仿佛是我的嗅觉告诉我的。"[2] 进一步,维特根斯坦反对那些宗教仪式,他说:"必须严格避免一切宗教仪式(如高级僧侣的那种发出声响的接吻),因为这种仪式很快变得腐朽。"[3]

维特根斯坦认为,和智慧相比,宗教是一种激情,他说:"智慧是冷静的,在此范围内也是愚蠢的。(与此相反,信仰是一种激情。)人们也可能说,智慧只不过对你隐瞒了生活。(智慧好像是一些冷却了的、灰色的炭灰,它们把炭火遮掩起来。)"[4] 维特根斯坦认为,宗教信仰的激情可以克服科学技术和理论带给人们的死灰。维特根斯坦并不是一名基督徒,但是他却过着一名基督徒的生活。他虔诚的生活态度也是他的精神魅力所在,他不是那种只在口头上谈论宗教学说的人,他甚至不相信《圣经》中所说的奇迹,在维特根斯坦看来,相信上帝,相信宗教,并不是通过教义,即使通过教义,也不能停留在教义上,而是要发自内心地,虔诚地生活。他曾经对他的学

---

[1] 《杂评》(第11卷,第42页)。
[2] 《杂评》(第11卷,第43页)。
[3] 《杂评》(第11卷,第13页)。
[4] 《杂评》(第11卷,第77—78页)。从这也可以看出维特根斯坦对生活的看重,对理论的反感,因此,他看重宗教和艺术,我们在后面还会谈到,维特根斯坦的哲学本身也是充满激情的。维特根斯坦很看重激情,他是用激情来从事哲学思考的。

## 第七章 维特根斯坦论宗教和伦理

生德鲁瑞说,他不是宗教徒,却禁不住从宗教观点看所有问题,他所指的是:他对生活和写作都采取宗教般的虔诚态度,他的哲学思想的独创性和个性魅力就来自这样的生活态度。[1]

在这里,维特根斯坦提出了一个重要的关于人生问题的解决方式,即人生问题的解决就在于该问题的消失(他在伦理学中也得出了相同的结论,我们在下一节将谈到)。他说:"用以解决人们在生活中遭遇到的问题的方式,就是使疑难问题赖以消失的那种生活方式。……生活中存在着疑难问题这个事实说明,你的生活与生活的模式不相适应。因此,你必须改变你的生活。一旦你的生活与生活的模式相适应,疑难问题就会消失。"[2] 在维特根斯坦看来,生活方式不适合生命要求,便使心灵产生困惑;解决心灵困惑的方式只能是过一种适合生命要求的生活。解决生活中存在的问题的最好方式,是过一种问题在其中消失的生活方式;生活出现问题表明,一个人的生存方式不适合他的生命模式,所以,必须改变他的生存方式,使生

---

[1] 比如他受托尔斯泰宗教思想的影响,施舍钱财净化他的心灵(托尔斯泰感到那些朴素、贫穷的农民有着很虔诚的信仰,认为财产只会让自己和上帝离得更远,所以他施舍了他的大部分财产)。再比如他自愿参加军队的行动,在他看来,去面临死亡要比捐助款项更能拯救自己的灵魂(他受詹姆士的《宗教经验种种》一书的影响,该书认为不管一个人可能多么脆弱,如果他愿意面对死亡,进而如果他在所选择的事务中英雄般地遭遇死亡,这一事实会使他一劳永逸地得救)。另外,维特根斯坦入伍后,对《托尔斯泰福音书》爱不释手,走到哪便随身带到哪,周围的士兵都知道这一点,称他为"带着福音书的人"。还有他晚年的忏悔。他说:"忏悔必须成为新生活的一部分。"[《杂评》(第11卷,第26页)] 在他看来,忏悔是对一个人心灵的考验和锻炼,是净化心灵的良好方式,因此他向他的家人、朋友和受过他体罚的学生深深忏悔。

[2] 《杂评》(第11卷,第38页)。另据笔者和国外基督教徒的交流,感触到类似于上帝存不存在的问题,对他们来说几乎是不存在的,就像我们认为我们面前的一个物体存在一样是不可怀疑的,所以他们才能过一种非常虔诚的生活。

活重新合适于模式，问题自然而然便消失了，即便有问题存在，在他看来，也不再是一种疑难："或者，难道我不应该说：正确地生活的人遇到问题时不会感到苦恼，因此对他来说，问题不是疑难，而是欢快。换句话说，在他看来，问题仿佛是在他的生活周围的一个明亮的光环，而不是一种含混可疑的背景。"[1]

生活问题的解决就是生活问题的消失，维特根斯坦在其宗教和伦理学中得出的这个结论非常重要，涉及人的终极问题的另一种解决方法，是他思想的核心和根本所在（维特根斯坦晚年的忏悔正是其走向新生活的开端）。

## 二、对传统伦理学理论的反对

维特根斯坦的伦理学思想在他的整个理论体系中占有核心地位，无论是在前期还是后期，这一点始终没有改变。现在流行的观点认为，维特根斯坦前后期思想发生了很大的转变，后期对前期做了批判和否定，但是笔者认为并非如此，至少他关于伦理学的理论不是如此，维特根斯坦的著作自始至终都很重视伦理学，他的伦理学不可言说的观点亦贯穿始终。维特根斯坦前期给人的感觉好像是抽象深奥，和伦理学无关，实则不然，在对罗素写的《逻辑哲学论》导言的批判中，维特根斯坦明确指出《逻辑哲学论》的全部核心是伦理学。[2] 所谓的维特根斯

---

[1] 《杂评》（第11卷，第38页）。例如，一个基督徒也会去寻找神的所在，但他只是基于向往而不是怀疑。

[2] 维特根斯坦的《逻辑哲学论》屡次遭出版商拒绝，罗素为该书写《导言》主要是为了利用罗素当时的名声来使该书顺利出版。但维特根斯坦认为罗素的导言没有抓住该书关于可表达和不可表达这一区分的主旨，而且在这两个部分中，不可言说的部分相比之下更加重要，而不可言说的主要是伦理学的东西。

## 第七章　维特根斯坦论宗教和伦理

坦的转折，只是像罗素那样并不将伦理学看作《逻辑哲学论》的核心，或者是忽略了伦理学在维特根斯坦整个思想体系中的重要地位。

很多传统的哲学家为获得对事物的认识而进行哲学活动，维特根斯坦和他们不同，他对哲学的思考是从伦理学开始的。[1] 维特根斯坦童年便碰到了哲学问题，那是在他八九岁时，一个问题突然涌上他的心头：为什么一个人在撒谎有利时还应该说真话（此前，维特根斯坦有过撒谎的念头）？这个问题是如此严重地困扰他，使他的内心久久不能平静。维特根斯坦把这次内心的骚动记到了他的小本子上，这可以说是他的哲学的最早记录，以后，类似的问题经常涌上维特根斯坦的心头，可见，维特根斯坦不是存心去探讨哲学的人，不是他走向哲学，而是哲学走向他（这个问题以后还会谈到，很多时候维特根斯坦打算彻底地放弃哲学，但哲学问题又迫使他充满激情地思考和写作）。如果不解决这些问题，他内心就无法平静，因此成年后的维特根斯坦在很多地方表明：内心世界的平静是探讨哲学的人所渴望的境界。

维特根斯坦认为整个哲学都是和伦理而不是和智力相关的。他认为哲学从根本上说同时是对自我的研究，维特根斯坦一直认为，真诚地写作哲学著作和思考哲学问题，与其说是一个智力问题，倒不如说是一个意志问题——用意志去抵抗误解的诱

---

[1] 维特根斯坦和罗素的哲学分歧也可归结为伦理学。罗素认为认识到哲学价值的人会喜欢它，而没有认识到哲学价值的人便不会喜欢它，维特根斯坦则认为，哲学是一个人的内在冲动，一种基于对自己诚实的内在道德的冲动，而不是某种由外在规则引起的职责，罗素认为，维特根斯坦有这样童贞的想法，主要是因为他有非常完美的天性，可以依赖美好的冲动去做一切，因为外在的规则对他来说是毫无意义的。

惑,抵抗表面化。真诚地做人与真诚地写作是一回事,一个人不能真诚地深入到他自己内心深处,他的写作必然会变得肤浅、俗不可耐。一个人一旦开始骄傲,他的语言和写作风格就必然随着肤浅起来,因为玄想和幻觉会将他带着飞向虚幻的、迷惑的语言高空,这就是维特根斯坦不断驱除自己那些不由自主产生的骄傲心理的原因。

无论是早期还是晚期,维特根斯坦始终坚持伦理学的不可言说。在《逻辑哲学论》绪言中维特根斯坦清楚地指出:"这本书的全部意义可以用一句话概括:凡是可以说的东西都可以说得清楚;对于不能谈论的东西必须保持沉默。"[1] 而不可言说的东西主要是伦理学的。伦理学为什么不可言说呢?在早期,维特根斯坦主要认为善在事实之外,在世界之外,在语言之外,因此是不可言说的。[2] 随着其思想的发展,维特根斯坦越来越

---

[1]《逻辑哲学论》,贺绍甲译,商务印书馆1996年版,第23页,"前言"。
[2] 正是在这个意义上,维特根斯坦批判了海德格尔:"我或许能想象,海德格尔用存在(Sein)和畏(Angst)指的是什么东西。人有一种碰撞语言界限的本能。比如你对惊讶的思考:有某种东西存在或显现(existiert)。惊讶不能以问题的形式得到表达,也根本没有答案。(对此)我们能说的一切都只能是先验无意义的。虽然如此,我们还是碰撞着语言的界限。基尔凯廓尔已经看到了这种碰撞,甚至给出了完全类似的名称(他称为碰撞悖谬)。对语言界限的这种碰撞就是伦理学,我认为重要的是,人们终止了关于伦理学(是否有知识,是否有价值,善可否定义等)的所有空谈。在伦理学里,人们总试图有所言说,而所说的东西却不涉及事情的本质,而且也永远不可能涉及事情的本质。对于头号的定义,不管人们给出什么,它都只是一种误解,人们实际上所指的东西是不可表达的(摩尔),这一点是先验可知的。但是,趋向碰撞的总是指示着某种东西。当奥古斯丁说:(谈到天主)你人能说什么呢?你人能没有悖谬地言说吗?言说只是一种悖谬,这毫无关系!他已意识到这一点。"[《论海德格尔》参见《路德维希·维特根斯坦与维也纳小组》(第2卷,第36—37页)]。有趣的是,维特根斯坦和海德格尔同年出生,同样用德语写作,两人并列为20世纪最伟大的哲学家,但维特根斯坦提到海德格尔仅此一处,而且海德格尔可能并不知晓维特根斯坦。

强调生活世界的多样性和复杂性,认为脱离现实生活世界抽象地谈论伦理学理论毫无意义。

首先,维特根斯坦反对有一个一般的伦理学理论或标准,在《关于伦理学的讲演》中,维特根斯坦集中提出了自己对伦理学的看法,他反对抽象地探讨伦理学,只是将它看作对正确生活方式的探讨。"……现在我就不再说'伦理学是对善的东西的探索',或是对真正重要的东西的探索,或者我会说,伦理学是对生活意义的探索,或者是对使生活过得有价值的东西的探索,或者是对正确的生活方式的探索"[1]。

维特根斯坦将事实和伦理学对立,他认为只有事实,没有伦理学,在《关于伦理学的讲演》中,他说:"……但这里只有事实、事实,还是事实,而没有伦理学。"[2] 而事实只能表达相对价值,不能表达绝对价值,"尽管所有的相对价值判断都可以表现为纯粹的事实陈述,但没有任何事实陈述可以是或包含着关于绝对价值的判断"[3]。因此,所谓伦理学中的绝对价值是不存在的,存在的只是相对价值。

维特根斯坦还从语言学的角度出发,否认所谓绝对的价值和普遍的善。"如果真的有伦理学这种东西,那么它就是超自然的东西,而我们的词语仅仅是表达了事实;正像茶杯只能装一杯水,即使我往里灌一加仑水。我说,我这里所讨论的事实和命题而言,只有相对的价值和相对的善与对等等"[4] "同样,

---

[1]《关于伦理学的讲演》(第12卷,第2页)。
[2]《关于伦理学的讲演》(第12卷,第4页)。
[3]《关于伦理学的讲演》(第12卷,第4页)。
[4]《关于伦理学的讲演》(第12卷,第5页)。

如果绝对的善是一种可以描述的事实,那么每个人都可以独立于他自己的趣味和志向而必然地产生它,或者因没有产生它而感到内疚。我想说,这样一种事实是一种幻觉。没有任何事态自身具有我们所叫做的绝对判断的强制力"[1]。

维特根斯坦极力否认所谓绝对的价值和普遍的善,也是和他在哲学中否认事物的本质密切相关的。在《维特根斯坦剑桥讲演集》中,他谈到了遵守规则的问题,并以伦理学的"善"作为例子:"……使用'善'的理由在于,在被称作善的东西与其他东西之间存在着一种连续不断的过渡。……伦理学中关于善的处理方式之一是认为,一切被看作善的东西有共同之处,正如人们倾向于认为,我们称作游戏的一切东西有共同之处。柏拉图谈论寻求事物的本质……关于美也会提出相似的问题……"[2] 维特根斯坦认为这种看法是一个陷阱,因为我们的语言是根据表面简单的图形构造起来的,所以我们倾向于把语言看作比实际上的更为简单,正是由于人们以为在所有被称作"善"的事物中存在着共同之处,因而产生了极大的混乱。如果在伦理学和美学中寻求与概念相符合的定义,人们常常会发现,什么都对,什么都不对,因而没有什么是正确的。

同宗教信仰一样,维特根斯坦认为:"伦理的东西是不可教授的。如果我能够用一理论来向他人说明伦理的东西的本质,

---

[1]《关于伦理学的讲演》(第12卷,第5页)。
[2]《维特根斯坦剑桥讲演集(1932—1935)》(第5卷,第166—168页)。

那么这种伦理的东西一定是没有价值的。"[1] 那么伦理的东西是怎么来的呢？同宗教一样，维特根斯坦认为，世界是被给予我的，因此伦理的东西是一个人在其生活世界中逐渐形成的，理论并不会给予人任何东西，因为它只是外在的、肤浅的，所谓的伦理思想在现实生活中毫无作用，"当一个人与他自己的正直界限相碰撞时，他的思想似乎陷入混乱，出现一种无穷尽的倒退：他能说出他想说的一切，但那不能使他前进一步"[2]。维特根斯坦亦反对所谓的伦理准则，认为伦理学不能依靠赏和罚而建立起来（和他对宗教的看法相同）。维特根斯坦强调不同生活方式中伦理行为的相对性，他甚至说："……强盗们的脸看起来很凶残，可是他们肯定不比我距离善良的生活更远一些，只不过他们和我将在这种生活的不同侧面上得到拯救。"[3] 最后，维特根斯坦关于伦理学也给出了自己的结论，就是要幸福地生活，"我总是要回到这一点，即幸福的生活是善的，不幸的生活是恶的。如果现在我问自己：但是为什么我应该幸福地生活，那么在我看来这本身就是一个同语反复的问题；幸福的生活本身似乎就是证明自己的正确，它似乎是唯一正当的生活"[4]。维特根斯坦指出要幸福地生活，但是他说得并不是很清楚，可能与他认为伦理学的东西不可表述有关，他在后面也说："在某种意义上，这确实是非常神秘的！显然，伦理学是

---

[1]《路德维希·维特根斯坦与维也纳小组》（第 2 卷，第 79 页）。原文注释：维特根斯坦在 1929 年 11 月 15 日的手稿里写道："人们不可能把他人引向善；人们只能将他人引向某个地方。善在事实空间之外。"
[2]《杂评》（第 11 卷，第 13 页）。
[3]《杂评》（第 11 卷，第 20 页）。
[4]《1914—1916 年笔记》（第 1 卷，第 162 页）。

无法表达的！[参阅《逻辑哲学论》6.42]"[1] 因此，维特根斯坦对伦理学的看法用一句话表述，就是"幸福地生活吧！"[2] "除了说'幸福地生活吧！'人们似乎没有更多的话可说了"[3]。并且最终和他的宗教思想一样，维特根斯坦提出："对人生问题的解决就在于这个问题之消失。[参阅《逻辑哲学论》6.521]"[4] 维特根斯坦认为即使一切可能的科学问题都已经得到解答，生命问题还是仍然没有触及。生命问题的解决就在于该问题的消失，不再有问题留下来，这本身就是回答。

在有些地方，维特根斯坦还是零星地提出了一些达到幸福的手段，例如，他提出人必须有知识才能达到幸福，"假定人不可能行使自己的意志而必须忍受这个世界的一切苦难，那么有什么使他幸福呢？……恰恰是通过知识的生活。……善的良心乃是知识的生活所维护的幸福。……知识的生活乃是幸福的生活，尽管有世界的苦难"[5]。另外他还认为，只有能舍弃世间的一切舒适安逸的生活才是幸福的生活，因为对这种生活来说，时间的舒适安逸不过是许许多多命运的恩赐。他说："我的才能之一就是必定能够从贫困中创造出美德。"[6] 这一观点和他舍弃财产也有一定的关系。

维特根斯坦虽然反对伦理学的理论探讨，但并不等于维特根斯坦否认或鄙视对伦理学的探讨。相反，他对这种理论探讨

---

[1]《1914—1916年笔记》（第1卷，第162页）。
[2]《1914—1916年笔记》（第1卷，第157页）。
[3]《1914—1916年笔记》（第1卷，第161页）。
[4]《1914—1916年笔记》（第1卷，第154页）。
[5]《1914—1916年笔记》（第1卷，第166页）。
[6]《杂评》（第11卷，第103页）。

十分崇敬，"我的全部想法，我相信也是所有想要写作或谈论伦理学或宗教的人的想法，就是要反对语言的界限。这种对我们围墙的反对肯定绝对是无望的。伦理学是出自想要谈论生命的终极意义、绝对的善、绝对的价值，这种伦理学不可能是科学。它所说的东西对我们任何意义上的知识都没有增加任何新的内容。但这是记载人类心灵的一种倾向，我个人对此无比崇敬，我的一生绝不会嘲弄它"[1]。尽管伦理价值问题不可言说，但并不意味着它们无法解决。维特根斯坦的一生很大程度上可以说是为道德精神上的纯洁而痛苦搏斗的一生，可以说他的生命历程就是对这个问题的探讨。

---

[1]《关于伦理学的讲演》（第12卷，第9—10页）。

第八章

# 海德格尔和维特根斯坦对现代科学的反思

## 一、海德格尔对现代科学的反思

相对于人类以往巫术和神话的时代（如人类的远古时期）、艺术的时代（如中国古代）、宗教的时代（如欧洲的中世纪），我们现在所处的时代可以说是科学的时代，科学成为最能表现我们与古代人区别的东西。随着科学的发展，科学技术逐渐取代了历史上曾经存在过的上帝和天道，并成为新的"上帝"和"天道"。现代的科学技术不仅超出了人的控制，也丧失了自身的边界，它所敞开的无限可能性，不仅是人未曾经历过的，也是人无法想象的。

但是从现代科学的出现开始，哲学家对科学的反思也随之出现（反思科学并不是反对科学）。启蒙运动使科学从宗教神学中释放出来并取得了长足的进步，启蒙运动的集大成者康德的《纯粹理性批判》便是为科学立法，回答科学何以可能的问题。在这里，康德将科学认识限定在现象界，也就是说，科学可以认识现象，但是科学不能认识事物本身（即物自体），因为对事物的认识依赖于我们的意识，我们对事物所做的认识仅仅是事物在我们的意识中呈现出来的样子，而不是事物自身。并且在康德那里，科学不足以区分人和动物，人和动物的区分是道德，道德而不是科学才是人的目的。但是后来科学的发展僭越了康德的限定，认为科学认识就是真理，甚至将自己认定为唯一的真理而将其他认识都归结为谬误或者迷信，等等，这种虚假的肥皂泡越吹越大，直至科学成为新的神话。[1] 随着现代人类社会各种危机的出现（其中包含科学的危机），科学亦受到更多的反思和批判，我们这里以海德格尔为例来看现代哲学对科学的反思。

海德格尔对科学并不陌生，海德格尔与物理学家海森堡一直是要好的朋友，在论述科学的时候也提到过海森堡。海德格尔认为西方的科学以一种前所未有的强力把自己覆盖到了整个地球，但是现代科学仍然是基于西方传统哲学的。"不过，虽然现代科学作为欧洲科学在此期间已经全球化了，但它的本质依然建立在希腊人的思想基础之上——自柏拉图以降，这种思想被叫做哲学"[2]。因此，科学是西方哲学发展到现阶段的产物，但是现在科学从哲学中脱离出来，科学取代了哲学，哲学却终结了。但是终结

---

[1] 尼采后来也提到康德对科学所作的限定，他说："……一些天性广瀚伟大的人物殚精竭虑地试图运用科学自身的工具，来说明认识的界限和条件性，从而坚决否认科学普遍有效性和充当普遍目的的要求。由于这种证明，那种自命凭借因果律便能穷尽事物至深本质的看法才第一次被看作一种妄想。康德和叔本华的非凡勇气和智慧取得了最艰难的胜利，战胜了隐蔽在逻辑本质中、作为现代文化之根基的乐观主义。"（参见尼采：《悲剧的诞生》，载《尼采美学文选》，周国平译，作家出版社2012年版，第62—63页。）尼采还将这一点视为对科学苏格拉底主义的摧毁和德国哲学精神的重生。

[2] ［德］海德格尔：《演讲与论文集》，孙周兴译，生活·读书·新知三联书店2005年版，第40页。

并非简单意义上的结束,而是一种完成,并且进入了其发展的极限和极端状态。海德格尔说:"终结作为完成乃是聚集到最极端的可能性中去。……哲学转变为关于人的经验科学,转变为关于一切能够成为人所能经验到的技术对象的东西的经验科学;人正是通过他的这种技术以多种多样的制作和塑造方式来加工世界,因此而把自身确立在世界中。……哲学之发展为独立的诸科学——而诸科学之间却又愈来愈显著地相互沟通起来——乃是哲学的合法的完成。哲学在现时代正在走向终结。它已经在社会地行动着的人类的科学方式中找到了位置。而这种科学方式的基本特征是它的控制论的亦即技术的特性。"[1]

海德格尔指出:"科学的本质可以用一句简明扼要的话来陈述,那就是:科学是关于现实的理论。"[2] 海德格尔仔细考察了"现实"和"理论"两个词,并且让语言自身言说来展现古希腊思想到现代科学的变迁历史。海德格尔指出"现实"在古希腊的意思是在场,但是到了近代"现实"变成了对象和客体的意思。而无论是中世纪的思想还是希腊的思想,都没有把在场者表象为对象。而"理论"一词起源于希腊语词"观审","观审"即注视在场者于其中显现的那个外观,对于希腊人来说,这种纯粹的观照是最高的行为。但是到了后来"观审"表现为"观察",而"观察"(Betrachtung)就其词干(trachten),其拉丁语意为处理和加工。由此现代科学设置了现实,事物就不是

---

[1] [德]海德格尔:《演讲与论文集》,孙周兴译,生活·读书·新知三联书店2005年版,第70—71页。
[2] [德]海德格尔:《演讲与论文集》,孙周兴译,生活·读书·新知三联书店2005年版,第40页。

自己显现了，而是科学加工对象了，而对现实的对象化都是一种计算。

尼采曾说19世纪是科学方法的胜利而不是科学的胜利，海德格尔也指出了现代科学的方法论优先，即通过一种主客二分的方式，理论把现实固定于某个对象领域。"理论决不能绕开已经在场的自然，在此意义上它也绝不会围着自然打转。物理学能够根据物质与能量的同一性来表象自然最普遍的一般规律性，虽然这种在物理学上被表象的东西就是自然本身，但肯定只有作为对象领域的自然，后者的对置性只是通过物理学的加工而得到规定的，并且在其中特地被建造起来"[1]。因此，即使物理学的对象领域本身是统一的和自成一体的，这种对置性也永远不可能包容自然的本质丰富性[2]。而这样一种主客二分的对象化方式是现代科学所独有的，因此海德格尔认为科学始终必须在现代意义上去理解，这与中世纪的学说和古希腊的认识是不同的[3]。现代科学的每门科学的严格性是在方法中完成的，即对象被带入某个特定的说明上，但是使方法论奠基的基础本身却是模糊不清的。海德格尔指出物理学本身绝不是一种物理实验的可能对象，人们决不能通过一种数学运算来确定数学本身是什么，因此导致现代科学的基础危机。

---

[1] [德]海德格尔：《演讲与论文集》，孙周兴译，生活·读书·新知三联书店2005年版，第57页。

[2] 正如中国古人说的：一花一世界。一朵小花都具有无限圆满的意义，因此并不能用单一的科学认识去认识，但在艺术作品中，这种无限多样的意义能得以显现。

[3] 与此类似，很多学者指出，中国古代的思想亦并非主客二分的思维模式，而现代学者却致力于用这种模式去解读传统文化。

海德格尔认为现代的科学实际上已经变成了技术,技术的本质是一种架构(Gestell)。现在人们普遍认为现代技术只是现代科学的应用,然而在海德格尔看来,应是技术先行于科学并规定着科学。海德格尔从现代科学技术的基础因果律入手来看这个问题,首先他将因果律追溯到亚里士多德的因果说。从"四因说"出发,海德格尔认为古希腊的技术是一种解蔽方式,就是使一个东西在场、出现和到达。但是现代技术不同于以往的技术,因为它是以现代的精密自然科学为依据的。由此,现代技术不是自身显现意义上的解蔽,而是一种促逼(herausfordern)。这种促逼向自然提出蛮横的要求,要求自然提供本身能够被开采和贮藏的能量,自然由此不断地被开发、贮藏、分配和交换。实行这种促逼的是人,但是人也被架构和逼迫,人的行为也首先表现为精密的自然科学。人们被迫不断地追寻自然界的因果律,把自然当作一个可以由技术力量的关联体来加以追逐。"自然以某种可以通过计算来确定的方式显露出来,并且作为一个信息系统始终是可订造的。这一系统进而取决于一种再度被转变的因果性"[1]。由此因果性日益成为一种促逼的呈现,而非古希腊意义上的事物的显现。在人们根据因果关系来描述一切在场者的地方,甚至上帝可能对表象而言也丧失了神圣性、崇高性和神秘性被贬降为一个原因。不仅自然在计算中自身隐匿,人自身也被看作对象物,人仿佛成了主人,仿佛周围的一切都是人的制作品,但实际上,今天人类恰恰在哪里都不能碰到他

---

[1] [德]海德格尔:《演讲与论文集》,孙周兴译,生活·读书·新知三联书店2005年版,第22页。

的本性。在现代科技这种唯一的解蔽方式的设置中，人不再能倾听物，也牺牲了自己的自由，使自己成为奴隶。对于古人来说，对物可能充满感情，无限可亲，现代的物却成了空洞，地球和大气层都变成了原料，人也变成了材料，生命的本质被认为是可以交给技术制造来处理的东西。正如死亡是人的本性，但是现代技术的对象化却持续去否定死亡，让生命完全变成了无常与空无。海德格尔曾引用老子的话"知其白，守其黑"，但科学一味片面地追求光明，而遗忘了更为本源的黑暗，正如原子弹发出比太阳还亮的光，结果却可能招致人类的毁灭。

人的自由是守护万物的无遮蔽状态，技术的促逼使人渴望自由，而且技术的本质现身在自身中蕴含着救赎的可能性。海德格尔回到语言本身，与技术有亲缘关系的便是艺术，在古希腊，技术也有艺术的意义。"从前，τέχνη 也指那种把真带入美之中的产出。τέχνη 也指美的艺术的 ποίησις ［产出、创作］"[1]。艺术是诗意的，因为艺术顺从于事物本身的运作和保藏，是人和物的自由显现。这里诗意和技术相对，诗意不是设置物，而是倾听物，人进入到物的生成中，人和物一起游戏，共同生成。科学技术虽然是一种敞开方式，但既不是存在者唯一可能的存在方式，也不是存在者最切近的可能存在方式。而希腊的艺术并非现在理解的审美享受或者文化部门，而是真理自身的显现。"在西方命运的发端处，各种艺术在希腊登上了

---

［1］［德］海德格尔：《演讲与论文集》，孙周兴译，生活·读书·新知三联书店 2005 年版，第 35 页。有趣的是，中国汉字"艺"，本身就包含技的意义，其原意是种植。

被允诺给它们的解蔽的最高峰。它们使诸神的现身当前，把神性的命运与人类命运的对话灼灼生辉。而在当时，艺术仅仅被叫做τέχνη。艺术乃是一种唯一地、多重地解蔽。艺术是虔诚的，是πρόμοs，也即是顺从于真理之运作和保藏"[1]。

包括尼采、维特根斯坦和海德格尔等很多大哲学家都认为现代科学思维已经深深影响了人文社会科学，并且都做了很多论述。我们以历史学为例。海德格尔在很多地方谈到历史，海德格尔认为"历史学"一词的意思是勘察和弄清，而历史意味着某个东西的发生，历史学乃是对历史的勘察，但是历史本身并不是由历史学的考察创造出来的。历史未必是历史学的，受现代科学影响的历史学往往只是主观设定了历史，在向科学的发展过程中，历史学完全是形而上学的一个后果，真正的历史却隐而不显。"历史学的本质要义在于，它根植于主体—客体关系；它是客观的，因为它是主观的，而且只要它是主观的，也就必定是客观的；所以'主观的'与'客观的'历史学之间的一种'矛盾'根本没什么意义。一切历史学都终结于人类学——心理学的传记主义（Biographisums）"[2]。而且历史本身越少地被记录、清算和描绘，则历史性越容易满足于它自己的严格性。在历史学中，人类将过去当作现代的背景，将当前夸张为永恒的方式，过去成了当前的算计，所有这一切显示出历

---

[1] [德] 海德格尔：《演讲与论文集》，孙周兴译，生活·读书·新知三联书店2005年版，第35页。海德格尔对艺术与真理的探讨可以见其《艺术作品的本源》一文，可见孙周兴译《林中路》，上海译文出版社2008年版。

[2] [德] 海德格尔：《哲学论稿（从本有而来）》，孙周兴译，商务印书馆2012年版，第522页。

史学的支配作用。"历史学去散布着一种关于一切现实均可以控制的幻觉,因为它依循一切表面之物,并且把表面的现实之物当作唯一充足的现实性来加以倒卖"[1]。

因为现代科学力图把对自然现象的说明归结为数量尽可能少的、原初的自然规律,而正是这一点深深影响了现在的人文社会科学,人们希望通过一些原理概论性的课程来找到对该学科最简单的说明方法,于是在人文学科也出现了很多概论和原理课程。诸如《文学概论》《美学概论》《哲学概论》等,这些人文学科的概论原理课程往往都偏离了学科的本性,在实际的教学学习过程中达不到应有的效果。

作为处在世纪之交的伟大思想家,以一种强烈批判和颠覆西方传统面貌出现的尼采对后来思想的影响也是跨时代的,而且尼采本身构成了海德格尔思想的来源之一,尼采颠覆性地批判了西方的柏拉图—基督教主义,猛烈批判了西方传统的以古希腊理性和基督教信仰为基础的道德观。由此出发,尼采致力于批评的理性和道德也被看成科学的根源,尼采认为科学便是建立追求真理为目的的西方形而上学的假设中,相信凭借理性的力量,一方面可以穷究世界的真相和万物的本性,另一方面可以指导和造福人类,其始祖是苏格拉底。同样,科学亦是以西方传统的道德观作为基础,在尼采看来,正是西方的柏拉图—基督教为基础的道德导致了人的异化,奠基于西方形而上学的现代科学同样也导致了人的异化。

---

[1] [德]海德格尔:《哲学论稿(从本有而来)》,孙周兴译,商务印书馆2012年版,第522页。

我们不难看出尼采和海德格尔本身就有很多共同之处，比如海德格尔论述现代科学对人文科学的影响的很多内容尼采已经论述过。尼采认为科学乐观主义回避人生的痛苦，用抽象逻辑来掩盖人生苦难的真相，一旦科学取得统治地位，神话就会毁灭，诗也被逐出理想的故土，音乐就会变质，就会使艺术和人生都变得肤浅，因此尼采认为代表科学精神的苏格拉底毁灭了希腊艺术。尼采有一本小册子《历史的用途和滥用》专门谈历史，认为在历史中所谓的客观知识和真理只是现在的人用现存的普遍观念去改变过去，将过去编织成一个虚假的整体，尼采要求用一种艺术的眼光去看历史。

尼采说："我们十九世纪的标识不是科学的胜利，而是科学方法对于科学的胜利。"[1] 尼采从现代科学方法的角度来论证科学的虚假性，这一点在后来的海德格尔那里也能看到，即科学认识只是对事物的一种认识方法而非事物本身，这个思想也可以在康德那里找到其渊源。对于科学的认识方式，尼采甚至说："一种你们所谓'科学的'世界解释，永远是一切可能的世界解释中最愚蠢的即最无意义的一种。……一个本质上机械的世界是一个本质上无意义的世界！"[2] 对于海德格尔和尼采来说，现代科学这样一种认识方式并不等于事物本身，更不是对事物唯一的认识方式，相反，这种认识方式本身还存在很

---

[1] [德]尼采:《权力意志》，孙周兴译，商务印书馆 2011 年版，第 1190 页。

[2] [德]尼采:《悲剧的诞生：尼采美学文选》，周国平译，作家出版社 2012 年版，第 236 页。

大的问题。[1] 并且他们在反思科学之后都期望一种美和艺术的复兴,以此克服科学带来的现代社会人的异化。总的来说,对科学方法的批评和对美和艺术的呼唤是他们思想最大的共同点,但是作为风格迥异的思想家,他们的论述方式也有诸多不同之处。

和海德格尔一样,尼采也谈到哲学的终结,二者的共同之处都是对西方传统理性哲学的终结,但是各自理论的出发点以及落脚点不同。尼采是宣布西方传统柏拉图—基督教理性和信仰的终结,并且重新回到古希腊的日神和酒神精神;海德格尔也反对西方传统自柏拉图以来的哲学,认为自柏拉图以来,存在便隐匿了自身,因此他是要重新回到存在本身,尼采虽然颠倒西方传统形而上学,但还是回到了一个存在者(权力意志)而不是存在,因此海德格尔认为尼采这种简单的颠倒仍然没有脱离西方的形而上学传统。

尼采和海德格尔很推崇苏格拉底之前也就是西方传统理性哲学兴起之前的古希腊人,他们都有很深的古典语言学功底,他们都反对达尔文式的进步观。他们对美和艺术都很推崇,并将之看成人生在世根本性的东西,并且在谈论科学的时候都谈到美和艺术,都呼唤科学时代之后艺术的复兴,但是也有一些区别。尼采是回到古希腊的日神精神和酒神精神,特别是酒神的陶醉和狂欢,他将人生在世的根本都放到了美和艺术,认为

---

[1] 康德的意思也是如此,另外这里对科学的反思绝非哲学家的无病呻吟,科学家自己也清楚不可能每一种科学理论或者模型能都是对的。从欧几里德几何学到非欧几里德几何学,从牛顿的经典物理学到爱因斯坦的相对论,这里,每一个理论的正确性都有一定范围和条件。

人生原本是意志在其永远洋溢的快乐中借以自娱的一种审美游戏；海德格尔同样是希望回到古希腊理性哲学兴起之前的思想源头，他主要是让语言自身说话，认为在古希腊，技术本有艺术的含义，现代技术变成一种主客二分的设置，但是在艺术中还保留着一种非主客二分的认识方式，他希望将这种认识方式，这种他称为诗意的方式推广到所有的人与物，从而回到物本身，从而人能诗意地居住在大地上。

反思科学不是反对科学，海德格尔也并未完全否定科学，他所讲的美和艺术也不能做狭义的理解，而应该被理解为一种生活方式。这种诗意生活也就是中国古代庄子的逍遥，孔子的"吾与点也"，还有佛家的大自在，实质是指人的自由之境，也正如马克思对共产主义的描述是自由人的全面联合。因此，我们需要用马克思的历史的眼光来看待当前的科学技术，自然科学和社会科学在古希腊是同一个东西——哲学，马克思也告诉我们："自然科学以后将包括人的科学，正像关于人的科学包括自然科学一样：这将是一门科学。"[1] 这一预言透露了马克思关于人的理想、社会的理想与自然的理想最终将是同一个理想，并将其展开为一个分化与统一的辩证过程。因此，对科学的反思绝非一种反现代的浪漫主义的理想，而恰恰指引了现代社会的发展方向，也是对现代社会人类的各种弊端的解决方法。长久以来，古代的中国人都生活在一种美和艺术高度发达的时代，不仅是科学，包括哲学甚至宗教都很缺失。在走向现代化

---

[1] 马克思：《马克思恩格斯全集》（第42卷），人民出版社1979年版，第128页。前面论述的尼采要求以艺术的眼光看科学和海德格尔的技术和艺术的合一已经表现出这种思想。

的进程中，中国也不可避免地被拉入西方科技为主导的进程之中，但是如果片面地强调科学技术对西方的赶超，会忽略整体的文化（包括中国传统文化以及现代科技得以产生发展的文化土壤），一个民族没有自己的文化根基，没有文化的综合协调发展（包括哲学、艺术等），科学亦不可能单独地突飞猛进。尼采甚至认为对美和艺术的热爱是反映一个民族力量的问题，在西方科学开始进入中国的时候，诸如方东美等中国学人就很强调中国的美和艺术比西方科学高明之处，现在完全奉科学为真理的状况实在令人惋惜。传统不是负担，中国的现代化并不是意味着通过西化来彻底改变中国的传统，老子曾言："知人者智，自知者明。胜人者有力，自胜者强。"[1] 中华民族的复兴还是在于自己知道自己，自己战胜自己，这也正如海德格尔所说，思想的转变只能通过同源同种的思想。[2] 因此，我们不能仅仅向外学习科学技术，不能简单地认为科学就是可以拿来的实用技术，还应该在中国的传统文化中寻找到科学精神并为

---

[1] 陈鼓应：《老子注译及评介》，中华书局 2009 年版，第 198 页，"第三十三章"。

[2] 海德格尔在 1966 年接受《明静》杂志的访问时认为思想可以改变全球性的技术世界，并且中国传统思想的复兴也许有助于使人与技术世界有一种自由的关系，但是西方思想的转变只能根植于西方思想的传统中："……我相信只有在现代技术世界发源之处，我们才能为技术世界的转向做准备。换句话说，这种转向不能通过采取禅佛教或其他东方世界的经验而发生。为了这种思想的转向，我们需要欧洲传统的帮助和对于这个传统的新的理解。思想的转变只能通过同源同种的思想。"（参见张祥龙：《海德格尔思想与中国天道：终极视域的开启与交融》，中国人民大学出版社 2010 年版，第 351—352 页。）苹果手机使我们看到技术和艺术的结合以及禅的简明（乔布斯本人长期修行禅宗），《功夫熊猫》等好莱坞影片的流行使我们反思如何去反本开新。由此，如何去开发中国古代的思想资源，并使其融入中国的现代化过程之中是很重要的工作，海德格尔包括尼采等西方思想家对西方传统特别是古希腊思想的激活无疑对我们中国学人在激活自己的传统文化方面具有一定的借鉴意义。

科学奠定坚实的基础。例如近世儒者熊十力就认为,科学源于哲学,中国科学不发达,与秦以后儒学亡失相关。他说:"余潜玩旧学,归本于《易》,乃知中国科学思想自有根荄。奈何欲向外求科学,而竟自戕其根荄耶?科学不可无根生长,当于中国哲学觅其根基。"[1] 熊氏之说虽有待商榷,但是纵观科技发达国家,其科学技术皆有其文化基础和土壤,更为重要的是:相比于科学技术的同质化,文化才是真正具有民族性的东西。

### 二、维特根斯坦对现代文化的反思

维特根斯坦对现代文化的反思,贯穿在他的整个思想中,在前面的内容中我们都有涉及,在这里可以作一个总结。维特根斯坦的《评弗雷译的〈金枝〉》,集中体现了现代人对古代文化的误解。

首先,维特根斯坦肯定了古人的仪式,认为现代人鄙视古人的巫术等活动是错误的,"人们几乎完全可以说,人类是一种仪式的动物。……除了那些比如摄取营养等等所谓的动物机能之外,人类还会做出一些他们自身特有的习俗,而这些习俗可以叫做仪式习俗。但如果有人继续说这些习俗的典型特征就在于它们出自对事物的物理特性的错误观念,那么就是没有意义的。(弗雷译就是这样做的,他说,巫术基本上是一种错误的物理学,或者可能是错误的医学、技术等等。)……确切地说,仪式习俗的典型特征根本不是一种观点,一种看法,不管

---

[1] 熊十力:《熊十力选集》,景海峰编,吉林人民出版社2005年版,第452页。

它是真的还是假的,尽管一种观点——一个信念——本身就是属于仪式的或是仪式的组成部分"[1]。

维特根斯坦认为弗雷译所做的解释是一种历史的解释,他认为弗雷译受到近代科学进化论思维的影响,作出了假设的发展着的解释,将材料放在一种关于时间进化的假设形式之中,"现代科学流行的倾向是用进化解释某些事情。达尔文似乎认为,进化只是从功利中得到重要性的。婴儿哭闹时露出牙齿,是因为先辈就是这样做的。当你恐惧时头发直立,是因为头发直立是动物的某种原因。这种解释的魅力在于:它把重要性归于功利"[2]。维特根斯坦甚至认为试图解释就已经错了,"我相信,试图作出解释就已经错了,因为人们只能把所知道的东西正确地拼凑在一起而不添加任何东西,通过解释而得到的满足就由自身产生了。……人们在这里只能描述说:这就像是人类的生命。……每个解释毕竟都是一个假设"[3] "作为清教的洗礼。——只有当从科学上来解释巫术时,才会出现错误"[4]。维特根斯坦认为,原始人并不是根据看法来行事,更不是根据我们现在的看法,原始的习俗就是原始人的一种本能,而一种历史的解释只可能是没有解释任何东西的多余假设,"促使某个种族去崇拜橡树,这并不是一个微不足道的理由,因为实际上可能根本就没有理由,而只是由于他们与橡树在共同生活中被连在一起。因此他们共同出现并不是由于选择,而更像是跳

---

[1]《评弗雷译的〈金枝〉》(第12卷,第17—18页)。
[2]《维特根斯坦剑桥讲演集》(第5卷,第167页)。
[3]《评弗雷译的〈金枝〉》(第12卷,第13页)。
[4]《评弗雷译的〈金枝〉》(第12卷,第15页)。

蚤与狗。(如果跳蚤发明了一种仪式,那么它就一定是基于狗的)人们会说,产生这种仪式的并不是他们的联合(橡树和人),而是某种意义上他们之间的分离。因为理智的觉醒就是伴随着原始的土壤,从生命的最初基础中的分离而发生的。(选择的起源。)(觉醒精神的形式是崇拜。)"[1]

维特根斯坦说:"整个神话就蕴藏在我们的语言之中。"[2]像"灵魂""影子"是古人语言的一个重要组成部分,现代的文明词汇排斥它们,鄙视它们,其实是在制造科学的神话,现代人并不比古人先进多少。维特根斯坦甚至认为,巫术比现在的科学包含了更多的真理。"这种观点就是把赋予身体的多样性同样赋予了灵魂,它比当今打了折扣的理论不知要包含多少真理!弗雷译没有注意到,我们有先于我们的柏拉图和叔本华的教导。我们在今天的哲学中又发现了所有天真的(幼稚的)理论,只是没有天真的获胜方式"[3]。

因此,维特根斯坦对弗雷译的结论基本是全盘否定的,弗雷译将那些原始的习俗都说成是愚蠢的东西,但是,说人类所做的这一切都是出自十足的愚蠢,则是不能令人信服的。他说:"弗雷译的灵魂是多么的狭隘!结果是:对他来说,想象一个不同于他那个时代的英国人的生活是多么不可能!弗雷译无法想象祭司王这个人根本不是同样愚蠢和迟钝的当代英国人。"[4]他批评道:"弗雷译比他所说的那些野蛮人并不开化,因为至

---

[1] 《评弗雷译的〈金枝〉》(第12卷,第23页)。
[2] 《评弗雷译的〈金枝〉》(第12卷,第20页)。
[3] 《评弗雷译的〈金枝〉》(第12卷,第25页)。
[4] 《评弗雷译的〈金枝〉》(第12卷,第15页)。

少他们不会像20世纪的英国人那样远离对灵魂之物的领悟。他对原始习俗的解释比这些习俗本身的意义更为粗糙。"[1] 但维特根斯坦似乎并不全盘否定弗雷译的价值,他感慨道:"没有什么事情比公正地对待事实更为困难了。"[2] 并且在这篇文章(《评弗雷译的〈金枝〉》)的开头,他就指出:"人们一定是从错误开始,然后由此转向真理的。这就是说,人们必须揭露错误的根源,否则听到了真理也毫无用处。当其他东西占据了真理的位置,真理就不会出现了。要让某人相信真理,仅仅说出真理是不够的,人们还必须找到从错误到真理的道路。我必须一次次地投身于怀疑之水。弗雷译关于人类巫术和宗教观点的描述是不能令人满意的:它使得这些观点看上去像是错误的。"[3]

维特根斯坦对现代文化的反思,主要是反对科学的泛滥(他并不否定科学),"科学:它使人们发财致富或贫困潦倒。一种方法把所有的其他方法推到一边。与这种方法相比,所有其他的方法似乎都没有价值,至多只不过处于初始阶段。你必须下降到最初的源泉,以便把这些方法并排地加以观看,即看到被忽略的方法,也看到所偏爱的方法"[4]。他认为现代人将自然规律看作对自然现象的说明,这几乎形成了科学的新神话。"现代人的全部世界观都是基于这种幻觉,即以为所谓自然律是对自然现象的解释。[见《逻辑哲学论》6.371] 于是他们憬然驻足于'自然律'之前,犹如面对某种神圣不可侵犯的东

---

[1]《评弗雷译的〈金枝〉》(第12卷,第19页)。
[2]《评弗雷译的〈金枝〉》(第12卷,第17页)。
[3]《评弗雷译的〈金枝〉》(第12卷,第11页)。
[4]《杂评》(第11卷,第83页)。

西,就像古代人之于神和命运那样。[见《逻辑哲学论》6.372]二者都是对的又是错的。古代人的信念,就其承认有一个明白的终结而言,倒更为明确,而在新体系中则似乎一切都是有根据的"[1]。科学不但不使人变得清醒,反而是对人的重新遮蔽,"似乎闪电在今天比两千年前更为常见,更加不会令人惊奇。必须清醒过来才会感到惊奇。也许所有的人都是如此。科学是一种使人重新入睡的手段"[2]。他指出,现代科学不可能说明一切,科学说明是肤浅的,基于科学说明的现代文化也是肤浅的。他还认为,实际上没有什么东西比科学更保守,因为科学设定铁路线,科学家们只能在其轨道上前行。站在古典文化立场上对现代科学和文化进行分析和批判,一直是维特根斯坦思想的主要导向。他讽刺说:"科学家的态度多么奇怪——:'我们不知道这个;但它是可知的,人们将知道它,这只是个时间问题!'好像这是不言而喻的。"[3] 科学导致了新的偶像崇拜,"琼斯写过一本书,叫作《神秘的宇宙》,我厌恶它,把它叫作误导的。就拿题目来说。我把这就叫作误导的。例如,抓拇指的人是否感到迷惑?当琼斯说它是神秘的时候他感到迷惑了吗?我会说《神秘的宇宙》这个题目包括了一种偶像崇拜,即科学和科学家的偶像。在某种意义上,我是在宣扬一种与另一种对立的思维风格"[4]。

---

[1]《1914—1916年笔记》(第1卷,第152页)。维特根斯坦在这里对终结的认同,也从一个侧面显示其与基督教思想的关联。

[2]《杂评》(第11卷,第9页)。

[3]《杂评》(第11卷,第56页)。

[4]《关于美学的讲演》(第12卷,第354页)。维特根斯坦这里"对立的思维风格"指的是他所做的是尽力去改变人们以科学为中心的思维方式。

## 第八章 海德格尔和维特根斯坦对现代科学的反思

维特根斯坦认为科学技术的时代加强了哲学家"对普遍性的渴望",[1]他批判了近代的自然科学方法,认为科学技术时代的到来可以说是人性终结的开始,所谓的通过最终认识真理而达到巨大的进步不过是幻想。科学使我们远离了崇高之物,远离了精神,他说:"奇怪的是,我们倾向于认为文明——房屋、街道、汽车等等——使人与他的本原、与崇高之物和永恒之物等等分离开来。在我们看来,仿佛我们的文明环境以及其中的树木、植物都被随便地包裹在玻璃纸之内,仿佛与一切伟大之物,与上帝隔离开来。这是一幅强加于我们的奇怪图画。"[2]科学知识中没有良好的或可以欲求的东西,人类在追寻科技中掉入陷阱。我们的时代真正需要的是爱和信仰,他在讲座和笔记中都批判了这一缺乏爱和信仰的时代,在自己的生活中,他呼唤爱和信仰,并力图去实现它们。正是他对这个时代文化的判断,以及以这一判断为基础的哲学研究,使他越来越与学院气氛和传统思想家的主张不相同。

对于科学的未来,维特根斯坦的论述有些矛盾之处,乐观时他说:"……我的全部意思其实不过是,原子弹提供了这样一种前景,即那种可怕的邪恶,也就是那种令人讨厌的、肥皂水似的科学将会告一结束,将会遭到摧毁。"[3]悲观时他却预测科学技术会战胜一切:"科学和工业及其进步,可能最终证

---

[1] 维特根斯坦论述对哲学普遍性的追求,给出了四个理由,其中之一是:"我们对普遍性的追求还有一个主要源泉,这就是我们对自然科学方法的偏爱。我指的是这样一种方法,它力图把对自然现象的说明归结为数量尽可能少的、原初的自然规律……"参见《蓝皮书》(第6卷,第24页)。

[2]《杂评》(第11卷,第69页)。

[3]《杂评》(第11卷,第67页)。

明为现代世界中最持久的东西。也许关于科学和工业将会崩溃的想法,不管是在目前还是在很久以后,都只不过是梦想;也许已在其进步中引起无限悲惨的科学和工业,将统一世界——我指的是,将把世界凝结为一个整体,尽管是和平在其中将最终找到归宿的整体。"[1]

维特根斯坦认为自己的任务就是(通过语言批判)从根基上排除造成这些灾难的根源。其中,关键是通过消解传统的生活和思想所造成的虚假问题,改变我们的思维方式、我们的精神和我们的生活方式。在维特根斯坦看来,科学技术主导的现时代与古典的文化时代的区别实际上也是智慧和激情之间的区别,他说:"智慧是冷静的,在此范围内也是愚蠢的。(与此相反,信仰是一种激情。)人们也可能说,智慧只不过对你隐瞒了生活。(智慧好像是一些冷却了的、灰色的炭灰,它们把炭火遮掩起来。)"[2] 维特根斯坦的观点是在新的时代重复歌德的话:"理论是灰色的,生命之树长青"。维特根斯坦认为只有生活形式和文化的变化,才能够使我们真正从新的角度看待事物。他的哲学方法就旨在引导我们以新的不同的方式看待世界,重新构建音乐、艺术和宗教在其中得到尊重的新文化。在《哲学评论》的前言中,他指出:"这本书为那些对它的精神抱友好态度的人而写。它的精神不同于我们跻身于其中的欧美文明大潮流。后者表现在一种进步之中,表现在越来越庞大、越来越复杂的结构的建造之中,而前者却表现在对那些结构的明了和

---

[1] 张学广:《维特根斯坦:走出语言的囚笼》,辽海出版社1999年版,第253页。
[2] 《杂评》(第11卷,第77页)。

洞察的不懈追求之中。后者要通过世界的外围——在其多元性中——把握世界,而前者要在世界的中心——在世界的本质中——把握世界。因此,后者是把事物一个接一个地排列起来,仿佛是从一个台阶到另一个台阶,不断上升,而前者却总是停留在原地,而且总是去把握那同样的东西。"[1]

---

[1]《哲学评论》(第3卷,第1页,"前言")。最初的草稿是这样说的:"本书是为那些对贯穿于本书中的精神持友好态度的读者写的。我相信这种精神不同于欧洲文明和美国文明的主流精神。我们的文明的精神明显地体现在我们这个时代的工业、建筑、音乐之中,体现在法西斯主义和社会主义之中,这种精神与作者的精神格格不入,志趣相左。这不是价值判断。诚然,情况并不是仿佛作者认为目前被称为建筑的那种东西不是建筑,也不是仿佛作者对人们称为现代音乐的那种东西怀有严重的猜疑(没有弄懂现代音乐的语言);然而,艺术的消失并不能证明对人性所作的否定性判断是正确的。因为,正是在这个时代,真正的强者避开艺术,转向其他事物;个人的价值的种种方式表现出来。当然,没有像在文化高度发达的时代里那样。一种文化仿佛是一个庞大的组织,它给每个成员指定一个位置,每个成员可以在这个位置上按照整体精神进行工作,可以十分公正地按每个成员给整个组织做出的贡献来衡量他的力量。然而,在没有文化的时代里,力量被分裂开来,……文化的消失并不意味着人的价值的消失,它只不过意味着这种价值赖以得到表达的某些手段的消失。然而,事实上,我仍然不同意欧洲文明的主流,不理解它的目标,如果他有目标的话。"

## 第九章
## 现象学视域中海德格尔和维特根斯坦比较研究

从20世纪60年代开始,国外就出现了海德格尔和维特根斯坦比较研究的论著,寻求分析哲学和现象学的关联。到20世纪80年代,大量的比较研究文献涌现出来。其中哈贝马斯、施太格缪勒和罗蒂等人都在海德格尔和维特根斯坦二人的比较方面有过论述。在国内,海德格尔和维特根斯坦两人也是学术界的研究热点,对两人的翻译和研究作品都比较多,但对两人哲学思想的比较研究却并不多见。其中语言问题仍然是比较的焦点,如张志扬的《语义生成:维特根斯坦与海德格尔》(载《德国哲学》1991年第9辑),陈嘉映的《在语言的本质深处交谈——海德格尔和维特根斯坦对语言的思考》[1]。张志扬从语言学入手深入维特根斯坦和海德格尔思想,指出二者有相似之处并存在互补性;陈嘉映从多个方面揭示了海德格尔与维特根斯坦语言学思想的相似性,特别指出二者虽然使用的术语有所

---

[1] 收录于陈嘉映:《思远道:陈嘉映学术自选集》,福建教育出版社2000年版。

区别，但在思想根基处是相通的。另外还有从其他方面进行比较的，例如，张祥龙的《维特根斯坦与海德格尔的象论》[1]，指出维特根斯坦的图像论和海德格尔的象论虽然有所区别，但是都为二人的思想提供了一种更为本源的构成场所。国内海德格尔和维特根斯坦的比较研究多以论文的形式零星出现，李菁的《在—是——海德格尔与维特根斯坦》则是汉语世界第一部系统比较海德格尔与维特根斯坦哲学思想的研究专著。

## 一、现象学的宗旨：回到事情本身

西方哲学从本体论发展到近代的认识论，认识问题仍然不能得到解决，面对这一困境，在20世纪出现了现象学和分析哲学两大思想潮流，虽然都是回答如何认识，但两者各有侧重。总体而言，一个侧重语言的意义，一个侧重事物的意义；一个强调逻辑性、精确性、唯一性和封闭性，一个强调历史性、非确定性、多元性和开放性。现象学的宗旨是回到事情本身，但不同的现象学家对何为事情本身却有诸多不同的看法，例如胡塞尔和海德格尔现象学就有着巨大的差异。在现象学视野下比较海德格尔和维特根斯坦，我们却能发现两人思想有诸多共通之处，并且通过比较研究能在一定程度上纠正对两人简单分门别类的做法，从思想本身而不是从学派出发深入两人的思想。

首先我们看看海德格尔的现象学思想。海德格尔在其思想开端的1923年夏季学期讲稿、1925年夏季学期的马堡大学讲

---

[1] 参见张祥龙：《从现象学到孔夫子》(增订版)，商务印书馆2011年版。

课稿、早期代表作《存在与时间》等多处都明确地根据古希腊词义将现象学一词解释为:"让人从显现的事情本身那里如它从其本身所显现的那样来看它。"[1] 除了《我进入现象学之路（1963年）》等少数文献，其实海德格尔中后期论著也很少使用"现象学"一词，但他从未放弃过现象学。对此，海德格尔本人有一个解释:"那么今天呢？现象学哲学的时代似乎已经过去了，它已经作为过去的东西与其他哲学学派一起仅仅被记录在历史中。仅从现象学最本己的方面来说，现象学并不是一个学派，它是不时地自我改变并因此而持有着的思想的可能性，即能够符合有待于思的东西的召唤。如果现象学是这样地为人们所理解和坚持的话，那么它作为一个哲学标题就可以不复存在了，但是它会有益于思想的事情，而这种思想的事情的可敞开状态依然是一种秘密。"[2] 因此，海德格尔后来不刻意使用现象学一词，并不是放弃了现象学，而是试图更本源地思考现象学的本性。

不同于大家普遍认为的作为分析哲学家的维特根斯坦，本

---

[1] 海德格尔认为，现象学这个名称由现象（Phänomen）与学说（-Logie）两个部分组成，并且将两个部分回溯到希腊的表述，"于是现象学意为: ἀποφαίνεσθαιτὰφινόμενα: 让人从显现的事情本身那里如它从其本身所显现的那样来看它。这就是取名为现象学的那门研究的形式上的意义。然而，这里表述出来的东西无非就是前面曾表述过的座右铭: 面向事情本身！"（[德] 海德格尔:《存在与时间》，陈嘉映、王庆节译，熊伟校，陈嘉映修订，生活·读书·新知三联书店2006年版，第41页。）

[2] [德] 海德格尔:《面向思的事情》，陈小文、孙周兴译，商务印书馆2014年版，第115页。

文力图在现象学回到事情本身这一宗旨下解读维特根斯坦思想。[1] 本文的出发点是：现象学不仅仅是简单的思想流派，更不是一个概念，而是表现为在回到事情本身的宗旨下追问事物的不同道路和方式。因此，不能从字面上理解现象学，觉得海德格尔和维特根斯坦本人提到"现象学"这三个字就是现象学，不提就不是。正如前面我们指出的，其实海德格尔中后期的主要论著中也很少使用"现象学"一词，但海德格尔中期关于真理的显现，后期讲天地人神四元世界的显现，都是其更加成熟地回到事情本身的现象学思想。同样的道理，虽然维特根斯坦在他思想的转型中提出过一个自己的"现象学"版本。但其实这不是最重要的，维特根斯坦本人的思想特别是后期思想强烈批判了西方脱离现实的理性主义哲学，要求回到生活世界本身，并在其论著中对语言等生活现象采取描述的方式，强调世界先在的给予性，坚持人生意义诸问题能在生活中显现和发生而不能被言说，反对主客二分的认识方式，这些都符合现象学回到事情本身的宗旨，并且和海德格尔的思想有异曲同工之妙。

---

[1] 国内从现象学视角研究维特根斯坦的成果，有徐英瑾的《维特根斯坦哲学转型期中的"现象学"之谜》（复旦大学出版社2005年版），认为维特根斯坦独立于胡塞尔在其哲学转型中独立提出过一个自己的现象学版本。江怡的《当代西方分析哲学与现象学对话的现实性分析》（载《厦门大学学报》2007年第5期），对现象学和分析哲学的关联做了比较全面的分析，其中海德格尔和维特根斯坦是文章的重要部分。另外，李菁发表有《维特根斯坦存在之思——〈逻辑哲学论〉的一种现象学素描》（载《世界哲学》2008年第2期），《维特根斯坦的"千高原"——〈哲学研究〉的一种现象学素描》（载《现代哲学》，2011年第4期），在维特根斯坦的现象学解读方面做了深入的研究。

## 二、源初语言:语言的回归

毫无疑问,语言是海德格尔和维特根斯坦哲学共同的核心问题,海德格尔思想的一个总体基调是反对柏拉图以来的西方传统理性主义哲学,回到古希腊,而海德格尔对古希腊思想的回溯,很多是从语言开始的,即回到语词在古希腊的源初意义,而且海德格尔晚期思想的中心就是语言。维特根斯坦不管是早期的《逻辑哲学论》还是后期的《哲学研究》,虽然有从语义学到语用学的转向,但是其探讨的中心都是语言问题。海德格尔和维特根斯坦两人都对西方传统理性哲学进行了颠覆性批判,并致力于在更本源的地方开启新的哲学言说方式。

现象学的口号是回到事情本身,我们都知道语言的源初含义,即一个字和词语在产生之时所表达的意思是非常重要的,这一点在海德格尔和维特根斯坦那里都一样得到重视。[1] 在海德格尔那里,语言要回到语言自身,正是语言显现了世界,这也是他所讲的现象学的显现之意。遵循现象学的方法,海德格尔这里论述语言是要把语言作为语言带向语言,其追问的存在问题也变成了由语言敞开的存在,在他看来,语言将物聚集并呈现出来。海德格尔的思想是回到古希腊,海德格尔认为古希腊在场的语言观,主要是"逻各斯"这个词将存在者之存在带向了语言,在古希腊,逻各斯不是指科学,而是关于某物的言说,这种言说并不是简单地说出词语,而是使显现。海德格尔

---

[1] 在汉语中,因为汉字形体本身具有表意性,这一点表现得尤为明显,即可以通过繁体字、篆书、金文,甚至甲骨文,来追溯词语最源初的意义,从而达到回到事情本身的目的。

还指出，希腊人就居住在这种语言之本性中。海德格尔区分了两种言说：sprechen 和 sagen，前者为陈述，后者为道说，道说意味着显现，有非常浓厚的现象学意味。"而道说（sage）意味着：带向显露。……把在场者带入其在场中而使之进入显现和呈放"[1]。道说将事物带给我们，是存在者的在场和显现，从某种意义上，正是道说开显了世界。作为道说的语言是事物的无遮蔽状态的本性呈现，但是长期以来表达和含义才被视为语言的基本特征，古希腊关于言说的本性不知不觉被人遗忘，从而遮蔽了存在向人的显现，最终导致人的存在方式的改变。

维特根斯坦认为他的哲学是与语言的战斗。"……哲学是一场战斗，它反对的是用我们的语言作为手段来使我们的理智入魔"[2]。在维特根斯坦看来，正是希腊以来的语言制造了哲学的幻象，导致不断提出相同的哲学问题，因此希腊以来的哲学问题一直没有改变。维特根斯坦认为词语在于使用，例如，"思想""本质"等词和"树""石头"一样，只不过是语言中的一个用法而已，却制造了语言的陷阱，像"本质"这个词后面就仿佛隐藏了什么高深的东西，这样的表达形式使我们去追求虚构的东西，导致了哲学问题。维特根斯坦在很多地方对主谓形式进行了批判，例如他在《逻辑笔记》中说："正如人们以往总是力图把一切命题都纳入主谓形式。"[3] 在《路德维

---

〔1〕［德］海德格尔：《演讲与论文集》，孙周兴译，生活·读书·新知三联书店2005年版，第264页。

〔2〕［奥］维特根斯坦：《哲学研究》，李步楼译，陈维杭校，商务印书馆1996年版，第71页。

〔3〕《逻辑笔记》（第1卷，第24页）。

希·维特根斯坦与维也纳小组》中,他说:"但是人们一旦关心现实的事物,马上就会发现,那种符号体系远不如我们的现实语言。只谈论一种主—谓形式显然完全是错误的。实际上存在的不是一种主—谓形式,而是一系列主—谓形式。假如只存在一种主—谓形式,那么所有的名词和形容词都是可以互相替换的。也即所有相互可替换的词都属于同一种类。但是,日常语言表明情况并非如此。"[1]

现象学不再像传统的理性哲学那样,通过下定义和概念式的思维方式来从事哲学研究,直观和描述是现象学的重要方法,即强调如其所是而显之,海德格尔和维特根斯坦在探讨哲学问题时都致力于使用描述的方法从事情本身出发来呈现哲学问题,但是二者也有区别。海德格尔的描述很容易被理解为一种诗意的语言,最典型的便是对梵高的画《农鞋》的描述。维特根斯坦则是通过描述语言游戏,来揭示出传统哲学只是语言的误用。这种方法在《哲学研究》中表现得尤为明显,维特根斯坦总是在描述一个又一个语言游戏,描述语词的实际使用而不改变任何东西。维特根斯坦只对语言进行忠实的描述,甚至也不做评论,对此,他打了一个比喻:"我应该是一面镜子,我的读者可以通过这面镜子看到他的思想以及它的各种缺陷,并且借助于这面镜子而使思想得到端正。"[2] 此外,维特根斯坦认为以往哲学的问题就是把问题搞得太复杂了,因此他使用描述的办法,尽力将问题简单化。维特根斯坦还通过对语言游戏的描述,

---

[1]《路德维希·维特根斯坦与维也纳小组》(第2卷,第15页)。
[2]《杂评》(第11卷,第25页)。

把传统哲学不明显的胡说变成明显的胡说,从而使我们从传统哲学的束缚中解脱出来,回归生活世界,消解甚至终结传统的哲学问题。

虽然海德格尔和维特根斯坦都要求回到语言本身,认为传统的哲学脱离了源初的语言,语言的问题不但导致了哲学疑惑的产生,还和人的存在息息相关。但是海德格尔和维特根斯坦还是有很大的区别,主要在于维特根斯坦只是要求回到日常语言,并没有说要回到诗意的语言。而海德格尔则认为日常语言本来应该是诗意的,但是在技术的时代日常语言的诗意性被磨灭掉了,因此,还需要解蔽,让日常语言重回诗意。

维特根斯坦说:"一旦我想到这个句子的日常用法而不是其哲学的用法,句子的意义就立刻变得清楚和平常了。"[1] 维特根斯坦认为哲学家对词语产生了误用,脱离了词语在生活世界中的本真意义,把哲学词语看成某种神秘莫测的东西,导致哲学问题的产生,"当语言休假时,哲学问题就产生了"[2]。因此必须回到词语在日常生活的使用方式中去。此外,还有一种比较流行的看法,认为维特根斯坦要建构理想的语言,其实这是对他思想的一个误解,维特根斯坦只是要回归日常的语言。早期,维特根斯坦并没有说要构造什么理想语言,他只是给语言划界,对不可言说的要保持沉默。在《路德维希·维特根斯

---

[1] [奥] 维特根斯坦:《论确实性》,张金言译,广西师范大学出版社2002年版,第54页。
[2] [奥] 维特根斯坦:《哲学研究》,李步楼译,陈维杭校,商务印书馆1996年版,第29页。

坦与维也纳小组》中，他说："我认为，我们无须去寻找一种新的语言或者去构造一种符号系统，会话用语就是语言，前提是我们使它摆脱不清晰的状态。"[1] 在其中期著作《哲学评论》中，维特根斯坦说："如果逻辑研究的是'理想的'语言，而不是我们的语言，那就怪了。"[2] 在后期，维特根斯坦在很多地方为日常语言进行辩护，并明确反对构造什么理想的语言。维特根斯坦认为日常语言完全是恰当的，我们并不需要改进它，在哲学中，人们试图去发明符号神话学、心理学神话学，以代替我们所知道的那些简单的语言，这实际上是错误的。随着其思想的发展，维特根斯坦越来越关注在日常生活的原初语言，认为哲学的任务并不是去创造一种理想的哲学语言，而是澄清现在对语言的用法。原初的日常的语言也有其完美的秩序，并不需要去构造完美的语言，在日常生活中，"即使最含糊的语句也一定有完美的秩序"[3]。

从某种意义上，海德格尔也是要回到日常语言，日常语言本应该是诗意的，但问题是在柏拉图之后的理论主义哲学那里，日常语言的诗意被遮蔽了，特别是现代社会技术化的信息语言，

---

[1]《路德维希·维特根斯坦与维也纳小组》（第2卷，第15页）。

[2]《哲学评论》（第3卷，第38—39页）。此外，在《蓝皮书》中，他说："有人说，我们在哲学中考察一种与我们的日常语言相对立的理想语言；这种说法是错误的。因为这会引起一种假相，仿佛我们认为我们能改进日常语言。然而，日常语言是完全恰当的……"[《蓝皮书》（第6卷，第38页）]

[3] [奥]维特根斯坦：《哲学研究》，李步楼译，陈维杭校，商务印书馆2002年版，第67页。在该书另一个地方，他说："当我谈论语言（词、语句等）时，我必须说日常语言。这种语言对于我们所要说的东西是不是太粗糙、太物质性了呢？那么，又怎样去构造出另一种语言呢？——而用我们已有的那种语言我们竟能开始做一些事情，这是多么奇怪！"（第73页）

将日常语言的诗意磨灭殆尽,因此还需要通过解蔽,回到语言的本身。"要满足这一指令首先还是有困难的,因为作为道说(sage)的语言本质的那种最初闪现,立即就消失在一种掩盖之中了,并且听任一种对语言的特性描写占了上风;而根据这种特性描写,语言从此就从 φωνή［公布］及传达方面被表象为一个指称和涵义的系统,到最后,就被表象为一个报道和信息的系统了"[1]。海德格尔要回到语言自身,即纯粹的语言,纯粹的语言只是语言自身言说,它不是事情的表达,而是语言自身的展开。语言自身说话表明它是纯粹语言,但纯粹语言不同于日常语言和理论语言,而是诗意语言[2] 人是语言的存在,因此纯粹语言关涉于人的存在,是人的家园,所以海德格尔有句名言:语言是存在的家园。海德格尔认为诗意语言是最接近语言本性的,或者说就是语言自身本性的揭示,因此是纯粹的语言。在此意义上,语言在本原上是诗意的,日常语言和理论语言只是语言诗意本性的遗忘和扭曲,并因此是不纯粹的语言,但是它却必须回归于其纯粹的本性。

由此可见,在海德格尔和维特根斯坦那里,有一个相同点是语言归根到底表达的是人的生活世界或者存在。从古希腊到现代,词语的意义之所以发生改变,是因为人的存在发生了改变。海德格尔晚期思想一个重要的内容是他借用诗人荷尔德林的一句话:人诗意地居住在这个大地上。因此,语言是存在的

---

[1] ［德］海德格尔:《演讲与论文集》孙周兴译,生活·读书·新知三联书店 2005 年版,第 266 页。
[2] 可以看看古书中古人的对话,对日常语言的诗意性就会有比较直观的认识,海德格尔和中国思想的关联也可以体现出来。

家园同时又是指向人的,是给人提供了居住。彭富春指出:"在其第三阶段里,海德格尔不将语言理解为在言谈样式中的此在的敞开,也不理解为'存在之家',而是理解为人的家园,更准确地说,是要死者的家园。"[1] 对维特根斯坦来说,语言作为一种游戏,是在生活世界中发生的,生活世界是语言游戏的根基,人们之所以能够相互交流,归根结底是有着同样的生活世界。不同生活世界的人甚至无法相互沟通,但处于同一生活世界的人,就无需过多的解释。维特根斯坦甚至把人的生活世界和动物的做比较,他说如果狮子能讲话,我们也不能理解它。因为狮子的生活世界对我们来说是完全陌生的,所以我们不能理解它,为了理解一种语言,就必须理解一种生活方式。

此外,海德格尔和维特根斯坦论语言还有一大区别,就是海德格尔经常回溯语词的本源含义(包括古希腊、古德语和方言等),以及通过对语义的变迁来探讨世界的改变。但是维特根斯坦后期思想明显转向语用学,不再看重语词固有的含义,认为语言的意义就在于它的运用,是一种游戏,它是活的,是运动着的,不是静态的,不同的语境会产生无穷的意义。语言作为一种游戏本身就是一种活动,"在这里,'语言游戏'一词的用意在于突出下列这个事实,即语言的述说乃是一种活动,或是一种生活形式的一个部分"[2]。

---

[1] 彭富春:《无之无化——论海德格尔思想道路的核心问题》,上海三联书店2000年版,第154页。

[2] [奥]维特根斯坦:《哲学研究》,李步楼译,陈维杭校,商务印书馆2002年版,第17页。这一点倒是非常符合海德格尔的发生现象学。

### 三、由技返艺：美的回归

海德格尔和维特根斯坦都反思了现代西方的科学文明，认为科学不是对事物唯一的认识方式，这种主客二分的认识方法本身还存在很大的问题，而且还影响了现代的人文社会科学，使一切崇高和精神之物远去，甚至使人和物丧失自己的本性，给人类带来了危机。海德格尔和维特根斯坦对美和艺术都很推崇，都呼唤科学时代之后艺术的复兴，但是两人也有很大的区别。海德格尔是希望回到古希腊理性哲学兴起之前的艺术时代，他认为在古希腊"技术"一词本有艺术的含义，现代技术变成一种主客二分的设置，但是在艺术中还保留着一种非主客二分的认识方式，他希望将这种认识方式，这种他称为诗意的方式推到所有的物，回到物本身，从而人也能诗意地居住在大地上。维特根斯坦本人出生在音乐之都维也纳的音乐世家，他本人的艺术修养极高，维特根斯坦希望在科学时代之后艺术的时代能重新到来，反对抽象化、理论化的美学理论，认为美和美学其实就在生活之中，提倡简明的审美追求。无论海德格尔还是维特根斯坦，这里的美和艺术都不能做狭义的理解，而应该被理解为一种美的生活和存在方式。

海德格尔对科学并不陌生，他认为近代科学的本质是建立在柏拉图以来的哲学基础之上的，并且科学已经把自己延伸覆盖到整个地球。"不过，虽然现代科学作为欧洲科学在此期间已经全球化了，但它的本质依然建立在希腊人的思想基础之上——自柏拉图以降，这种思想被叫做哲学"[1]。科学也是一种认识方式，但是这种认识方式以及其技术化最终占据统治地位，否定其他认识方式，导致人的片面化和肤浅化。[2]科学这种认识方式还不断逼迫人们去寻找自然规律，并对一切进行计算。"自然以某种可以通过计算来确定的方式显露出来，并且作为一个信息系统始终是可订造的。这一系统进而取决于一种再度被转变的因果性"[3]。这种寻找和计算，并不是古希腊意义上的事物的显现（即海德格尔的现象学意义上的呈现），反而是对人和物的遮蔽，一旦一切人和物都变成了计算系统中的一部分，人和物的本性反而丧失。

和海德格尔一样，维特根斯坦认为科学本身不是问题，问题是科学的泛滥和唯我独尊，排斥和否定了其他的认识方式。"科学：它使人们发财致富或贫困潦倒。一种方法把所有的其他方法推到一边。与这种方法相比，所有其他的方法似乎都没有价值，至多只不过处于初始阶段"[4]。科学把自己当作真理的标准，认为其他认识方式都是愚昧和迷信，其实是科学成为新的迷信。[5]科学说明本身是肤浅的，因此基于科学说明的现

---

[1] [德]海德格尔：《演讲与论文集》，孙周兴译，生活·读书·新知三联书店2005年版，第40页。
[2] 其实康德对科学划定了界限，将科学知识限定在现象界，但现代科学越界了，把自己当成对真理的认识，并且是唯一正确的认识。
[3] [德]海德格尔：《演讲与论文集》，孙周兴译，生活·读书·新知三联书店2005年版，第22页。
[4] 《杂评》（第11卷，第83页）。
[5] 在《评弗雷译的〈金枝〉》中，维特根斯坦有大量表述，认为拥有现代科学时代的人戴着有色眼镜看古代社会，视古代社会的巫术等认识方式为愚昧，实则科学这种认识方式并不比古代的认识方式高明。

代文化也是肤浅的。维特根斯坦认为科学技术的时代加强了哲学家"对普遍性的渴望",科学带来了进步的幻觉。但其实科学带来了人性的终结,科学可能使得人失去良知,而时代真正需要的是爱和信仰。同海德格尔一样,维特根斯坦也认为科学是人类远离崇高之物,远离精神,从而丧失了人和物的本性。维特根斯坦本人的一生都在呼唤爱和信仰,并力图去实现它们。[1]

海德格尔喜欢引用诗人荷尔德林的一句话,"哪里有危险,哪里就有拯救"。科学带来的危害促使人们寻求对科学和技术的摆脱,海德格尔正是从技术这个词入手,追溯其源初意义,指出在古希腊,技术也有艺术的意义,从而回归艺术。"从前,τέχνη 也指那种把真带入美之中的产出。τέχνη 也指美的艺术的 ποίησις［产出、创作］"[2]。在海德格尔看来,和技术相比,艺术是诗意的,是人和物的本性的显现,也是存在的显现。"在西方命运的发端处,各种艺术在希腊登上了被允诺给它们的解蔽的最高峰。它们使诸神的现身当前,把神性的命运与人

---

[1] 导致维特根斯坦生前保留其著作未出版的一个重要原因,是他一直确信他的著作会被人误解,因为他的讲稿在以各种方式的流传中已经遭到了很大误解,尤其被职业哲学家误解。他曾说,他的思维类型不是目前时代所需要的,他必须奋力搏击以抵抗目前的趋势,也许一百年以后,人们才需要他所写的东西。他的思想为什么会受到这样大的误解呢?维特根斯坦无疑将原因归结为科学技术主导的时代,他对这个缺乏人性的时代十分反感。他说:"目前,我们在与一种潮流抗衡。不过这种潮流将会消失,将被其他潮流所排挤。我们为反驳它所做的论证将不会被人们理解;人们将不明白为什么需要说这些话。"[参见《杂评》(第11卷,第59页)]

[2] [德]海德格尔:《演讲与论文集》,孙周兴译,生活·读书·新知三联书店2005年版,第35页。

类命运的对话灼灼生辉。而在当时，艺术仅仅被叫做 τέχνη。艺术乃是一种唯一地、多重地解蔽。艺术是虔诚的，是 πρόμος，也即是顺从于真理之运作和保藏的"[1]。海德格尔所说的诗意，并非我们一般理解的诗情画意，而是对物的倾听，是人和物的自由显现和生成。相比而言，科学技术作为一种敞开方式，并不是最切近存在的。海德格尔的这种理解是非常具有现象学意味的，艺术是海德格尔现象学思想的重要组成部分。"海德格尔接近事物本身的努力与艺术联系在一起。在《艺术作品的本源》中，海德格尔对传统美学和艺术哲学进行了颠覆性的批判，而如何接近自在自持的物，仍是他的一个指导性思想课题"[2]。进而，艺术被理解为真理的发生，而到了现代，一方面艺术成为体验，另一方面艺术成为机械复制，而艺术的终结就在于艺术工业使艺术对象化了。

维特根斯坦对美学问题十分重视："我可能觉得科学问题很有趣，但我从来没有真正被这些问题束缚住。只有观念的问题和美学的问题才能束缚住我。从根本来说，我对许多科学问题的解决不感兴趣，而对其他问题不是如此。"[3] 艺术在维特根斯坦的生活中占有特别重要的地位（比哲学要重要得多，维特根斯坦总想摆脱哲学，但他一生都热爱艺术，相比而言，哲

---

[1] [德]海德格尔：《演讲与论文集》，孙周兴译，生活・读书・新知三联书店2005年版，第35页。

[2] 孙周兴：《一种非对象的思与言是如何可能的——海德格尔现象学的一条路线》，载《中国现象学与哲学评论》（第3辑），上海译文出版社2001年版，第39页。

[3] Ludwig Wittgenstein. *Culture And Value*. University of Chicago Press. 1980, p. 79.

学很多时候只不过是他被动去做的事)。维特根斯坦将艺术、思想、科学等并列,认为艺术和思想一样,都是对永恒世界的把握,并且能让世界保持原样,因此艺术绝不仅仅是一种娱乐消遣,"目前有些人认为,科学家的存在是为了使他们接受教导,诗人、音乐家等人的存在是为了给他们愉悦,使他们享受快乐。后面这些也能给他们以某种教导,只不过在他们身上还没有发生"[1]。维特根斯坦认为现代科技的时代,艺术衰落了,他期盼在科学的时代之后,艺术的时代将要来临。维特根斯坦认为大师们的著作如同太阳,再度升起的时刻即将到来。

海德格尔和维特根斯坦都要求摆脱现代科学和技术的束缚,回到美和艺术,但是海德格尔是直接回到古希腊意义的诗意,维特根斯坦则是认为美要回到生活世界中去。在音乐艺术上维特根斯坦推崇古典时代的艺术,虽然最终也是一种诗意的意味,但是维特根斯坦并不去刻意建构这种思想,这也是海德格尔和维特根斯坦两人的区别,《在艺术作品的本源》中,海德格尔最后也指出艺术的本性是诗。海德格尔并非不知道各门艺术的很大的区别性,他在这里将艺术归为诗是从诗意角度来讲的,作为真理之自行设入作品,艺术是诗,不光作品的创造是诗意的,作品的保存同样也是诗意的。海德格尔将艺术归为诗已经开启了语言问题,认为语言本身就是根本意义上的诗,于是海德格尔从艺术品的存在转向语言道说的存在。

维特根斯坦哲学一个最大的特点,就是他没有自动去建构

---

[1] Ludwig Wittgenstein. *Culture And Value*. Bsicil Blackwell. Oxford. 1980, p. 36.

什么理论,维特根斯坦只是尽力摧毁或终结传统的哲学,而不去建构一套新的哲学,他甚至不要求大家把他的东西当作哲学去模仿,因为他最看重的是生活方式的改变而不仅仅是理论的改变。维特根斯坦否认有什么普遍意义的美学理论和美的本质之类的东西,认为在美学中追求普遍的东西和共同的定义也是不可能的,它们最多是一种"家族相似"。因此,美学要从概念的束缚中解脱出来,维特根斯坦认为,关于美的学问或科学是不存在的,甚至是可笑的。维特根斯坦强调,人们的审美活动会在日常生活中自然而然地表现出来,如果一个人觉得他的衣服很漂亮,他只是喜欢经常穿它,并不是经常说它有多美,维特根斯坦甚至说这就是美学。因此,要摆脱理论,回到生活,特别是词语所伴随的行为。在生活中,有关审美的词语也基于场合有着无穷的意义,出现的审美矛盾和审美多样性也不足为奇,因为在日常生活中,至关重要的是审美反应而不是审美理论。

海德格尔和维特根斯坦还有一个共同点就是在各自的生活中,都贯彻了自己的美学思想。海德格尔生活在德国黑森林的小木屋,践行了诗意栖居的思想。维特根斯坦曾亲手建造了小木屋,他热爱艺术,有自己的艺术创作实践,更难能可贵的是,维特根斯坦的一生都像一个艺术家一样充满激情。总体而言,海德格尔和维特根斯坦都将自己的美学和艺术观践行在自己的人生中,从而使他们的人生充满魅力。

## 四、生活世界:伦理的回归

作为同时代的伟大思想家,海德格尔和维特根斯坦都反对传统理性哲学和宗教神学空谈伦理道德和宗教信仰，都要求回到源初的生活世界本身。海德格尔论人的存在，但是并没有提出自己的伦理学，他反对后来作为学科划分的伦理学科，要求回到更为源初的生活世界本身，即早期的此在和后期的四元世界。伦理学是维特根斯坦思想的出发点和归宿，无论是前期还是后期，他始终坚持伦理学的不可言说，其早期认为善在语言之外，随着其思想的发展，他越来越强调生活世界的多样性和复杂性，认为脱离现实生活世界抽象地谈论伦理学理论毫无意义。

海德格尔论人，并没有明确提出自己的伦理学一说，因为他认为学科划分是柏拉图思想带来的结果，结果是学科出现了，思想却消失了。虽然在社会混乱的时代人们渴望伦理学，但道德伦理的根本不是建立学科，而是改变人的生活方式，也就是改变人的存在。海德格尔认为："如果说按照ήθos一词的基本含义来看，伦理学这个名称说的是它深思人的居留，那么，那种把存在之真理思为一个绽出地生存着的人的原始要素的思想，本身就已经是源始的伦理学了。不过，这种思想之所以是伦理学，也并非首先因为它是存在学。因为存在学始终只思考存在中的存在者（ὄν）"[1] 海德格尔从早期的此在，到后来诗意居住的人，都是关于人的存在，并且是在生活世界中的存在。在《存在与时间》中，海德格尔就否认有一个外在于人的伦理指导者。此在是人生在世，并非西方传统的脱离现实去追求另一

---

[1] [德]海德格尔：《路标》孙周兴译，上海译文出版社2009年版，第420页。

个世界的生活,此在的本真状态并不是脱离此在,而是领悟了存在,作为一个有死者,领会人的本性。到晚期,海德格尔谈天地人神四元世界,这四者也是平等的,是相互生成的,并没有谁规定谁的问题。

维特根斯坦的哲学会带给人以分析哲学和语言哲学的印象,其实正如他本人所说,伦理学才是他哲学的出发点,伦理学在维特根斯坦的整个理论体系中都占有核心地位。[1]无论是前期还是后期,这一点都没有改变,而且他始终认为伦理学不可言说,在《逻辑哲学论》绪言中维特根斯坦清楚地指出:"这本书的全部意义可以用一句话概括:凡是可以说的东西都可以说得清楚;对于不能谈论的东西必须保持沉默。"[2]而不可言说的东西主要是伦理学的,不可言说是因为语言无法表述它,随着其思想的发展,维特根斯坦越来越强调脱离实际生活世界抽象地谈论伦理学理论毫无意义。维特根斯坦还从语言学的角度出发,否认所谓绝对的价值和普遍的善,反对有关于善的本质的东西存在,认为这是传统的哲学带给人的错觉。正如上述内容指出,关于美的问题的关键在于词语所伴随的行为,维特根斯坦认为伦理学也是如此。维特根斯坦在很多地方将美学和伦

---

[1] 维特根斯坦的伦理学思想在他的整个理论体系中占有核心地位,无论是在前期还是后期,这一点始终没有改变。现在流行的观点认为,维特根斯坦前后期思想发生了很大的转变,后期对前期做了批判和否定,但是笔者认为并非如此,至少他关于伦理学的理论不是如此,维特根斯坦的著作自始至终都很重视伦理学,他的伦理学不可言说的观点亦贯穿始终。维特根斯坦前期给人的感觉好像是抽象深奥,和伦理学无关,实则不然,在对罗素写的《逻辑哲学论》导言的批判中,维特根斯坦明确指出《逻辑哲学论》的全部核心是伦理学。

[2] [奥]维特根斯坦:《逻辑哲学论》,贺绍甲译,商务印书馆1996年版,第23页。

## 第九章 现象学视域中海德格尔和维特根斯坦比较研究

理学相提并论,因为他的出发点是一致的,就是不能抽象地讨论美和善的问题,而是要考察相关词语在日常生活中的使用。"'美丽的'这种情形同样如此。它属于一种具体的游戏。伦理学中也是如此;'善'这个词的意义属于它所修辞的行为"[1]。维特根斯坦认为伦理道德的东西并非理论教授的东西,而是一个人在他生活世界中慢慢形成的,维特根斯坦也反对简单的道德评判,甚至说人并没有评判人的权力。

我们说西方的文明是双希文明,即以古希腊为基础的理性和以古希伯莱为基础的信仰构成了西方文明的两个源头。这两种文明的影响在西方历史上此消彼长,长期共存,但是到了尼采那里却都受到了颠覆性的批判。尼采对西方传统理性和基督教道德的批判在海德格尔和维特根斯坦这里都得到了深化和发展。涉及伦理道德方面,他们的共同之处都是反对越来越脱离生活实际本身和生命本身的伦理道德观,这主要表现为西方传统理性主义和基督教外在权威式的道德伦理规范,这些道德规范已经脱离生活实践而异化为对生命本身的压抑。[2]

正是在谈论伦理的时候,维特根斯坦批判了海德格尔,因为他认为海德格尔言说了他认为不可言说的东西,碰撞了语言的界限:"我或许能想象,海德格尔用存在(Sein)和畏

---

[1] 《维特根斯坦剑桥讲演集》(第5卷,第169页)。
[2] 维特根斯坦认为基督教信仰也应该回归源初的生活中,他批判了基督教后来的发展,有兴趣的读者可以参阅肖朗《作为一种生活方式的宗教——维特根斯坦〈文化与价值〉宗教思想解析》(载《基督教思想评论》2009年第10辑)。海德格尔也强调信仰是生活中的发生,而不是对象化的,有兴趣的读者可以参阅张祥龙对海德格尔宗教现象学的解读。(参见张祥龙:《现象学导论七讲——从原著阐发原意》(修订版),中国人民大学出版社2011年版。)

(Angst）指的是什么东西。人有一种碰撞语言界限的本能。比如你对惊讶的思考：有某种东西存在或显现（existiert）。惊讶不能以问题的形式得到表达，也根本没有答案。（对此）我们能说的一切都只能是先验无意义的。虽然如此，我们还是碰撞着语言的界限。基尔凯廓尔已经看到了这种碰撞，甚至给出了完全类似的名称（他称为碰撞悖谬）。"[1]

这里，维特根斯坦虽然反对伦理学的理论探讨，但并不等于维特根斯坦否认或鄙视对伦理学的探讨。相反，他对海德格尔这种理论探讨十分崇敬，"我的全部想法，我相信也是所有想要写作或谈论伦理学或宗教的人的想法，就是要反对语言的界限。这种对我们围墙的反对肯定绝对是无望的。伦理学是出自想要谈论生命的终极意义、绝对的善、绝对的价值，这种伦理学不可能是科学。它所说的东西对我们任何意义上的知识都没有增加任何新的内容。但这是记载人类心灵的一种倾向，我个人对此无比崇敬，我的一生绝不会嘲弄它"[2]。尽管伦理价值问题不可言说，但并不意味着它们无法解决，维特根斯坦的一生很大程度上可以说都是为道德精神上的纯洁而痛苦搏斗的一生，也可以说他的生命历程本身就是对这个问题的探讨。海德格尔和维特根斯坦在批判传统和思想建构方面也有着很大的差异。海德格尔认为西方文化最大的问题是对存在的遗忘，他要求重新向一种天地人神和谐共处的诗意生活的回归，海德格尔的思想回到古希腊重新开启西方文明，这种价值取向非常明

---

[1]《路德维希·维特根斯坦与维也纳小组》（第2卷，第36—37页）。
[2]《关于伦理学的讲演》（第12卷，第9—10页）。

显。维特根斯坦并没有这种思想，从而导致二者同中有异，异中有同。

海德格尔和维特根斯坦作为同时代的伟大思想家，都对西方思想的发展产生了重要影响，其思想本身有诸多相通之处，两人都对西方一直以来占据统治地位的理性主义哲学做出了颠覆性批判，都提倡哲学回归生活世界，体现了现象学回到事情本身的宗旨。但海德格尔和维特根斯坦作为不同风格的思想家，其思想本身和论述方式亦存在诸多的差异，对海德格尔来说，包括古希腊的哲学思想以及康德、胡塞尔和尼采等西方哲学家的思想对他影响很大，但维特根斯坦并不是学院派的哲学家，并不一定熟悉哲学史，所以他对当下哲学的批判并未明显地借助其他的理论和思想。同时，无论是现象学的回到事情本身，还是海德格尔和维特根斯坦本人的思想都对中国现代学术思想建设有着重要的参考意义。中国传统的思想并非西方理论化主客对立概念化的思维方式，儒道禅都是亲证的智慧，生命的学问。当下学术界很多人热衷于搬弄理论、创造概念，或纸上谈兵、脱离生活，既不利于弘扬传统文化，也不利于建构现代思想。

结　语
# 美学应回归生活世界

前苏格拉底的哲学家往往将世界的本质归结为具体的、个别的东西，这种朴素的认识方式显然不能满足人们对事物的认识。随着人的思辨能力的增强，哲学家纷纷将眼光转到某种带有根本性的普遍抽象之物，于是在人的现实生活世界之外形成了一个抽象的彼岸的本体世界。人也被分裂为同属于两个世界的存在，暂时的、虚幻的肉体的世界和永恒的、真实的、灵魂的世界。哲学是以追求真理为目标的，所以哲学渐渐遗忘了人的现实生活世界，这种理性对感性的遗忘还导致了中世纪的禁欲思想，人的感性需求不但失去了合理性，而且变成了罪与恶。

在启蒙运动中，宗教受到了前所未有的批判，启蒙思想家批判宗教的有力武器便是理性，人们普遍认为人的理性亦能创造出美好的世界，于是，一切都要受到理性法则的检验，人的生活也不例外。但是伴随着启蒙运动兴起的资本主义社会一方面要借助于理性的力量来反抗旧的宗教神学的束缚，规划一个更美好的世界；另一方面又要释放人的感性能量，以刺激消费欲望，求得生产的发展。正是在这种背景下，启蒙思想家需要重新调和人的感性与理性的冲突，以便为即将到来的资本主义社会建立起新的秩序。美学便是这种调和的产物，它在启蒙运动中诞生，而且有一种与生俱来的矛盾性："从广义来说，我认为，美学范畴在现代欧洲思想中占有中心地位，因为美学在谈论艺术时也谈到了其他问题——中产阶级争夺政治领导权的斗争中的中心问题。美学著作的现代观念的建构与现代阶级社会的占统治地位的意识形态的各种形式的建构、与适合于那种社会秩序的人类主体性的新形式都是密不可分的。正是由于这个原因，而不是由于男人和女人突然领悟到画或诗的终极价值，美学才能在当代的知识的承继中起着如此突出的作用。但是，我也认为，从某种意义上来理解，美学对占统治地位的意识形态提出了异常强有力的挑战，并提供了新的选择，因此，美学又是一种极其矛盾的现象。"[1]

美学为什么具有矛盾性呢？表面上它的出现表明了思想家开始关注人的感性，但实际上作为一个资产阶级概念，它开拓的是理性的殖民化，是理性对感性的另一种方式的隐蔽的奴役。作为"美学之父"的鲍姆加登是一个大陆理性主义者，他说美是感性学的完善，"完善"便是一个理性主义的重要概念。"鲍姆加登的美学试图达到的正是这种巧妙的平衡。如果说他的《美学》（1750年）以改革的姿态开拓了整个感觉领域，它所开拓的实际上是理性的殖民化。……美学标志着向感性肉体的创造性转移，也标志着以细腻的强制性法则来雕凿肉体；美学一

---

[1] [英]特里·伊格尔顿：《美学意识形态》王杰、傅德根、麦永雄译，广西师范大学出版社1997年版，第3页。

方面表达了对具体的特殊性的解放者的关注,另一方面又表达了一种似是而非的普遍性"[1]。美学的这种矛盾性决定了这门学科的特殊性,美学的根基是人的感性的生活世界,而他的言说方式却是理性的科学话语,"美学话语的特殊性在于,它一方面根植于日常生活经验的领域,另一方面,它详细地阐述了假定是自然的、自发的表现形式,并把它提升到复杂的学科知识水平。……因此,美学始终是一个矛盾的、自我消解的工程,在提高审美对象的理论价值时,有可能抽空美学所具有的特殊性或不可言喻性,而这种特殊性在过去往往被认为是美学之最可宝贵的特征。任何一种抬高艺术的语言都会暗中对美学造成持久的伤害。"[2] 因此,作为言说的美学反而遮蔽了作为根基的美学,甚至对美学的言说越多,就越是脱离或遮蔽了美学的根基和本性。[3]

启蒙使人类以上帝为中心转到了以理性为中心,但人们很快发现,理性并没有像人们预料的那样建立起一个人间天堂,反而随着资本主义的发展,人类社会的各种弊病也相继显现,甚至因两次世界大战的悲惨事件将 20 世纪归为人类历史上最野

---

〔1〕[英] 特里·伊格尔顿:《美学意识形态》王杰、傅德根、麦永雄译,广西师范大学出版社 1997 年版,第 10 页。

〔2〕[英] 特里·伊格尔顿:《美学意识形态》王杰、傅德根、麦永雄译,广西师范大学出版社 1997 年版,第 2—3 页。

〔3〕清华大学人文学院肖鹰教授《中国教育报》对现在国内美学教材的看法,他认为,美育关乎每个学生的人生境界,而重在抽象、晦涩说理的美学教材却让人感觉冷冰冰的,自然不能感染学生,也不能达到美育的目标。当代美学在向知识性学科转化,它的精神性品质不断被削弱,甚至丧失。正是因为这种精神性品质的丧失,导致了美学在当代文化生活中的无能。(参见《中国教育报》2004 年 12 月 23 日,第 7 版)

蛮、最悲惨的时代。而且在理性主义中占有主导地位的科学也很快被动摇了，爱因斯坦的"相对论"、海森堡的"不确定性原理"、哥德尔的"不完全性定理"等，这些新的理论使任何自称发现了绝对的、终极的知识的观念已不可能。人们发现自己似乎被启蒙理性所欺骗，于是理性也被送上了审判台。霍克海默和阿多尔诺认为："从进步思想最广泛的意义来看，历来启蒙的目的都是使人们摆脱恐惧，成为主人。但是完全受到启蒙的世界却充满着巨大的不幸。"[1] 现代思想家纷纷对此展开反思，他们有一种普遍的思维方式，就是拒斥科学世界，回归人的生活世界，摒弃从外在的、抽象的东西出发规定世界，而是走向现实的、活生生的人，走近人们每时每刻都可以经验到的生活。回归生活世界是现代哲学的普遍趋向。有的思想家像叔本华、尼采等以前所未有的态度来关注被以往的思想家所鄙视的人的感性欲望，有的思想家像马克思、尼采、胡塞尔、海德格尔、维特根斯坦等都致力于关注并重新审视人的生活世界。

作为20世纪西方世界最伟大的思想家，海德格尔和维特根斯坦，虽然二人思想有很大差异，但是都提出了思想回归生活世界的重要性，其中也包括美学。无论是在前期还是在后期，维特根斯坦都彻底地把形而上学从他的思想中清除出去，具体地说，就是为谈论美学找到了一条非形而上学的道路。维特根斯坦从另外的角度（主要是语言学），彻底地抛弃了理性对感

---

[1] [德]霍克海默、阿多尔诺：《启蒙辩证法》，洪佩郁、蔺月峰译，重庆出版社1990年版，第2页。

性的压抑,将一切思考的重心拉回到人类的生活世界,在宗教、伦理、哲学、语言学、美学和艺术等各个领域彻底地消除传统形而上学的影响,从根本上动摇了传统的美学思维方式,消解了传统的美学问题。维特根斯坦无意于建构任何理论,包括美学理论,但他这种彻底回归生活世界的思想,无疑为我们的美学研究指明了新的途径,提供了新方法,开创了新领域。维特根斯坦将美学放在了知识的最基础的层面上,将美学推入到了知识和真理的核心地带,我们可以从两个方面看出:一方面,美学不再依附哲学,反而成了哲学的出发点,维特根斯坦将哲学变成了一种审美活动,他说他自己写哲学像在写诗,他不是冷静地思索哲学问题,而是像艺术家一样用激情去思考哲学,他不是为了生计,为了扬名而从事哲学活动,而是一切从他的趣味和天才性格出发,从本质上说,他的哲学活动就是一种审美的生活方式。另一方面,维特根斯坦美学和伦理学同一的理论,看到了美学与伦理学的某种联系,他说:"而且美正是使人幸福的东西。"[1] 如果说前一个方面把美和真联系了起来,那么这一方面把美和善联系起来,也具有深远的意义。因为美学和伦理学的同一性,美学不再和伦理学背道而驰,不再受伦理学的支配,它们是同一的,这为日常生活审美化提供了理论依据,同时也使得审美行为不必拘泥于艺术等领域,它可以面向生活的各个层面,通过审美来改变人的生存状态,审美的最终结果,依然是要改变异化的社会现实,提高人类生活水平,其伦理目的是不证自明的。

--------

[1]《1914—1916 年笔记》(第 1 卷,第 175 页)。

同样地，海德格尔通过对西方传统的美学以及艺术历史的考察，指出伴随着美学的产生的，却是艺术本身的衰落，其中一个很重要的原因在于传统的美学思想用一大套概念体系割裂了艺术的浑然天成性，从而遮蔽了艺术的本性。他说："与美学的支配地位的形成以及对艺术的美学关系的形成相同步的，是上述意义上的伟大艺术在现代的沉沦。这种沉沦并非由于质量的降低和风格的卑微化，而是由于艺术丧失了它的本性，丧失了与其基本任务的直接关联。艺术的基本任务是要表现绝对者，也就是用决定性的方式把绝对者置入历史性人类的领域之中。"〔1〕各种美学的争论日益激烈，而与此同时，人们这些肤浅的陈词滥调已经远离了伟大艺术与它的本性。海德格尔还用黑格尔的思想来论证自己的观点，在海德格尔看来，黑格尔宣布艺术的终结，并非艺术不存在了，并非以后不会出现艺术作品，而是指艺术已经失去了它把握绝对者的力量，失去了它的绝对力量。因此海德格尔说在黑格尔这里美学到达顶峰，但伟大的艺术终结了。"美学的完成有其伟大性，其伟大性就在于，它认识并且表达了伟大艺术本身的这种终结。西方传统中最后的最伟大的美学是黑格尔的美学"〔2〕。黑格尔的艺术终结论即艺术已经丧失了它的绝对力量，在艺术史上能举出很多例证，比如古希腊的戏剧是讲述人的命运的，如果仅仅作为一种艺术门类去欣赏，就失去了其反映的人的存在的根本性的东西。这种情况在中国也普遍存在，诸如中国传统诗歌、戏剧、书法等

---

〔1〕［德］海德格尔：《尼采》，孙周兴译，商务印书馆2002年版，第91页。
〔2〕［德］海德格尔：《尼采》，孙周兴译，商务印书馆2002年版，第91页。

伟大的艺术现在也失去了其在中国传统社会中和人的生存的紧密联系，往往变成了一些刻意肤浅的模仿或单纯用来欣赏娱乐的东西或实用工具，但是其根本性的精神内核已经失去。海德格尔一直将这个问题的根源追溯到古希腊，认为古希腊无美学，但是有伟大的艺术，伟大的艺术终结的时候才有美学的开端。各种概念化、理论化的基本概念掩盖了作品中真理的显现。海德格尔进一步指出，伟大的希腊艺术并没有一种相应的思想性—概念性的艺术沉思，但是并不意味着希腊艺术处于一种未经概念和知识触动的体验的模糊冲动中。与此类似，中国古代并无理论上的美学体系概念，但是各门艺术高度发达，审美对中国古人来说具有非常根本性的地位，近代引进西方美学术语建立各种美学体系反倒割裂了伟大艺术的浑然天成性。

美本来就应该是存在于生活世界之中的，有的人认为，中国古代没有美学，因为我们没有像西方那样的成体系的美学理论，其实，他们并没有看到，美学的本性恰恰是反对理论言说的，因此，从这个意义上讲，中国古代的美学才具有真正的美学精神。因为中国人并无明显的宗教式的此岸世界和彼岸世界的划分，其最高的追求并非彼岸世界，而是此岸的世界，因此其对现实世界的审美追求更加突出。在中国美学中，美不在人之上的超验的世界中，而是在活生生的人的世界中，在日常现世的人生体验和人伦生活中。"天地有大美而不言，四时有明法而不议，万物有成理而不说。圣人者，原天地之美而达万物之理，是故至人无为，大圣不作，观于天地之谓也。"（《庄子·外篇·知北游》）。庄子这里的大美，是没有主客二分的，天人一体的美，人顺应天地的本性才能领会到这种始源的天地之大美，庄子还说："若正汝形，一汝视，天和将至；摄汝知，一汝度，神将来舍。德将为汝美，道将为汝居。汝瞳焉如新生之犊而无求其故！"（《庄子·外篇·知北游》）。如果人只是用自己的主观意志去追问美，则是割裂了这种天地之大美，"判天地之美，析万物之理，察古人之全，寡能备于天地之美，称神明之容。"（《庄子·天下》）因此，对海德格尔和庄子来说都要求获得一种对于物的诗意的态度，"物物而不物于物。"（《庄子·外篇·山木》）"鱼相忘乎江湖，人相忘乎道术。"（《庄子·大宗师》）是人在世界中和万物一起游戏，人和物的共同生成，宇宙和人生浑为一体，这是中国美学之根本特性所在，即注重天地之不可分别浑然天成之大美。

在根本的意义上，美就是一种富有意趣、充满快乐的生存形式，一种同"人怎样活着才更好"的考虑直接相关的人生理想（儒）和生命境界（道）。古人那种不同于现代人的诗情画意的生活，恰恰是美学精神的真正体现。在西方文化的源头，古希腊虽然没有美学这门学科，但是，古希腊人那种感性与理性的充分协调发展，正是后世美学所追求的目标，即人的全面自由协调发展，从而结束人的异化。现代理性的危机，正为美学摆脱理性的束缚提供了契机，美学正一步步地向其本源——日常生活回归，并最终自我消解，因为美学面对的本就是先于科学的规范世界的更为始源的生活世界。人的生活，是人历史地敞开的一切生存状态和生命行为的总和，因此，它不是脱离了现实的抽象、一般的生活，而是每一个人都被抛入其中的感性、具体的生活。美既不高蹈于人类生活之上，也不隐匿在人类生活背后，而是就在生动鲜活的人类生活之中，因此，我们要将美的始源、根柢、存在、本质、价值、意义等直接安放于人类感性、具体、丰盈、生动的日常生活世界之中,返回本源,将美学置入生活世界。

笔者也并不认为美学已经向生活世界回归了。当前学术界对美学有很多误用,一个就是大谈美学向生活世界的回归,往往只是为理论而理论,并不像维特根斯坦那样将理论实践在自己的日常生活中,甚至以前现代的思想水平来奢谈后现代的文化和现象。另外,这种为理论而理论的学术方法也造成了美学另一个误用,就是美学的泛化,在一段时期内甚至成为显学,而实际上在国外,美学并没有那么高的地位,因为他们往往致力于做一些实际的工作而不是空谈理论,现在很多学科的学者将自己的理论套上美学的帽子,并作为自己学术上的创新,这是不可取的。虽然我们现在所处的时代是很复杂的,一方面,古代那种诗情画意的生活方式被彻底打破,迅速瓦解;另一方面,按照美的规律来生活的条件还未成熟,但是我们仍然需要有这个目标,因为我们的最终目标也是人的充分全面地发展的美好生活。

# 参考文献

## 一、外文文献

1. Martin Heidegger, Sein und Zeit (SuZ), Max Niemeyer Verlag Tübingen, 1967.

2. Martin Heidegger, Zur Sache Des Denkens (ZSD), Max Niemeyer Verlag Tüblngen, 1998.

3. Martin Heidegger, Holzwege (H), Vittorio Klostermann. Frankfurt am Main, 1977.

4. Martin Heidegger, Erläuterungen zu Hölderlins Dichtung (GA4), Vittorio Klostermann. Frankfurt am Main, 1981.

5. Martin Heidegger, Nietzsche (Ⅰ.Ⅱ) (GA6), Vittorio Klostermann. Frankfurt am Main, 1996.

6. Martin Heidegger, Vorträge und Aufsätze (GA7), Vittorio Klostermann GmbH. Frankfurt am Main, 2000.

7. Martin Heidegger, Wegmarken (GA9), Vittorio Klostermann GmbH. Frankfurt am Main, 1976.

8. Martin Heidegger, Unterwegs zur Sprache (GA12), Vittorio Klostermann GmbH. Frankfurt am Main, 1985.

9. Martin Heidegger, Aus der Erfahrung des Denkens (GA13), Vittorio Klostermann GmbH · Frankfurt am Main, 1983.

10. Martin Heidegger, Prolegomena zur Geschighte des Zeitbegriffs (GA20), Vittorio Klostermann Frankfurt am Main, 1979.

11. Martin Heidegger, Die Grundprobleme der Phänomenologie (GA24), Vittorio Klostermann GmbH. Frankfurt am Main, 1975.

12. Martin Heidegger, Hegels Phänomenologie des Geistes (GA32), Vittorio Klostermann. Frankfurt am Main, 1980.

13. Martin Heidegger, Ontologie (Hermeneutik der Faktiztät) (GA63), Vittorio Klostermann GmbH. Frankfurt am Main, 1982.

14. Martin Heidegger, Basic Writings (BW), Edited by David Farrell Krell, Harper & Row Publishers, 1977.

15. Martin Heidegger, Schelling's Treatise on the Essence of Human Freedom (ST), Transltated by Joan Stambaugh, Ohio University Press, 1985.

16. Martin Heidegger, The Essence of Human Freedom: An Introduction to Philosophy (EHF), Translated by Ted Sadler, Continnum, 2002.

17. Martin Heidegger, What is Called Thinking? (WCT), Translated by Fred D. Wieck and J. Glenn Gray, Harper & Row Publishers, 1968.

18. Martin Heidegger, Supplements-From the Earliest Eassys to Being and Time and Beyond (S), Edited by John Van Buren,

State University of New York Press, 2002.

19. Martin Heidegger, Early Greek Thinking (EGT), Translated by David Farrell Krell and Frank A. Capuzzi, HarperSanFrancisco, 1984.

20. Martin Heidegger, Being and Time. translated by Joan Stambaugh, State University of New York Press, 1996.

21. Martin Heidegger, Elucidations of Hölderlin's Poetry, Translated by Keith Hoeller, Humanity Books, 2000.

22. Martin Heidegger, Pathmarks Edited by William McNeill, Cambridge University Press, 1998.

23. Martin Heidegger, OFF the Beaten Track, Edited and Translated by Julian Young and Kenneth Haynes, Combridge University Press, 2002.

24. Martin Heidegger, On the Way to Language (OWL), Translated by Peter D. Hertz, Harper & Row Publishers, 1982.

25. Martin Heidegger, History of the Concept of Time, Translated By Theodore Kisiel, Indiana University Press, 1985.

26. Martin Heidegger, The Basic Problem of Phenomenology. Translation, Introduction and Lexicon by Albert Hofstadter, Indiana University Press, 1982.

27. Martin Heidegger, Hegel's Phenomenology of Spirit. Translated by Parvis Emad and Kenneth Maly, Indiana University Press, 1988.

28. Martin Heidegger, Nietzsche (1、2), Harper & Row Publishers, 1979.

29. Martin Heidegger, Ontology: the Hermeneutics of Facticity, Translated by John van Buren, Indiana University Press, 1999.

30. Martin Heidegger, Contributions to Philosophy (From Enowning), Transtated by Parvis Emad and Kenneth Maly, Indiana University Press, 1999.

## 二、中文文献

1. ［德］海德格尔：《存在与时间》，陈嘉映、王庆节译，生活·读书·新知三联书店 2006 年版。

2. ［德］海德格尔：《面向思的事情》，陈小文、孙周兴译，商务印书馆 1999 年版。

3. ［德］海德格尔：《荷尔德林诗歌的阐释》，孙周兴译，商务印书馆 2009 年版。

4. ［德］海德格尔：《林中路》，孙周兴译，上海译文出版社 2008 年版。

5. ［德］海德格尔：《尼采》（上下卷），孙周兴译，商务印书馆 2002 年版。

6. ［德］海德格尔：《演讲与论文集》，孙周兴译，生活·读书·新知三联书店 2005 年版。

7. ［德］海德格尔：《路标》，孙周兴译，上海译文出版社 2009 年版。

8. ［德］海德格尔：《在通向语言的途中》，孙周兴译，商务印书馆 2004 年版。

9. ［德］海德格尔：《思的经验（1910—1976）》，陈春文译，人民出版社2008年版。

10. ［德］海德格尔：《时间概念史导论》，欧东明译，商务印书馆2009年版。

11. ［德］海德格尔：《现象学之基本问题》，丁耘译，上海译文出版社2008年版。

12. ［德］海德格尔：《形而上学导论》，熊伟、王节庆译，商务印书馆2007年版。

13. ［德］海德格尔：《存在论：实际性的解释学》，何卫平译，人民出版社2009年版。

14. ［德］海德格尔：《海德格尔选集》（上下卷），孙周兴选编，上海三联书店1996年版。

15. ［德］海德格尔：《哲学论稿（从本有而来)》，孙周兴译，商务印书馆2012年版。

16. ［德］海德格尔：《形式显示的现象学：海德格尔早期弗莱堡文选》，孙周兴编译，同济大学出版社2004年版。

17. ［德］海德格尔：《系于孤独之途——海德格尔诗意归家集》，成穷、余虹译，天津人民出版社2009年版。

18. ［德］海德格尔：《依于本源而居——海德格尔艺术现象学文选》，孙周兴编译，中国美术学院出版社2010年版。

19. ［德］海德格尔：《康德与形而上学疑难》，王庆节译，上海译文出版社2011年版。

20. ［德］海德格尔：《物的追问——康德关于先验原理的学说》，赵卫国译，上海译文出版社2010年版。

21. ［德］海德格尔：《海德格尔与有限性思想》（重订版），刘小枫选编，孙周兴等译，华夏出版社2007年版。

22. 涂纪亮主编：《维特根斯坦全集》（全 12 卷），河北教育出版社 2003 年版。

- 第 1 卷：陈启伟译：《逻辑笔记》《向摩尔口述的笔记》《1914—1916 年笔记》《逻辑哲学论》《略论逻辑形式》。
- 第 2 卷：B. F. McGuinness 编，黄裕生、郭大为译：《路德维希·维特根斯坦与维也纳小组》。
- 第 3 卷：R. Rhees 编，丁冬红、郑伊倩、何建华译，郑伊倩校：《哲学评论》。
- 第 4 卷：R. Rhees 编，程志民译：《哲学语法》。
- 第 5 卷：D. Lee，A. Ambrose 编，周晓亮、江怡译：《维特根斯坦 1930—1932 年剑桥讲演集》《维特根斯坦 1932—1935 年剑桥讲演集》。
- 第 6 卷：R. Rhees 编，涂纪亮译：《蓝皮书与一种哲学考察（褐皮书）》。
- 第 7 卷：G. E. M. Anscombe，R. Rhees，G. H. V. Wright 编，徐友渔、涂纪亮译：《论数学的基础》。
- 第 8 卷：G. E. M. Anscombe，G. H. von Wright 编，涂纪亮译：《哲学研究》。
- 第 9 卷：G. E. M. Anscombe，G. H. von Wright，H. Nyman 编，涂纪亮译：《心理学哲学评论》。
- 第 10 卷：G. H. von Wright，H. Nyman，G. E. M. Anscombe 编，涂纪亮、张金言译：《关于心理学哲学的最后著作》《论确实性》。
- 第 11 卷：G. H. von Wright，H. Nyman，G. E. M. Anscombe 编，涂纪亮、吴晓红、李洁译：《杂评》《纸条

集》《关于颜色的评论》。

- 第 12 卷：J. C. Klagge，A. Nordmawn，C. Barrett 编，江怡译：《关于伦理学的讲演》《评弗雷泽的〈金枝〉》《哲学》《关于"私人经验"和"感觉材料"的讲演笔记》《感觉经验的语言与私人经验》《原因与结果：直觉意识》《"哲学讲演"笔记》《关于哲学、心理学和宗教信仰的讲演与谈话》。

23. ［奥］维特根斯坦：《逻辑哲学论》，贺绍甲译，商务印书馆 1996 年版。

24. ［奥］维特根斯坦：《哲学研究》，李步楼译，陈维杭校，商务印书馆 2002 年版。

25. ［奥］维特根斯坦：《论确实性》，张金言译，广西师范大学出版社 2002 年版。

26. ［奥］维特根斯坦：《哲学研究》，陈嘉映译，上海人民出版社 2001 年版。

27. ［奥］维特根斯坦：《文化和价值》，黄东正、唐少杰译，华中科技咨询公司 1984 年版。

28. ［奥］维特根斯坦：《文化与价值》，许志强译，浙江文艺出版社 2002 年版。

29. ［奥］维特根斯坦：《美学讲演录》，廖世齐、张旭东译，载刘小枫主编：《现代性中的美学精神——经典美学文选》，学林出版社 1997 年版。

30. ［奥］维特根斯坦：《逻辑哲学论》（德英对照影印本），中国社会科学院出版社 1999 年版。

31. ［奥］维特根斯坦：《哲学研究》（德英对照影印本），

中国社会科学院出版社 1999 年版。

32. ［奥］维特根斯坦：《维特根斯坦与维也纳学派》，徐为民译，同济大学出版社 2004 年版。

33. ［德］胡塞尔：《胡塞尔选集》（上下卷），倪梁康选编，上海三联书店 1997 年版。

34. 张学广编著：《维特根斯坦：走出语言囚笼》，辽海出版社 1999 年版。

35. ［英］特里·伊格尔顿：《美学意识形态》，王杰、傅德根、麦永雄译，广西师范大学出版社 1997 年版。

36. 江怡：《维特根斯坦：一种后哲学的文化》，社会科学文献出版社 2002 年版。

37. ［英］艾耶尔：《维特根斯坦》，陈永实、许毅力译，中国社会科学出版社 1989 年版。

38. ［美］诺尔曼·马尔康：《回忆维特根斯坦》，李步楼、贺绍甲译，商务印书馆 1984 年版。

39. ［法］梅洛—庞蒂：《知觉现象学》，姜志辉译，商务印书馆 2001 年版。

40. ［美］赫伯特·施皮格伯格：《现象学运动》王炳文、张金言译，商务印书馆 1995 年版。

41. ［德］尼采：《权利意志》，孙周兴译，商务印书馆 2011 年版。

42. ［德］尼采：《历史的用途与滥用》，陈涛、周辉荣译，上海人民出版社 2000 年版。

43. ［德］尼采：《悲剧的诞生：尼采美学文选》，周国平译，作家出版社 2012 年版。

44. 宗白华：《艺境》，北京大学出版社 1997 年版。

45. 张世英：《哲学导论》，北京大学出版社 2002 年版。

46. 叶秀山：《思·史·诗——现象学和存在哲学研究》，人民出版社 1999 年版。

47. 熊伟编：《现象学与海德格》，远流出版事业股份有限公司 1994 年版。

48. 赖贤宗：《海德格尔与禅道的跨文化沟通》，宗教文化出版社 2007 年版。

49. 倪梁康：《胡塞尔现象学概念通释》，生活·读书·新知三联书店 1999 年版。

50. 张祥龙：《海德格尔思想与中国天道——终极视域的开启与交融》（修订版），中国人民大学出版社 2010 年版。

51. 尤西林：《人文科学导论》，高等教育出版社 2002 年版。

52. 潘知常：《中国美学精神》（修订本），江苏人民出版社 2017 年版。

53. 彭富春：《无之无化——论海德格尔思想道路的核心问题》，上海三联书店 2000 年版。

54. 余虹：《艺术与归家：尼采·海德格尔·福柯》，中国人民大学出版社 2005 年版。

55. 刘小枫：《现代性社会理论绪论——现代性与现代中国》，上海三联书店 1998 年版。

56. 王庆节：《解释学、海德格尔与儒道今释》，中国人民大学出版社 2004 年版。

57. 苏宏斌：《现象学美学导论》，商务印书馆 2005 年版。

58. 刘成纪:《物象美学:自然的再发现》,郑州大学出版社 2002 年版。

59. 张贤根:《存在·真理·语言——海德格尔美学思想研究》,武汉大学出版社 2004 年版。

60. 伍晓明:《有(与)存在:通过"存在"而重读中国传统(庄子等)之形而上者》,北京大学出版社 2005 年版。